図解 よくわかる
自治体の行政不服審査制度のしくみ

金岡 昭 著

学陽書房

はしがき

　行政不服申立てについての基本法である行政不服審査法は、昭和37年10月に施行されてから半世紀を経て全面的に改正され、平成28年4月1日に施行されることとなった。改正内容は、旧法下の異議申立て制度を廃止し、審査請求に一元化するとともに審理員制度や審査会への諮問制度を導入して審理手続の公正中立性を高めるものとなった。

　そして、標準審理期間や審理手続の計画的遂行の規定を置くことにより、審理手続の迅速化を図るとともに、異議申立て制度に代わるものとして、法律に定める場合に限るものではあるが、再調査の請求制度を置いた。また、審査請求期間を大幅に延長して行政救済の更なる効果を期待するものとなっている。

　とはいえ、新しい審理員制度の導入も、審理員は、審査庁に所属する職員の中から指名されることになっているため、審査庁が処分庁又はその上級行政庁である場合でも、その手続や審理員が作成する審理員意見書の公正中立性については疑問なしとしない。もっとも、審査会に対する諮問制度が設けられたため、旧法時代よりは、その手続の公正中立性は高くなったと評価できるであろう。

　行政不服審査制度については、逐条解説など多数の書籍があるが、これらは、詳細な条文解説や判例紹介などが中心であり、地方自治体の職員や一般市民、学生にとっては、かなり高度で難解な内容となっており、分かり易い入門書というべきものが少ない。

　本書は、筆者が平成13年10月に刊行した『図解よくわかる行政不服申立てのしくみ』を、改正された行政不服審査法に合うように改題のうえ改訂し、旧著と同様に、行政不服審査制度のしくみがどのようなものであるのか、図解入りで分かり易い解説を試みたので、主として、地方自治体の実務担当職員にとっ

ては良き指針になるものと信じている(なお、文中の意見にわたる部分は、筆者の個人的な見解であることをお断りしておきたい。)。

　すなわち、本書は、行政不服審査法に基づく審査請求手続を中心に、その核心的な部分を分かり易く解説しているが、さらに、国家賠償法に基づく損害賠償請求、地方自治法、地方税法、情報公開条例(東京都を例にしている。)に基づく審査請求についても実務上よく取り上げられそうな項目を選択して、1項目について2頁見開き、図解入りで解説している。また、実務上参考になると思われる判例も適宜紹介し、末尾には、多数の様式や裁決例を示しているので、参考にしていただければ幸いである。

　なお、行政不服審査法の全面改正の前年に行政手続法の一部も改正され、行政指導の中止や行政指導の是正の求めなどが追加されたので、その部分の解説も加えて読者の便に供することとした。

　本書の刊行を勧めていただいた学陽書房の鈴木和彦氏、資料提供をしていただいた宮川純一氏の協力により本書を完成させることができました。このことを記して心より御礼申し上げます。

　　平成28年1月

　　　　　　　　　　　　　　　　　　　　　　金岡　昭

図解 よくわかる自治体の行政不服審査制度のしくみ

目　次

はしがき

1章　行政救済
1　行政救済制度 ……………………………………………… 8
2　損失補償 …………………………………………………… 10
3　公務員の不法行為 ………………………………………… 12
4　公の営造物責任 …………………………………………… 14

2章　不服申立て
1　行政訴訟と審査請求との違い …………………………… 16
2　審査請求の対象となるもの ……………………………… 18
3　不服申立ての種類 ………………………………………… 20

3章　審査請求
1　審査請求の方式 …………………………………………… 22
2　審理員 ……………………………………………………… 24
3　審査請求書の記載事項と添付資料 ……………………… 26
4　審査請求書の内容の審査と補正 ………………………… 28
5　不作為についての審査請求 ……………………………… 30
6　審査請求の期間 …………………………………………… 32
7　再調査の請求（1）………………………………………… 34
8　再調査の請求（2）………………………………………… 36
9　再審査請求 ………………………………………………… 38
10　執行停止 …………………………………………………… 40
11　審査請求前置 ……………………………………………… 42

4章　審査請求ができる者
1　審査請求ができる者 ……………………………………… 44

	2	総代・利害関係人 ……………………………………	46
	3	代理人・代行者 ………………………………………	48
	4	代表者資格の証明 ……………………………………	50
	5	審査請求人の地位の承継 ……………………………	52

5章　教示制度
	1	教示 ……………………………………………………	54
	2	誤った教示の救済 ……………………………………	56

6章　審査請求の手続
	1	審査請求人の手続上の権利 …………………………	58
	2	弁明書 …………………………………………………	60
	3	口頭意見陳述 …………………………………………	62
	4	参考人の陳述 …………………………………………	64
	5	審査請求の取下げ ……………………………………	66
	6	証拠書類・証拠物・物件の提出と返還 ……………	68
	7	検証・鑑定 ……………………………………………	70
	8	質問 ……………………………………………………	72
	9	手続の併合と分離 ……………………………………	74

7章　裁決
	1	審理員の意見書 ………………………………………	76
	2	裁決の意義と態様 ……………………………………	78
	3	却下の裁決 ……………………………………………	80
	4	棄却の裁決 ……………………………………………	82
	5	認容の裁決 ……………………………………………	84
	6	事情裁決 ………………………………………………	86
	7	裁決の方式と送達 ……………………………………	88
	8	裁決の効力 ……………………………………………	90

9　不作為についての審査請求の裁決 …………………… 92
　　10　審査会 ………………………………………………… 94

8章　行政手続のしくみ
　　1　処分・不利益処分 …………………………………… 96
　　2　聴聞手続 ……………………………………………… 98
　　3　弁明の機会の付与 …………………………………… 100
　　4　行政指導（中止の求め）…………………………… 102
　　5　行政指導（是正処分の求め）……………………… 104

9章　地方自治
　　1　給与その他の給付 …………………………………… 106
　　2　分担金等の徴収 ……………………………………… 108
　　3　督促、滞納処分等 …………………………………… 110
　　4　行政財産を使用できる権利 ………………………… 112
　　5　公の施設を利用する権利 …………………………… 114

10章　地方税
　　1　地方税法と行政不服審査法との関係 ……………… 116
　　2　地方税法と審査請求の理由制限 …………………… 118
　　3　地方税法と審査請求期間 …………………………… 120
　　4　地方税法と違法性の承継 …………………………… 122
　　5　地方税の賦課徴収と審査請求 ……………………… 124
　　6　地方税法上の審査請求と訴訟 ……………………… 126
　　7　税額の変更と審査請求 ……………………………… 128

11章　情報公開
　　1　情報公開における公文書 …………………………… 130
　　2　開示請求の手続 ……………………………………… 132

3	個人に関する情報 ……………………………………………	134
4	法人等の事業活動情報 ………………………………………	136
5	部分開示 ………………………………………………………	138
6	公文書の存否に関する情報 …………………………………	140
7	開示決定の期間 ………………………………………………	142
8	非開示の理由付記 ……………………………………………	144
9	第三者保護 ……………………………………………………	146
10	他の制度との調整 ……………………………………………	148
11	審査会への諮問と答申 ………………………………………	150
12	開示請求人の意見陳述 ………………………………………	152
13	インカメラ審理とヴォーン・インデックス ………………	154

《資料編》

審査請求書の要件・添付資料チェックリスト………………………… 156
様式一覧……………………………………………………………………… 157
様式集………………………………………………………………………… 159
裁決主文例………………………………………………………………… 198
裁決・決定例……………………………………………………………… 200
関係法令…………………………………………………………………… 208
索引………………………………………………………………………… 265

〈参考文献〉
- 逐条解説　行政手続法（27年改訂版）（一般財団法人行政管理研究センター）ぎょうせい
- 条解行政事件訴訟法（南 博方編）弘文堂
- 新版逐条地方自治法〔第8次改訂版〕（松本英昭）学陽書房
- 行政不服審査法の逐条解説（宇賀克也）有斐閣

〈法令名の略記〉

行政不服審査法　⇒　法
行政不服審査法施行令　⇒　法施行令
行政手続法　⇒　手続法
行政事件訴訟法　⇒　行訴法
国家賠償法　⇒　国賠法
東京都情報公開条例　⇒　条例
公害健康被害の補償等に関する法律　⇒　公害健康被害補償法
個人情報の保護に関する法律　⇒　個人情報保護法
雇用の分野における男女の均等な機会及び待遇の確保等に関する法律　⇒　雇用均等法
障害者の日常生活及び社会生活を総合的に支援するための法律　⇒　障害者総合支援法
出入国管理及び難民認定法　⇒　出入国管理法
精神保健及び精神障害福祉に関する法律　⇒　精神法
宅地建物取引業法　⇒　宅建業法
探偵業の業務の適正化に関する法律　⇒　探偵業法
暴力団による不当な行為の防止等に関する法律　⇒　暴対法
マンションの管理の適正化に関する法律　⇒　マンション管理適正化法
労働者派遣事業の適正な運営の確保及び派遣労働者の保護等に関する法律　⇒　労働者派遣法

1章 行政救済

1-1 行政救済制度

行政不服審査法、行政事件訴訟法、国家賠償法

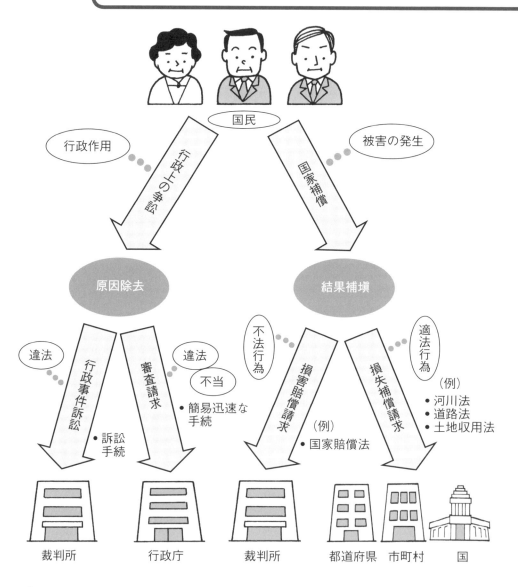

行政救済制度は、行政庁の違法又は不当な行為その他公権力の行使に当たる行為によって自己の権利利益を侵害されたとする者が、それらの行為を是正し、もって、その権利利益の救済を図るために設けられた制度であって、行政上の争訟（原因そのものの除去）と国家補償（結果の補塡）の二つに大別される。この二つは車の両輪のようなもので、どちらか一方が欠けても国民の権利救済は不十分である。

1　行政上の争訟には、大別して、審査請求と行政事件訴訟があり、行政不服審査法と行政事件訴訟法が、その手続について規定している。

　　審査請求は、簡易迅速な手続により、行政庁が、その内部において、審査請求の対象となった行為について、自ら見直しをして当該行為の適否を審査することによって国民の権利利益の救済を図ろうとするものであり、違法な行為だけでなく不当な行為も、その審理の対象となる。しかし、審査庁は行政機関であるため、処分の合憲、違憲等の憲法判断はできない。

2　行政事件訴訟は、裁判所による訴訟手続により行政庁の違法な行為を是正し、もって、国民の権利利益の救済を図ろうとするものであり、不当な行為は、その審理の対象とはならない。しかし、裁判所は、司法機関であるため、処分の合憲、違憲等の憲法判断ができる。

　　このように、行政上の争訟は、
　　(ア) 行政庁が紛争解決の主役になる「審査請求（再調査の請求を含む）」と
　　(イ) 裁判所が紛争解決の主役になる「行政事件訴訟」という二つの制度から成り立っている。

3　国家補償には、行政上の不法行為による損害賠償と適法な行政行為による損失補償がある。前者は、公務員の不法行為があった場合に、被害者を救済するため、国又は公共団体に損害賠償責任を負わせるものであり、国家賠償法が規定する。後者は、国又は公共団体の適法な行為により損失を被った者を救済するもので、憲法29条3項と個々の法律、例えば、河川法22条3項、6項、道路法69条、土地収用法68条以下などに規定がある。

ひとこと

憲法29条3項は明文で、損失補償の必要性を認め、この規定を受けて、法律では個別に補償の規定が散在している。ところが、「損失補償法」という名前の一般法は存在しない。これに対し、不法行為による損害賠償に関しては、「国家賠償法」という民法と別の特別法がある。

1-2 損失補償

憲法29条3項

ポイント

損失補償とは、一般に、道路建設や河川改修その他の公共事業の実施に伴って、直接個人の財産に加えられた特別の損失に対し、国又は地方公共団体が、それを補償する制度である。これには、大きく分けて個人の財産を行政庁が強制的に取得する公用収用と個人が財産を利用することを禁止ないし制限する公用制限がある。公法上の損失補償は、不法行為を前提とする国家賠償と異なり、適法な公権力の行使に基づく個人の損失に対し、正当な手続で算定された合理的な金額を正当な補償として支払うものである。

1 公共事業の実施によって、特定の個人のみが特別の利益を受ける場合には、その者に対し、その受ける利益の限度において、その事業費の一部を負担させるのが公平である（道路法61条、河川法70条、都市計画法75条）。これを受益者負担という。

また、特定の個人が、公共の事業の実施を必要とする原因を作った場合には、その原因者に対し、その費用の一部を負担させるのが公平に適う（道路法58条、河川法67条、下水道法19条、都市公園法13条）。これを原因者負担という。さらに、地方自治体が、都市開発要綱などにより、学校や公園の建設費の一部に充てるために負担金（寄付金）を徴収する例があるが、要綱に強制力がないから任意であるとはいえ、建設業者にとって事実上の強制となっていることは、法律上、疑問なしとしない。

2 公用収用や公用制限をするには、法律上の根拠を必要とするが、法律がないからといって、公用収用や公用制限が直ちに違法となるわけではない。判例も、実定法上、損失補償についての定めがない場合であっても、財産上の損失を受けた者は、直接憲法29条3項を根拠にして損失補償請求訴訟を提起して、正当な補償を請求できるとしている（最判昭和43.11.27）。

ひとこと

道路、河川、都道府県・市町村の庁舎などについての行政財産の使用許可が、使用期間中に、公益上の理由から、突然、取消される場合があるが、この場合でも、法律に定めがあれば、当然に、補償が認められる。判例は、使用権の消滅については、使用許可に基づく権利自体に、公共の必要が生じた場合は、原則として、消滅するという制約が内在しているとして、使用権の消滅に対する補償を要しないとした（最判昭和49.2.5）。

しかし、使用者にとっては、全く予定していない時期に突然その権利が否定されるものであるから、少なくとも、明け渡すべき物件の収去費用、営業上の損害、代替物件の調査のための費用程度は、使用許可の取消しと相当因果関係があるものとして補償されるべきであろう。

1-3 公務員の不法行為

国家賠償法1条

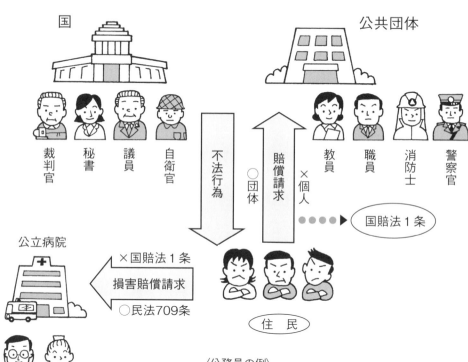

〈公共団体の例〉
- 都道府県、市町村
- 土地区画整理組合
- 農業協同組合
- 国民健康保険組合
- 日本政策金融公庫
- 都市再生機構

〈公務員の例〉
- 公務員法上の公務員(国家公務員・地方公務員・一般職・特別職たるを問わない)の身分を有するものに限らず、広く公権力の行使を委ねられた者である(名古屋高判昭和61.3.31)。
- 弁護士会の懲戒委員会の委員(東京地判昭和55.6.18)
- 精神保健及び精神障害者福祉に関する法律18条、19条の4による精神保健指定医

国家賠償制度は、国又は公共団体の職員が、違法な活動によって私人に損害を与えた場合に、国又は公共団体が、当該職員に代わってその損害を補填するものであるが、併せて適正な公務執行を担保する機能を有するものである。

1　公権力の行使とは、国又は公共団体の公務員が、国又は公共団体の権限に基づく統治作用としての優越的な意思の発動として行う権力作用のみならず、国又は公共団体の非権力作用（純然たる私経済作用と公の営造物の設置管理作用を除く。）を含むものであるが、公務員が、権限行使の意思をもってする場合に限らず、自己の利益を図る場合であっても、客観的に職務執行の外形を備える権限を行使し、これによって他人に損害を与えた場合は、国又は公共団体が、その損害を賠償する責任を負うことになる（このような考え方を「外形標準説」といい、判例の立場である（最判昭和31.11.30）。）。

2　国家賠償法1条1項は、国又は公共団体が、被害者に対して賠償責任を負うことを定めたものであって、公務員個人は、直接賠償責任を負わない（最判昭和30.4.19）。
　国又は公共団体の責任は、一般に代位責任と解されているが、公務員の行為に起因して直接負担する自己責任を定めたものであるとする見解もある（東京地判昭和39.6.19）。いずれにしても、本条の責任は、被害者の救済を担保しようとするものであり、民法709条の不法行為責任を補完するものである。

3　加害者たる公務員の行為が故意又は重大な過失による場合は、賠償責任を負担した国又は公共団体は、当該公務員に対して求償することができる（国賠法1条2項）。

ひとこと

　国家賠償法1条1項の公権力の行使については、いわゆる広義説が通説・判例である。広義説は、私経済作用及び国家賠償法2条の対象となるものを除いたすべての活動（不作為も含まれるが、法的作為義務の存在が前提となる。）を含むとしている。
　したがって、公務員の懲戒免職処分、休職処分、退職勧奨行為、租税の賦課処分、差押処分なども、国家賠償の対象となり得る。公立学校の教育活動、行政指導（最判平成5.2.18）、誤った情報提供や公表措置なども含まれるが、公立病院での医療過誤については民法が適用される（最判昭和36.2.16）。

1-4 公の営造物責任

国家賠償法2条

 国又は公共団体の営造物責任は、道路、河川その他の広く公の用に供されている物的施設の設置又は管理に瑕疵があったことに基づく無過失責任であるが、このことにより、道路、河川等についての安全な管理に対する国民の信頼を保護することを目的とするものである。

1 設置管理の瑕疵とは、一般に、営造物が通常有すべき安全性を欠いており、他人に対して危害を及ぼす危険性のある状態をいい、その瑕疵の存否については、当該営造物の構造、用法、場所的環境及び利用状況等諸般の事情を総合考慮して、具体的、個別的に判断すべきものとされている（最判昭和59.1.26）が、設置又は管理の瑕疵に基づく賠償責任については、過失の存在を必要としない（最判昭和45.8.20）。

　河川の管理についての瑕疵の有無は、過去に発生した水害の規模、発生の頻度、発生原因、被害の性質、降雨状況、流域の地形その他の自然的条件、土地の利用状況その他の社会的条件、改修を要する緊急性の有無及びその程度等、諸般の事情を総合的に考慮し、同種、同規模の河川の管理の一般水準及び社会通念に照らして、是認し得る安全性を満たしていると認められるかどうかを基準として判断すべきものとされている（最判昭和59.1.26）。

2 1条責任と2条責任が競合する場合がある。たとえば、公立学校の事故（欠陥のある鉄棒やブランコによる事故）が、教師の注意義務違反によるものと認められると同時に、設備にも瑕疵があると認められる場合は、そのどちらの責任を主張するかは、原告の選択に委ねられることになるが、後者は、無過失責任であるので、実務においては、2条の責任を追及することになろう（原告は、故意・過失の立証をしなくてよい）。

ひとこと

　2条責任は、公の営造物が、通常有すべき安全性を欠いていることが、その前提となっているから、通常予測し得ないような異常な方法で使用した結果発生した損害については、国又は公共団体は、賠償責任を負わない（最判平成5.3.30）。
　また、公の営造物（例えば、河川の堤防）が、予測不可能な集中豪雨（自然災害）によって損壊し、損害が発生したような場合は、当該営造物（堤防）に瑕疵があるとはいえない（最判平成8.7.12）。
　2条の「営造物」は、民法717条の「土地の工作物」より広い概念であり、動産を含む。例えば、自動車、船舶、航空機、ピストル、警察犬など。

2章 不服申立て

2-1 行政訴訟と審査請求との違い

行政事件訴訟法、行政不服審査法

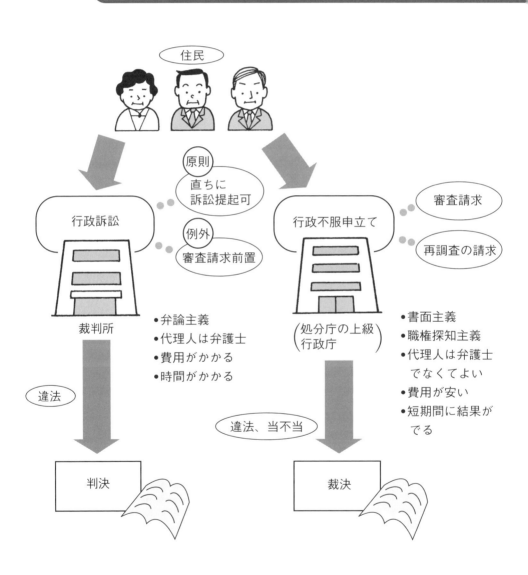

行政訴訟は、行政庁の違法な公権力の行使（処分又は不作為）により、自己の権利利益を侵害されたとする者が訴えを提起するのであるが、その審理の対象は当該処分の違法性であって、その当不当については審理されない。
　審査請求は、行政庁がその内部手続において、審査請求の対象となった行為の適否について見直しをするものであり、違法性のみならず当不当についても審査する。

1　行政訴訟は、行政庁から独立した裁判所によって行われ、行政処分の違法性を審査の対象とし、行政庁の裁量権の行使にまで立ち入ることはできない（三権分立の原則に反する）。
　典型的な処分取消訴訟でみると、行政処分の主体、手続、内容、形式の各点にわたって、その違法性が審査される。直ちに訴えを提起できるのが原則であるが、審査請求を経由することが訴え提起の要件とされている場合がある（審査請求前置＝3－11参照）。
　なお、裁判所が行政庁の裁量を問題にできるのは、行政庁が、その裁量の範囲を越えたか（裁量権の逸脱）、又はその濫用（裁量権の濫用）があったときに限られる（行訴法30条）。

2　審査請求においては、行政庁の内部において、審査請求の対象とされた行為の見直しをする（自己統制）ものであって、その違法性のみならず当不当の裁量にまで立ち入って審査されるので、審査請求のほうが審理の範囲が広いといえる。

ひとこと

　審査請求は、行政庁の内部における審査手続であるという側面から、公正、中立な第三者機関たる裁判所による行政訴訟と比較して、その公平性、中立性の担保に欠ける点があることは否めない。行政不服審査法の改正により審理員による審理が行われることになったが、必ずしも十分とはいえない。
　ちなみに、全国の自治体の中で、東京都は、審査請求に関する事務を一元的に処理しており、その他の自治体のほとんどは、当該事務（処分）を行った主務課において処理しているのが実状である。東京都においては、訴訟及び審査請求に関する事務を、法曹資格者が中心となって処理している。

2-2 審査請求の対象となるもの

行政不服審査法1条～3条、47条

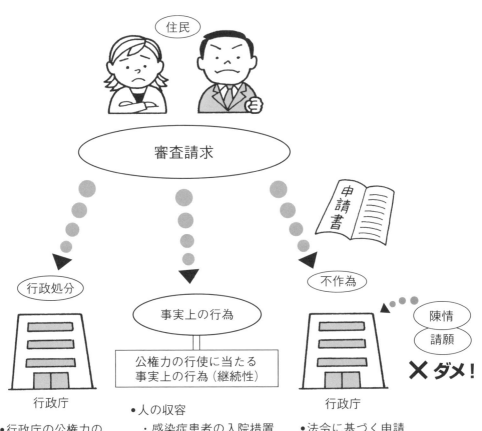

ポイント 審査請求の対象となるのは、行政庁の処分その他公権力の行使に当たる行為（公権力の行使に当たる事実上の行為で、人の収容、物の留置その他その内容が継続的性質を有するものを含む。）と行政庁の不作為（行政庁が法令に基づく申請に対し、相当の期間内に何らの処分その他公権力の行使に当たる行為をすべきであるにもかかわらず、これをしないことをいう。）である。

1 行政庁の処分その他公権力の行使に当たる行為とは、行政庁が法令に基づき、優越的立場において、国民に対し、権利を設定し、義務を課し、その他具体的に法律上の効果を発生させる行為である（最判昭和39.10.29）。
 したがって、国会や裁判所の行為（法2条1項）や法律・条例の制定、行政庁の行う告示・公告、行政指導、勧告、警告、補助金交付要綱（補助金は、民法上の贈与に当たり、条件付のものが多い。）に基づく補助金の交付などは行政庁の処分に含まれないから、審査請求の対象にならない。

2 事実上の行為（法47条）とは、審査請求によって救済を受け得るに十分な、一定時間継続している状態にある行為であって、例えば、感染症患者の入院措置、不衛生食品の収去、退去強制を受ける外国人の収容などである。
 したがって、一時的な事実上の行為は、審査請求によって救済を受ける時間的な余裕がなく終了してしまうので、審査請求を認める利益がない。

ひとこと
 審査請求の対象となる不作為といえるためには、その前提として、法令に基づく申請であることが必要である。したがって、単に、職権の発動を促すにすぎない請願や陳情などは、行政庁が、これに対して何らの応答をしなくてもここにいう不作為には該当しない。
 また、相当の期間とは、その申請を処理するのに通常必要とされる期間をいう（東京地判昭和39.11.4）。

注意
 審査請求の対象となる行政処分の違法性又は当不当の判断の基準時は、当該処分がなされたとき（処分時主義）である。

2章 不服申立て

2-3 不服申立ての種類

行政不服審査法2条〜6条

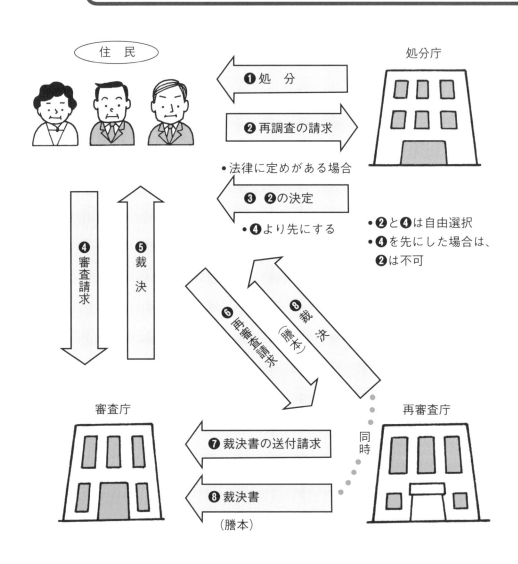

行政不服審査法が定める不服申立ての種類は、審査請求、再調査の請求及び再審査請求の三つの形態である。
平成28年4月1日に施行された新しい行政不服審査法は、旧法下の異議申立て制度を廃止して審査請求に一元化し、異議申立てに代わる制度として、法律が定める場合にのみ認められる再調査の請求の制度を設けた。

1 審査請求は、処分をした行政庁（以下「処分庁」という。）又は不作為に係る行政庁（以下「不作為庁」という。）の上級行政庁に対してすることが原則とされているが（法4条1号）、普通地方公共団体の場合、処分庁（例えば、知事・市町村長）には、上級行政庁がないので、当該処分庁に対して審査請求をするのが、原則的形態とされている（法4条1号）。

2 再調査の請求は、行政庁の処分について処分庁以外の行政庁に対し審査請求をすることができる場合に、法律に再調査の請求ができる旨の定めがあるときは、当該処分に不服がある者は、処分庁に対して、再調査の請求をすることができる。ただし、当該処分について、審査請求をした場合は、再調査の請求はすることができない（法5条1項ただし書）。また、行政庁の処分について再調査の請求をしたときは、原則として、当該再調査の請求についての決定を経た後でなければ審査請求をすることができない（法5条2項）。

3 再審査請求は、審査請求の裁決に不服がある者が、法律に再審査請求をすることができる旨の定めがあるときに、法律に定める行政庁に対して、原裁決又は当該処分を対象としてすることができる（法6条）。この場合に、再審査請求をするか、直ちに処分又は裁決の取消訴訟を提起するかは、審査請求人の自由である。

ひとこと

不作為に係る審査請求は、処分庁に対し、事務処理の促進を促し不作為状態を解消することを目的としているといえる。したがって、審査庁であっても、裁決を出す期間があまり遅くなると、裁決については審査庁自身が処分庁であるから、その不作為の違法性を争われることになる。

3章 審査請求

3-1 審査請求の方式
行政不服審査法19条、20条、21条

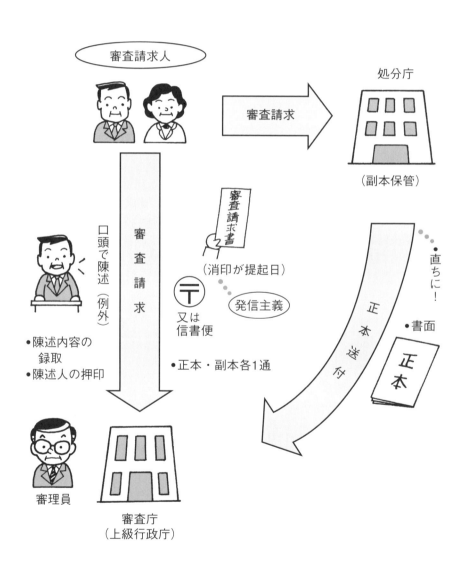

審査請求は、原則として書面で行わなければならないが、法の定める事項が記載されていればよい。口頭による審査請求も可能である。普通地方公共団体の長（知事・市町村長）には上級行政庁がないので、審査請求人は、当該地方公共団体の長に対して審査請求をすることになる。

1　審査請求書は、審査請求をすべき行政庁が処分庁等でない場合は、原則として正副2通に押印して提出してするが（法施行令4条1項、2項）、審査請求人は、自分用の控えを作成しておくとよい。審査請求をすべき行政庁が処分庁等でない場合は、処分庁を経由してすることができるが、この場合は、審査請求書を処分庁等に提出する（法21条1項）。
　　そして、処分庁を経由する場合は、処分庁等は、直ちに、審査請求書を審査庁となるべき行政庁に送付しなければならない（同条2項）。

2　また、審査請求は、口頭ですることもできるが、その場合は、審査請求書に記載すべき事項を、口頭により行政庁（通常は審査庁）に陳述しなければならない。この場合、陳述を受けた行政庁は、陳述の内容を録取し、これを陳述人に読み聞かせて誤りのないことを確認し、陳述人に押印させなければならない（法20条）。

3　審査請求書は、郵便又は信書便事業者による信書便で提出することもできるが、この場合は、審査請求期間の計算については、送付に要した日数は算入しないものとされている（法18条3項＝発信主義）。

〈口頭で審査請求ができる例〉
- 国家公務員共済組合法103条1項＝年金給付等
- 地方公務員等共済組合法117条1項＝年金給付等
- 社会保険審査官及び社会保険審査会法5条＝社会保険
- 労働保険審査官及び労働保険審査会法9条＝労働保険
- 国民健康保険法99条＝国民健康保険

　　審査請求書を持参する場合は、審査庁又は処分庁が収受した日が提起日となり（法21条3項）、送付の場合は、郵便局（消印の日）又は信書便事業者の受付日を提起日として期間計算する（発信主義）。
　　そして、処分庁経由で審査請求書を提出したときは、審査請求期間の計算においては、処分庁に審査請求書を提出し又は陳述したときに、処分についての審査請求があったものとみなされる（法21条3項）。

3-2 審理員

行政不服審査法9条、17条

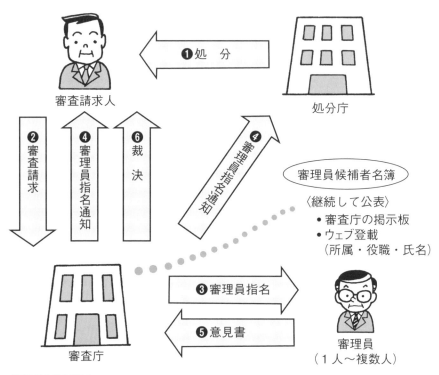

審理員の除斥事由
① 審査請求に係る処分若しくは当該処分に係る再調査の請求についての決定に関与した者
② 審査請求に係る不作為に係る処分に関与し、若しくは関与することとなる者
③ 審査請求人
④ 審査請求人の配偶者、4親等内の親族又は同居の親族
⑤ 審査請求人の代理人
⑥ ④・⑤であった者
⑦ 審査請求人の後見人、後見監督人、保佐人、保佐監督人、補助人又は補助監督人
⑧ 法13条1項に規定する利害関係人

審理員制度は、行政手続法19条の聴聞手続を参考に、審理手続の公正と中立性を担保するとともに審査請求人の信頼を確保し、その権利利益の救済と適正な行政運営を確保するため、処分に関与していないこと等を条件に、行政手続法と同様の形式で、審理員の指名と除斥事由を規定している。

1　審査請求がなされた行政庁（審査庁）は、審査請求が適法な場合は、審査庁に所属する職員の中から審理員を指名して、審理手続を行わせる。法は、審理員の人数について規定していないが、通常は1人であると考えられる。

　しかし、2人以上の審理員を指名することも可能であるので、その場合は、その決定は全員の合議によることになる。したがって、審査庁は、そのうちの1人を事務を総括する者（代表審理員又は主任審理員などの名称が考えられる。）として指定することになる（法施行令1条1項）。

2　審理員が指名されたときは、審査庁は、速やかに、審査請求人及び処分庁等に対し、特定の職員（所属・役職・氏名）が審理員に指名された旨を通知しなければならない（法9条1項本文）。

　審理員の指名は、適法な審査請求があった場合に認められるものであるから、審査請求人が補正命令に従わない場合とか審査請求期間を徒過している場合など、審査請求が不適法であって補正できないことが明らかである場合（法24条）は、審理員に審理を行わせる実益も必要もないので、審理員の指名は行わないものとされている（法9条1項ただし書）。

　また、審理員が法9条2項各号の除斥事由に該当することとなったときは、審査庁は、当該審理員の指名を取消すことになる（法施行令1条2項）。

3　審査請求に係る処分に関与した者が審理員に指名された場合、当該審理員は、自分が関与した処分について事実関係を熟知しているため、審理において予断を抱いたり、処分を維持しようとの意識が生じたりする懸念があるため、審理手続の客観性、公正中立性に疑問が生じ、市民の信頼を損ねるおそれがある。

　そのため、当該処分に係る事務に直接従事した職員のほか、当該処分の決裁をした者、当該処分について指揮監督的立場にあった上司などは、「審査請求に係る処分に関与した者」となると解され、審理員に指名することはできない（法9条2項1号）。

注意

審理員制度は旧法にはなかった制度で、処分に関与したことがないなど一定の除斥事由があるものの、審理員は審査庁の所属職員のうちから指名されるので、いわば身内による審理となり、その手続の公正中立性がどこまで担保されるかは不透明である。

3-3 審査請求書の記載事項と添付資料

行政不服審査法19条、20条

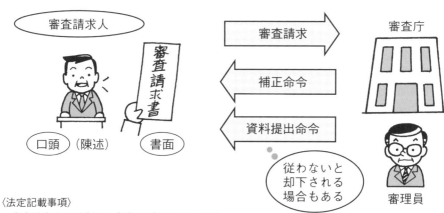

〈法定記載事項〉
- 審査請求人の氏名又は名称及び住所又は居所
- 審査請求に係る処分の内容
- 不作為に係る処分に対する審査請求の場合は、その申請の内容及び年月日
- 審査請求に係る処分(当該処分について再調査の請求についての決定を経たときは、当該決定)があったことを知った日
- 審査請求の趣旨及び理由
- 処分庁の教示の有無及びその内容
- 審査請求の年月日
- 法人その他の社団・財団の代表者若しくは管理人の氏名及び住所又は居所
- 総代又は代理人の氏名及び住所又は居所
- 再調査の決定を経ないで審査請求をする場合は、再調査の請求をした年月日又は決定を経ないことについての正当な理由

〈添付資料の例〉
- 商業登記簿謄本(会社の場合)
- 委任状(代理人の場合)
- 定款、寄附行為(社団・財団の場合)
- 総代選任届(総代の場合)
- 処分通知書の写し
- 登記簿謄本(土地・建物)
- 診断書
- 領収書、レシート

> **ポイント**
>
> 行政不服審査法は、審査請求の審理の正確性と迅速性を確保するため、原則として、書面を提出してする必要があるとしている（書面中心主義）。法律により口頭で審査請求ができる場合には、書面に記載すべき事項を口頭で陳述する必要がある（法20条）。

1 　行政不服審査法は、審査請求の様式について定めていないので、法定の記載事項が記載されていれば、任意の様式でさしつかえない。したがって、ハガキでも手紙の形式でも、法定の記載事項が記載されていて、審査請求であることが窺われる場合は、審査請求として取り扱わなければならない。
　　また、法定の順序で記載することは、必ずしも必要ではなく、押印も、いわゆる三文判で足りる。代理人による場合は、委任状が必要である。
　　なお、会社の場合は、法人の資格証明（いわゆる商業登記簿の謄本）が必要である。これにより、法人並びに代表者の資格が明らかとなる（法施行令3条）。

2 　法定記載事項は、審査庁の要件審査の対象であるから、それが不十分な場合には、補正を命じられる（3 − 4参照）。
　　また、審査請求書の添付資料は、審査請求の趣旨・内容を明らかにする重要な証拠となるものであるから、添付するのが望ましい（法32条1項）。
　　もっとも、審査請求の趣旨及び理由は、審査請求の手続の過程で追加され、明確にされる場合もあるから、必ずしも、初めから詳細な記載をすることは求められていないともいえる。

3 　審査庁の判断に必要な証拠資料が添付されていないときは、その手続に瑕疵があることになるから、証拠資料の提出を求める審査庁の命令に従わないときは、不適法な審査請求として却下されることがある（広島地判昭和35.12.12）。

> **ひとこと**
>
> 審査請求書に、審査請求人（代表者若しくは管理人、総代又は代理人）の署名押印（法施行令4条2項）を求めているのは、当該審査請求書が、真実、請求人の意思に基づいて作成されていることを証明する必要があるからである。

3章 審査請求

3-4 審査請求書の内容の審査と補正

行政不服審査法19条、23条、24条

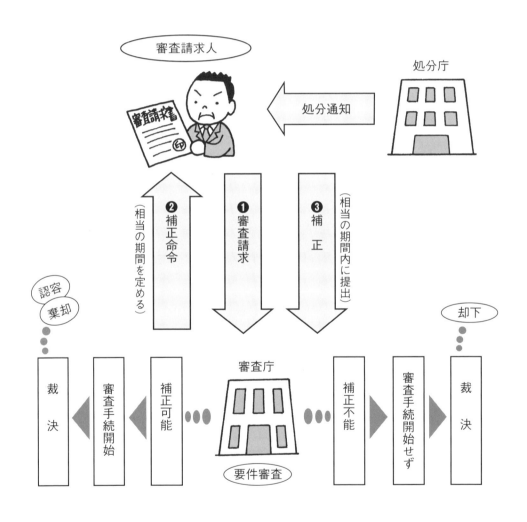

行政不服審査法19条は、審査請求書に記載すべき事項について規定しているので、審査庁は、必要事項が漏れなく記載されているかどうか、誤りはないかどうかをチェックする必要がある。そして、法定の要件を欠いていて不適法であっても、補正が可能な場合は、相当の期間を定めて補正を命ずる必要がある（法23条）。　　　　　　（要件チェックリスト）（様式1、8、9）

1　審査請求書の要件審査の結果、補正することができないことが明らかな場合は、不適法な審査請求として却下の裁決（法24条2項）をすることになる。
　そして、補正を命じられた期間内に補正がなされた場合は、その審査請求は初めから適法になされたものとして、内容の審査手続を開始することになる。
　審査請求人が、審査庁の補正命令に応じないで補正しないとき、又は、指定された相当の期間内に補正しないときは、審査庁は、当該審査請求を不適法なものとして却下することになる（法24条1項）。
　所定の期間内に補正がなされないときは、審査庁が却下すべきであって、期間の経過によって当然に審査請求が失効し、又は、撤回されたものとすることはできない（東京地判昭和44.12.24）。
　なお、ここにいう「相当の期間」とは、社会通念上、不備を補正するのに必要と認められる期間をいう。

2　審査庁が、審査請求書の補正が可能であるにもかかわらず、補正を命じないでこれを却下した場合は、当該裁決は違法なものとして取消しを免れない（東京地判平成10.5.19）。

〈補正が可能なもの〉
・審査請求書の記載事項に不備があるとき。
・代理人の委任状が添付されていないとき。
・総代の互選書が添付されていないとき。
・会社代表者の資格証明が添付されていないとき。

注意
　審査請求の要件が形式的に充足されていても、請求人が処分を受けた当事者であるか否か等を確認する必要がある。夫に対する処分について、妻が審査請求していないか、共有者の場合であっても名あて人となっているかどうか、処分が取消されていないかどうか、また、審査庁を誤っていないかどうか等をチェックする必要がある。

3章 審査請求

3-5 不作為についての審査請求

行政不服審査法3条、49条

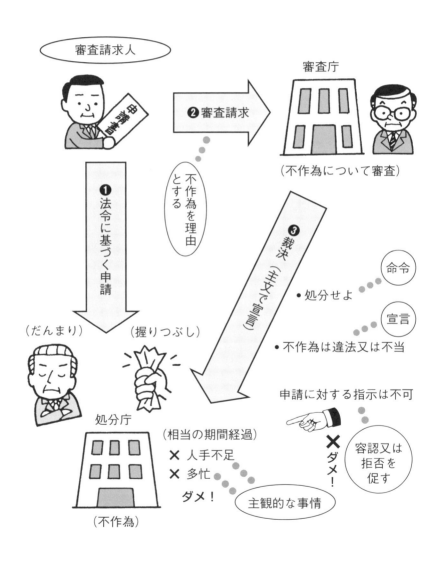

不作為についての審査請求は、法令に基づいて行政庁に対して申請をしたのに、行政庁が、相当の期間内に何らの処分をもしない場合に、当該行政庁に対する審査請求を認めて、その事務処理の促進を図り、もって、住民の権利利益を救済しようとするものである。この審査請求は、不作為庁の事務処理の促進を図ることを目的としている。

1 審査庁は、不作為についての審査請求に理由がある場合（すなわち、処分庁たる行政庁の不作為が違法又は不当であると認めるとき）は、不作為が違法又は不当である旨を主文で宣言するとともに、不作為庁の上級行政庁である審査庁は、不作為庁に対し、当該処分をすることを命じ、不作為庁が審査庁であるときは、当該処分をすることになる（法49条3項）。

2 不作為についての審査請求が、当該不作為に係る処分についての申請から相当の期間が経過しないでなされたものである場合その他不適法である場合には、審査庁は、裁決で当該審査請求を却下する（法49条1項）。

3 行政庁の不作為が成立する要件
　ア 当該申請が、法令に基づくものであること。
　　 したがって、法令に根拠のない請願や陳情などの職権発動を促す行為や、行政指導などは含まれない。
　イ 行政庁に対し法令に基づく申請をしたのに対し、相当の期間を経過しても何らの処分もしない状態が存在すること。
　　 ここにいう「相当の期間」とは、社会通念上、当該申請に係る処分をなすのに通常必要とされる期間が基準となるが、その期間を経過したことが正当化されるような特別の事情がある場合は、その不作為は違法又は不当とはならない（東京地判昭和39.11.4）。

ひとこと

「相当の期間」を経過しているか否かを判断するには、処分が遅れていることに正当な理由があるか否かを考慮する必要があるが、職務が多忙であるとか、人手が足りないといった行政庁側の主観的な事情は、正当な理由とならないので注意が必要である。
なお、法律によっては、申請を受理してから処分をするまでの期間を定めているものがあるが、これは、一般に、訓示規定と解されており、期間を経過したことによって当然に違法となるものではない。
　〈例〉 ●建築基準法6条4項（建築確認）……… 35日以内又は7日以内
　　　　●宗教法人法14条4項（認可）……………3か月以内
　　　　●郵便法22条4項（毎月発行の第三種郵便の認可）……3か月以内

3章 審査請求

3-6 審査請求の期間

行政不服審査法18条

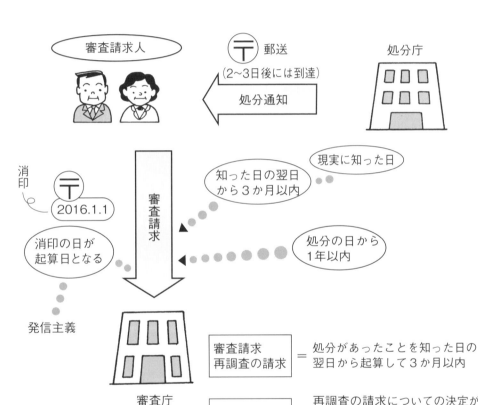

行政処分は、重大かつ明白な瑕疵により当然に無効と認められる場合を除き、たとえ、取消原因たる瑕疵が存在しても、行政庁自らが職権で取消すか行政訴訟によって取消されるまでは、適法性の推定を受け有効なものとして存在する。これをいつまでも争い得る状態にしておくことは行政処分を不確定な状態におくことになり、法律関係が不安定となるので、審査請求ができる期間を制限し、その期間経過後は、当該行政処分の取消しを求めることができなくなる。ただし、正当な理由があるときは、この限りでない。

1　審査請求は、処分があったことを知った日の翌日から起算（初日不算入）して3か月を経過したときはすることができない（法18条1項＝主観的審査請求期間）。また、処分があったことを知らなかったときでも、処分があった日から起算して1年を経過したときは、原則として審査請求をすることができない（法18条2項＝客観的審査請求期間）。

2　審査請求書を郵便又は信書便で提出した場合は、送付に要した日数は、この期間に算入されない（法18条3項＝発信主義）。

3　また、審査庁となるべき行政庁は、審査請求書がその事務所に到達してから当該審査請求に対する裁決をするまでに通常要すべき標準的な期間を定めるよう努めるとともに、これを定めたときは、当該審査庁となるべき行政庁及び関係処分庁の事務所における備付けその他の適当な方法で公にしておかなければならない（法16条）。
　この期間は、いわば努力目標であって期間内に裁決することを義務づけているわけではないので、この期間を経過したからといって、直ちに、違法又は不当な不作為となるものではない。

ひとこと

　「処分があったことを知った日」とは、処分が文書によりなされた場合は、特別の事情がない限り、その文書が相手方に到達した日をいう（最判昭和27.4.25）。処分が、公告によって効力を生ずる一般処分の場合であっても、処分の効力を受ける者が、処分があったことを現実に知った日の翌日から、審査請求の期間が開始するとする判例がある（東京高判平成12.3.23）。
　そして、文書が郵送された場合は、通常、発送の日から2〜3日で相手方に配達されたものと推定されている（名古屋地判昭和29.10.14）。

注意

　天災その他審査請求をしなかったことにやむを得ない理由がある場合には、その理由が止んだ日の翌日から起算して1週間以内に審査請求をしなければならないとされていたが（旧法14条1項）、新法では、正当な理由があればよいので、例えば、災害等のほか病気で長期入院中の場合、海外出張中の場合などでも、正当な理由があるとされる可能性がある。

3-7 再調査の請求（1）

行政不服審査法5条、54条〜61条

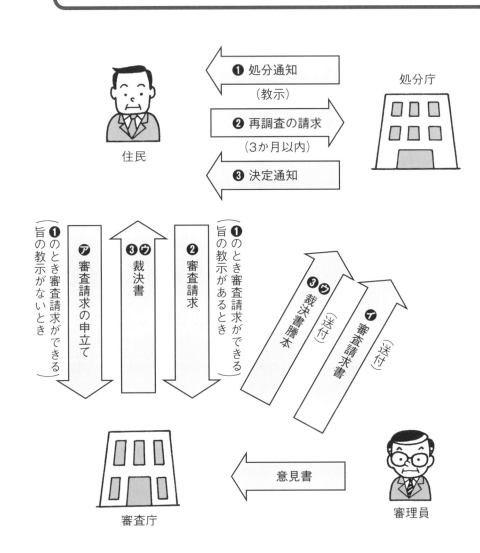

再調査の請求は、処分庁に対し、処分庁がした処分について違法又は不当でないかを再調査してもらうことにより、当該処分の見直しを求めるものであるが、再調査の審理手続は、旧法の異議申立てと同様、処分庁の職員が担当するので、その公平性や中立性が担保されるかについては疑問が残る。

1　行政庁の処分について処分庁以外の行政庁に対して審査請求ができる場合に、法律に再調査の請求ができる旨の定めがあるときは、当該処分について不服がある者は、審査請求をしていない場合は、処分庁に対して再調査の請求をすることができる（法5条1項）。

　再調査の請求は、国税通則法（75条1項）、公害健康被害補償法（106条）など、不服申立てが大量にあるものについて、処分庁自身が、審査請求より簡易迅速な手続で紛争を処理しよう（処分を見直そう）とするものである。そのため、審理員による審理はされず、審査会への諮問もない。

　なお、再調査の請求は、審査請求中心主義の例外であるから、法律に定めがある場合に限って認められ、条例で定めることは許されない。

2　再調査の請求をしたときは、原則として、当該再調査の請求についての決定を経た後でなければ、審査請求をすることができない（法5条2項）。決定は、主文及び理由を付して、処分庁が記名押印した決定書の謄本を送付して行う（法61条、51条2項）。

　ただし、当該再調査の請求をした日の翌日から起算して3か月を経過しても、処分庁が決定をしないときその他決定を経ないことについて正当な理由があるときは、処分庁の決定を経ないで、審査請求をすることができる（法5条2項ただし書）。この場合は、再調査の請求は取下げられたものとみなされる（法56条）。

　なお、不作為については、法律に個別の定めがないので、再調査の請求をすることができない。

3　再調査の請求をしたにもかかわらず、その決定を経ないで審査請求をしたときは、法5条2項ただし書に該当する事実がない場合には、当該審査請求は不適法なものとして却下される。すなわち、行政庁の処分について、再調査の請求をした場合は、その決定を経た後でなければ審査請求をすることができないのである（法5条2項）。

4　再調査の請求は、原則として、処分があったことを知った日の翌日から起算して3か月以内にしなければならない（法54条1項）。

　処分庁は、再調査の請求がされた日の翌日から起算して3か月を経過しても当該再調査の請求が係属しているときは、遅滞なく、当該処分について直ちに審査請求ができる旨を、書面で再調査の請求人に教示しなければならない（法57条）。この3か月後の教示は、直ちに審査請求をするか、それとも、再調査の請求手続を続行するかの選択権を、再調査の請求人に与えたものと解される。

3章 審査請求

3-8 再調査の請求（2）

行政不服審査法54条〜60条

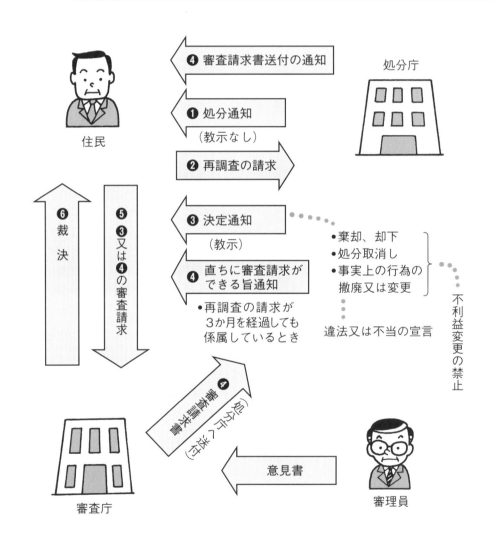

再調査の請求ができる処分について、処分庁が誤って再調査の請求ができる旨の教示をしなかった場合に審査請求がなされ、審査請求人から申立てがあったときは、審査庁は、速やかに、審査請求書等を処分庁に送付し、審査請求書等を受け取った処分庁は、速やかに、審査請求人に対し、その旨を通知しなければならない。

1　再調査の請求は、処分があったことを知った日の翌日から起算して3か月以内にしなければならないが（法54条1項）、処分庁が、誤って再調査の請求ができる旨の教示をしなかった場合において、処分の相手方が審査請求をし、かつ、当該審査請求人から申立てがあったときは、審査庁は、審査請求書を処分庁に送付しなければならない（法55条1項）。その趣旨は、処分の相手方の意思を尊重して、審査請求の前に再調査の請求としての手続を進めるものである。

　そして、審査請求書を受け取った処分庁は、審査請求人に対し、審査庁から審査請求書が送付された旨を通知しなければならない（法55条2項）。審査請求書が処分庁に送付されたときは、初めから処分庁に対し、再調査の請求がされたものとみなされる（法55条3項）。これは、処分庁の手続上の瑕疵によって再調査の請求ができなくなる不利益を防ぐためである。

　なお、処分庁に対して審査請求があったときも、同様に、審査庁となるべき行政庁に審査請求書が送付されるが、審査請求期間の計算については、処分庁に審査請求書が提出されたときに、審査請求があったものとみなされる（法21条3項）。

2　行政庁の処分について審査請求ができる場合において、法律に再調査の請求ができる旨の定めがあるときは、処分の相手方は、審査請求も再調査の請求もできるが、処分庁の教示の誤りは、再調査の請求ができる処分であるのに、再調査の請求ができる旨の教示をせず審査請求をすることができることしか教示しなかった場合や全く教示をしなった場合を含む。

3　処分庁に対し再調査の請求をしたときは、再調査についての決定を経た後でなければ、審査請求をすることができない（法5条2項）が、法5条2項ただし書の定めにより審査請求がなされたときは、再調査の請求は取り下げられたものとみなされる（法56条）。

4　処分庁は、審理の結果、再調査の請求に理由があると認めるときは、決定で処分の全部又は一部を取消し又は変更することになる。また、事実上の行為の場合は、それが違法又は不当である旨を宣言すると同時に、事実上の行為の全部又は一部を撤廃又は変更することになる（法59条2項）が、この場合、再調査の請求人に不利益に当該処分又は事実上の行為を変更することはできない（法59条3項＝不利益変更の禁止）。

　そして、処分庁が、処分を取消し又は事実上の行為を撤廃したときは、再調査の請求に係る処分又は事実上の行為は失効する（なかったことになる）ので、処分庁は、速やかに、申請内容に従った処分を行うことになる。

3-9 再審査請求

行政不服審査法6条、62条

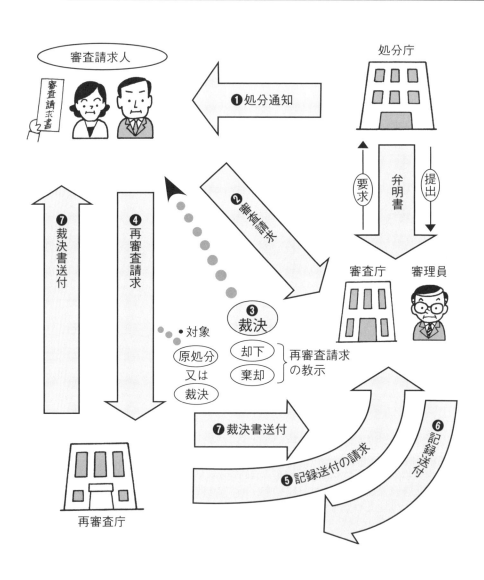

ポイント 審査請求をした者が、その裁決に不服がある場合には、さらに、個別の法律で定める行政庁に対して再審査請求をすることができる。
　審査庁（裁決庁）は、裁決書に再審査請求ができる旨並びに再審査請求書を提出すべき行政庁（再審査庁）及び再審査請求期間を記載して、これらを教示しなければならない（法50条3項）（教示＝5－1参照）。

1　再審査請求は、原則として、法律（処分が条例に基づくときは、条例を含む。）に再審査請求ができる旨の規定があるときに、法律又は条例に定める行政庁に対してすることができる（法6条1項）。
　審査請求が、いわゆる、一般概括主義（4－1参照）を採用し、原則として、あらゆる処分について可能であるのに対し、再審査請求は、いわゆる列記主義を採用して、原則として、個々の法律又は条例で認めている場合に、当該法律又は条例で定める行政庁に対してのみ可能である。

2　再審査請求は、裁決に対する不服申立てであって、いわば、裁判の場合の控訴に該当するものであり、原裁決があったことを知った日の翌日から起算して1か月以内にすることが必要である。
　再審査請求で争う対象を、原処分とするか原裁決とするかは、審査請求人の自由な選択に委ねられる（法6条2項）。
　全部認容の裁決について、再審査請求をすることは許されない（利益がない）から教示の必要はなく、したがって、審査請求を却下若しくは棄却又は一部棄却した場合に教示することになる。

3　再審査請求は、審査請求についての原裁決があったことを知った日の翌日から起算して1か月以内（主観的再審査請求期間）又は原裁決があった日の翌日から起算して1年以内（客観的再審査請求期間）にしなければならない（法62条1項、2項本文）。
　ただし、いずれの場合も、正当な理由があるときは、この期間経過後であっても再審査請求ができる（法62条1項・2項ただし書）。正当な理由とは、審査庁が誤って法定の期間より長い再審査請求期間を教示した場合や再審査請求の期間を教示しなかった場合などが該当する。

〈再審査請求を認めている法律の例〉
- 生活保護法66条
- 健康保険法189条
- 児童福祉法59条の4第2項
- 土地区画整理法127条の2
- 建築基準法95条
- 地方自治法252条の17の4第4項

# 3-10 執行停止

行政不服審査法25条、26条、40条

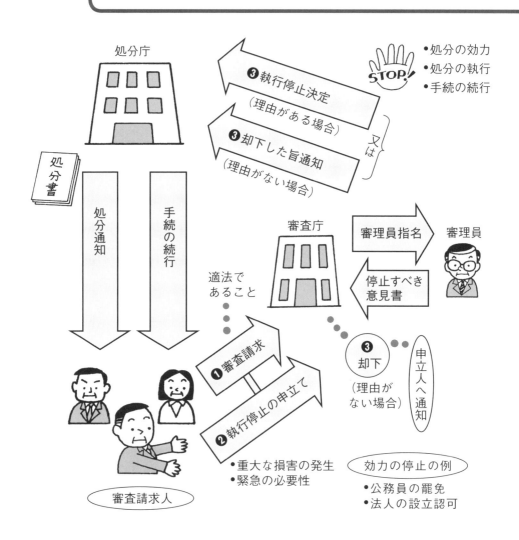

ポイント
　行政処分に対し、審査請求が提起されても、当該処分の効力、処分の執行又は手続の続行は妨げられない。これを執行不停止の原則という（法25条1項）。しかし、処分の相手方の権利・利益を保護するためには、一定の要件の下に、その相手方に執行停止の申立権を認めて、処分の効力等を停止する必要がある。
　この制度は、行政処分の公益性の確保と処分の相手方の権利・利益の保護との調和を図ろうとするものである。　　　　　　　　　　　　（決定例参照）

1　執行停止は、本案である審査請求によって救済される者の権利・利益を保全するために認められるものであるから、処分について適法な審査請求をした者のみがなし得る。したがって、審査請求人となり得ない者や審査請求をしていない者は、執行停止の申立てをすることができない。
　　また、本案たる審査請求が適法に存在していることが前提であるから、審査請求が不適法として却下され、あるいは理由なしとして棄却された場合は、申立ては却下される。
　　実務においては、速やかに本案についての裁決ができる場合は、棄却の裁決をしたうえで、申立てを却下している。執行停止の申立てを却下した場合は、通常、申立人に決定書謄本を送付し、処分庁に対し、その旨通知する。

2　執行停止は、当該処分の効力等をそのまま認めたのでは、処分の相手方に重大な損害が発生することが予想され、その損害の発生を避けるため緊急の必要がある場合に認められるが（法25条4項）、審査庁は、重大な損害を生ずるか否かを判断するに当たっては、損害の回復の困難の程度を考慮するものとし、損害の性質及び程度並びに処分の内容及び性質をも勘案することとされている（法25条5項）。
　　したがって、①執行停止を認めることによって、公共の福祉に重大な影響を及ぼすおそれがあるとき、②本案について理由がないとみえるときは、執行停止をすることができない（法25条4項ただし書）。
　　また、審理員は、必要があると認める場合は、審査庁に対し、執行停止をすべき旨の意見書を提出することができる（法40条）。

3　執行停止決定時には、公共の福祉に重大な影響を及ぼすおそれがあることが明らかではなかったが、執行停止決定後に公共の福祉に重大な影響を及ぼすことが明らかになった場合や事情が変更して執行停止を継続することが適当でなくなる場合が起こり得る。法は、そのような場合に、審査庁が執行停止決定を取消すことを認めている（法26条）。

ひとこと
　処分庁の上級行政庁又は処分庁である審査庁は、必要があると認めるときは、審査請求人の申立て又は職権により、処分の効力等の全部又は一部について、必要な限度で執行停止をすることができる。しかし、処分の効力の停止は、それ以外の措置によって目的を達することができるときは、することができない（法25条6項）。

3-11 審査請求前置

行政事件訴訟法8条1項ただし書

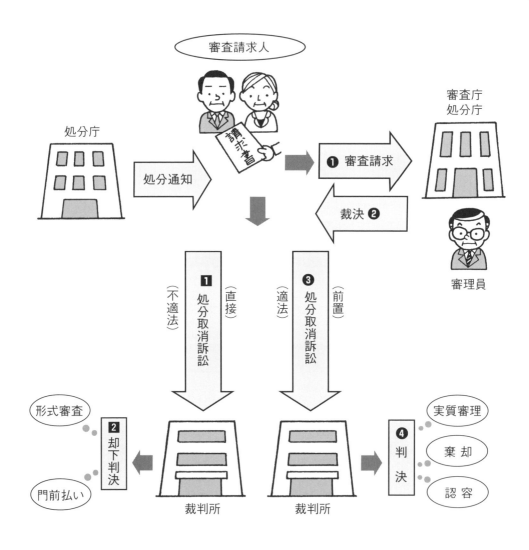

処分取消しの訴えは、その行政処分について法令の規定により、審査請求ができる場合であっても、原則として、直ちに、提起することができる（行訴法8条1項本文）。
　しかし、例外的に、法律によっては、当該処分についての審査請求に対する裁決を経た後でなければ処分取消しの訴えを提起することができない旨を定めている場合がある。これを、審査請求前置という（法8条1項ただし書）。

〈審査請求前置の例〉
〈大量の処分であるため、統一的処理の必要があるもの〉
- 国税通則法115条1項
- 生活保護法69条
- 地方税法19条の12
- 国民年金法101条の2
- 労働者災害補償保険法40条
- 地方自治法229条4項、231条の3第9項

〈第三者機関が審査庁であるもの〉
- 障害者総合支援法105条
- 健康保険法192条（社会保険審査会）
- 国家公務員法92条の2（人事院）
- 地方公務員法51条の2（人事委員会又は公平委員会）

注意

次の場合は、審査請求についての裁決を経ないで、処分取消しの訴えを提起することができる（行訴法8条2項）。

1　審査請求を提起した日から3か月を経過しても裁決がないとき。

2　処分、処分の執行又は手続の続行により生ずる著しい損害（重大な損害又はこれに準ずる損害）を避けるため緊急の必要があるとき。
　例えば、建築確認処分に対し審査請求を行う場合、裁決が出るまでに工事が完了してしまうことが予想されるとか、営業免許取消処分により営業できなくなり、裁決を待っていたのでは経営上甚大な損害を被る場合など。

3　その他裁決を経ないことについて正当な理由があるとき。
　例えば、審査庁の結論が明らかであり、裁決により原処分の見直しが予想されないため、前置の意味がないときとか、適法な審査請求であるのに審査庁が誤って却下の裁決をした場合など。

　なお、生活保護法65条2項は、70日又は50日以内に裁決がないときは、審査請求人は、知事が、審査請求を棄却したものとみなすことができるとしている。

4-1 審査請求ができる者

行政不服審査法2条、3条

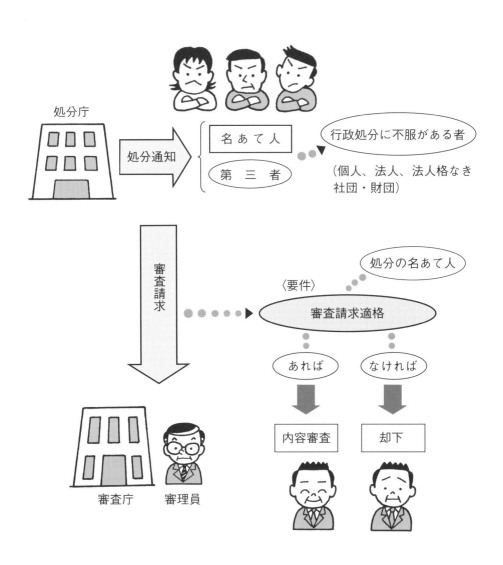

行政処分について審査請求ができる者は、行政処分に不服がある者であり、違法又は不当な処分により自己の権利若しくは利益を侵害され、又は必然的に侵害されるおそれのある者をいう（最判昭和53.3.14）。これを一般概括主義といっている。しかし、行政不服審査法に基づく処分は除かれる（法7条1項12号）。

1　審査請求をなし得る者は、行政処分の直接の相手方となった者だけではなく、第三者であっても、当該処分によって自己の権利・利益を侵害され若しくは侵害されるおそれのある者は、審査請求をすることができる（最判昭和53.3.14）。
　例えば、滞納処分により差押えられた財産の真の所有者（納税義務者ではない者）は審査請求をなし得る（東京高判昭和33.2.27）。
　しかし、借地人や借家人は、固定資産税の納税義務者ではないから、その賦課処分を争うことはできないし、原子炉の建築確認について、その所在地から遠く離れた地域に居住している者は、原子炉から直接の危険を受ける関係にないので、当該建築確認を争うことはできない（東京高判昭和47.9.27）。

2　審査請求をすることができない行政不服審査法上の処分としては、審査請求に対する裁決（法45条）、再調査の請求（法58条、59条）、鑑定（法34条）、物件の提出（法33条）、検証（法35条）、質問（法36条）等の申立てがある。

ひとこと

　行政庁の処分に不服がある者であっても、審査請求をする利益のない者については、「審査請求適格」が否定される。その場合は、その審査請求は、不適法なものとして却下される。

〈不適法とされた事例〉
- 運輸大臣の私鉄運賃変更認可に対する通勤者の審査請求（東京地判昭和52.10.5）。
- 鉄道事業法9条1項に基づく鉄道施設工事計画の変更認可の取消しについての予定地周辺の住民のする審査請求（東京高判平成8.4.15）。

　また、不作為についての審査請求ができる者は、行政庁の不作為状態によって直接にその権利利益に影響を受ける者、すなわち、当該不作為に係る処分その他の行為を申請した者である（法3条）。

4章 審査請求ができる者

4-2 総代・利害関係人

行政不服審査法11条、13条

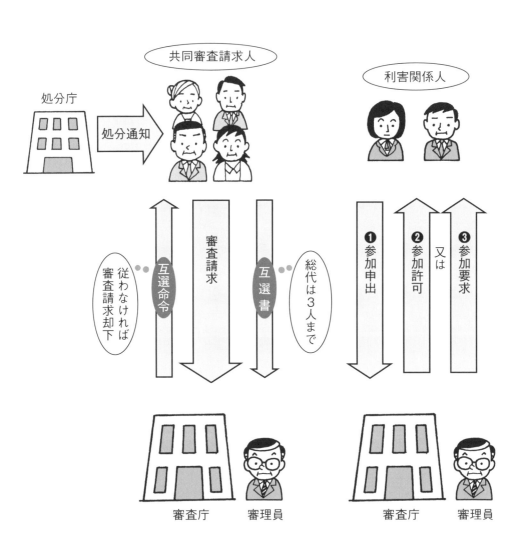

ポイント

　審査請求ができる者は、行政処分に不服のある者に限られるが、当該処分を受けた本人自身がする必要はない。
　共通の利害関係に立つ多数の者が審査請求をする場合、総代を選任してその者に審査請求の手続を行わせることができる（法11条）。
　さらに、行政処分に利害関係を有する者は、審理員の許可を得て「参加人」として、既に係属している審査請求に参加することができる。（様式20、21）

1　一つの処分に対して、多数の者が共同して審査請求をする場合とか、同種の多数の処分（例えば、固定資産税賦課処分）について不服のある多数の者が共同して審査請求をする場合に、共同審査請求人は、3人を超えない範囲で総代を選任（互選）することができる（法11条1項）が、総代を互選した場合は、互選書（総代選任書）を審査請求書の正本に添付しなければならない（法施行令4条2項）。

2　総代が選任されたときは、総代を通じてのみ手続を進めることができ、行政庁の通知その他の行為は、2人以上の総代が選任されている場合でも1人の総代に対してすれば足りる（法11条5項）。総代の互選は、原則として、共同審査請求人の自由であるが、総代を選任しない場合は、審理員は、必要があると認めるときは、総代の互選を命じることができる（法11条2項）。審理員の総代互選命令に従わないときは、審査庁は、当該審査請求を不適法なものとして却下することができる（法19条、24条）。

3　総代は、各自、他の共同審査請求人のために、当該審査請求に関する一切の行為をすることができるが、「取下げ」については、審査請求人の個別の委任がなければすることができない（法11条3項）。審査請求人は、総代がその資格を失ったときは、審理員に対し、その旨を書面で届け出なければならない（法施行令3条2項）。

4　すでに提起されている審査請求に係る処分又は不作為に係る処分の根拠となる法令に照らし、当該処分につき、直接、自己の権利利益を侵害されるおそれがある者（法律上の利害関係を有するものと認められる者）は、審理員の許可を得て、当該審査請求に利害関係人として参加することができる（法13条1項）。そして、当該審査請求に利害関係人として参加を申し立てた者が、審理員の配偶者、4親等内の親族等（法9条2項各号）に該当する場合は、審理員は、直ちに、当該審理手続を回避（辞職）して手続から離脱し、新しく指名された審理員が、参加の許否を決定することが、審理の公平性中立性の確保に資するであろう。

ひとこと

　建築確認に係る建物の敷地について、通行権の侵害を主張する者は、当該建築確認に係る審査請求に参加する利害関係人に含まれない（東京高判昭和54.11.13）。

4章 審査請求ができる者

4-3 代理人・代行者

行政不服審査法12条、行政不服審査法施行令3条1項

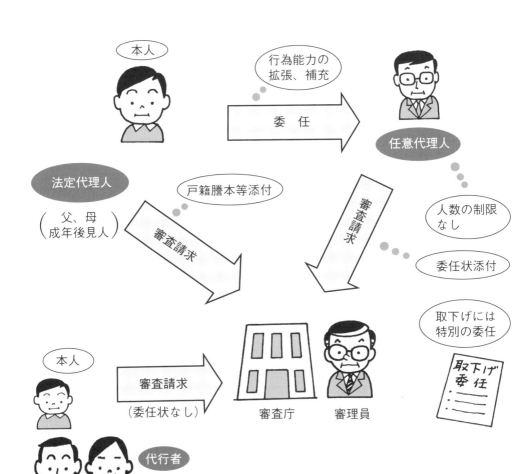

行政処分により自己の権利又は利益を侵害された者は、直接自分で審査請求をすることができるだけでなく、代理人によってもすることができる。代理人には、親権者や成年後見人のような法定代理人と委任契約による任意代理人がある。いずれの代理人の場合も、本人の行為能力を補充ないし拡張するものである。

(様式4、17)

1　代理人は、審査請求に関する一切の行為をすることができる（法12条2項本文）。代理人が複数いる場合は、各自、独立して、委任の範囲内でその権限を行使することができる。委任による代理人の場合は、特別の委任がなければ、審査請求を取下げることができない（法12条2項ただし書）。審査請求を取下げるか否かは、審査請求人にとって重大な方針転換となるので、書面によってその意思を確認する必要があるからである。

　実務においては、弁護士や税理士が代理人になって提起した審査請求は、通常審査請求書に添付された委任状に、取下げの権限を委任した旨の記載があるが、そうでない場合は、本人が、取下げのときに取下書を提出している。

2　代理人によって審査請求をする場合は、委任状によって代理人の資格を証明しなければならない（法施行令4条3項）。したがって、代理人が、審査請求を取下げる権限を授与されていない場合は、別途、書面により、審査請求の取下げを委任した旨を明記した委任状を提出する必要がある。

　法定代理人の場合は、戸籍謄本によって、身分関係を証明することになる。

ひとこと

　実務においては、心身障害者が審査請求の本人である場合は、自ら審査請求をしたり、代理人を選任することが困難である場合があるため、その親族（例えば、夫、妻、子、父、母、兄弟姉妹など）が、代行者として審査請求をすることがある。そのときは、審査庁は、委任状の提出を求めることなく審査請求の手続をすすめ、柔軟に対応するのが望ましい。

注　意

　法12条2項は、委任による代理人を予定した規定であると解されるが、その代理人は、必ずしも弁護士や税理士である必要はない。しかし、法律で認められていない者（例えば、資格のない個人や司法書士・行政書士）が、報酬を得る目的で、審査請求の手続を業として代理するときは、弁護士法72条（非弁活動の禁止）に違反するので注意しなければならない。

4-4 代表者資格の証明

行政不服審査法10条、行政不服審査法施行令3条

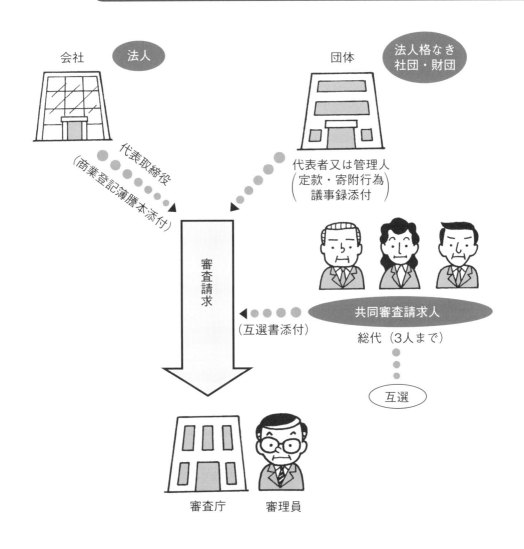

法人若しくは法人でない社団又は財団が審査請求をする場合は、その代表者若しくは管理人の資格を書面で証明しなければならない（法施行令3条1項）。
　これは、審査手続を進めるうえでの効力要件であるので、必ず審査請求書に添付させるか、遅くとも、手続の終了までに提出させる必要がある。
　代表者等が、その資格を喪失したときも、同様に、書面でその旨を届け出なければならない（法施行令3条2項）。

1　法律によっては、法人格のない社団又は財団で、代表者又は管理人の定めのあるものを、法人又は個人とみなしているものがある。

〈法人とみなすもの〉
- 国税通則法3条
- 国税徴収法3条
- 所得税法4条
- 法人税法3条
- 地方税法12条、24条6項

〈個人とみなすもの〉
- 相続税法66条

2　代表者資格等を証明する書面には、次のようなものがある。
- 法人の代表者等＝商業登記簿謄本
- 法人格のない社団又は財団の代表者等＝社団又は財団の定款又は寄附行為の写し、代表者選任の議事録の写し
- 総　代＝総代選任書（互選書）（総代が取下げるには個別の委任が必要（法11条3項））
- 代理人＝委任状（取下げについては、特別の委任を要する（法12条2項ただし書））
　法定代理人の場合は、戸籍謄本又は抄本

注意

　判例は、法人格のない社団（権利能力のない社団）といい得るためには、団体としての組織を備え、多数決の原理が行われ、構成員の変動にもかかわらず団体そのものが存続し、その組織において、代表の方法、総会の運営、財産の管理、その他団体としての主要な点が確定していることを要するとしている（最判昭和39.10.15）。
　また、法人格のない財団についても、個人財産から分離独立した基本財産を有し、その運営のための組織を有して、団体としての社会活動をしていることを要するとしている（最判昭和44.11.4）。

4章 審査請求ができる者

4-5 審査請求人の地位の承継

行政不服審査法15条

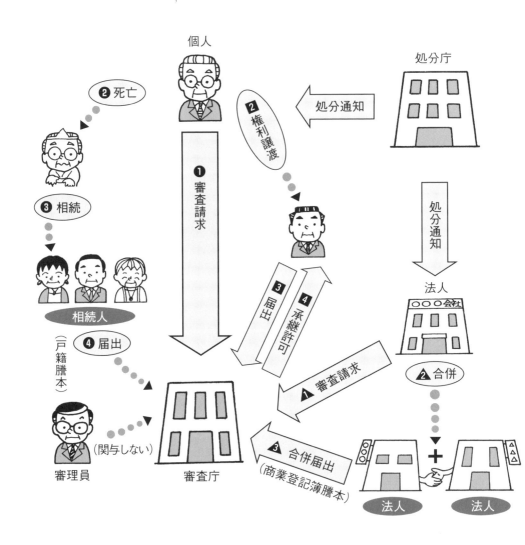

審査請求を提起した後に、審査請求人が死亡したり、法人が合併したときは、相続人や合併法人が、当然に、当該審査請求人の地位を承継する（法15条1項、2項）。承継人は、このことを審査庁に書面で届け出なければならない。また、審査請求の目的である処分に係る権利を譲渡したときは、譲受人が、審査庁の許可を受けて審査請求人の地位を承継することができる。

（様式22〜24）

1　相続で審査請求人の地位を承継した相続人その他の者が2人以上いる場合は、その1人に対する審査庁の通知その他の行為は、全員に対してされたものとみなされる（法15条5項）。

　届出をするまでの間に、審査庁がした死亡者（従来の審査請求人）に対する通知その他の行為が承継人に到達したときは、これらの者（承継人）に対する通知その他の行為としての効力を有する（同条4項）。

　なお、相続による承継の場合は、戸籍謄本を添付して届け出ることになる。

2　審査請求人が法人（会社・社団・財団）の場合、合併があったときは、合併後に存続する法人が、審査請求人の地位を承継する（法15条2項）。

　合併後に存続する法人は、書面により届け出なければならないが、その場合には、商業登記簿謄本等により、合併の事実を届け出ることになる（同条3項）。

3　審査請求人が、審査請求の目的である処分に係る権利（例えば、許可に係る営業権）を譲り渡したときは、譲受人は、審査庁の許可を得て、審査請求人の地位を承継（特定承継）することができる（法15条6項）。

　相続などの一般承継と異なり、必ずしも承継の事実が明らかではない場合があるので、審査庁の許可に係らしめることによって、これを明確にしようとするものであるが、実務においては、特定承継の例は、ほとんどない。

〈相続人以外の者が審査請求人の地位を承継する例〉
- 国家公務員共済組合法44条＝遺族
- 地方公務員等共済組合法47条＝遺族
- 生活保護法10条＝世帯

5章　教示制度

5-1 教示

行政不服審査法50条、57条、60条、82条

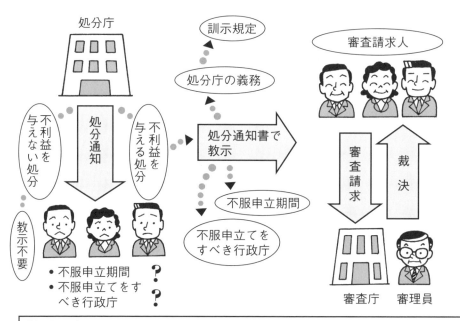

〈教示文の例〉
（審査請求及び処分取消し訴訟が提起できる場合（知事が処分庁の場合））
1　この処分に不服がある場合は、この決定があったことを知った日の翌日から起算して3か月以内に、○○県知事に対して審査請求をすることができますが、この決定の日の翌日から起算して1年を経過したときは審査請求をすることができません。
2　この決定については、この決定があったことを知った日の翌日から起算して6か月以内に、○○県知事を被告（訴訟において被告とすべき○○県の代表者は、○○県知事です。）として処分取消しの訴えを提起することができますが、この決定の日の翌日から起算して1年を経過したときは処分取消しの訴えを提起することはできません。
　　ただし、上記1の審査請求をしたときは、当該審査請求についての裁決があったことを知った日の翌日から起算して6か月以内に、処分取消しの訴えを提起することができます。

審査請求前置の場合
1　この決定に不服がある場合は、この決定があったことを知った日の翌日から起算して3か月以内に、○○県知事に対して審査請求をすることができますが、この決定の日の翌日から起算して1年を経過したときは審査請求をすることができません。
2　上記1の審査請求に対する裁決を経た場合に限り、当該審査請求に対する裁決があったことを知った日の翌日から起算して6か月以内に○○県知事を被告（訴訟の被告となるべき○○県の代表者は、○○県知事です。）として、処分取消しの訴えを提起することができます。ただし、①審査請求を提起した日の翌日から起算して3か月を経過しても裁決がない場合、②処分、処分の執行又は手続の続行により生ずる著しい損害を避けるため緊急の必要がある場合、③その他裁決を経ないことについて正当な理由がある場合には、審査請求に対する裁決を経ないで処分取消しの訴えを提起することができます。

ポイント 行政処分に不服がある場合に、当該処分に対して審査請求ができるかどうかを明らかにし、また、審査請求をすべき行政庁が不明であると処分の相手方の権利救済に十分でないので、行政不服審査制度の円滑な活用を図るため、教示制度が設けられている。この制度は、処分の相手方に対し、簡易迅速な救済を受ける機会を拡張し、権利救済制度としての目的を果たそうとするものである。

（様式25）

1　行政庁は、不服申立て（審査請求、再調査の請求）ができる処分をするときは、処分の相手方に対し、①当該処分に対し不服申立てをすることができる旨、②不服申立てをすべき行政庁、③不服申立てをすることができる期間を書面で教示しなければならない（法82条1項）。ただし、当該処分を口頭で行う場合は、教示する義務はない（法82条1項ただし書）。

2　教示は、通常、処分通知書の末尾に記載されるが、別紙で教示してもよい。その場合は、処分年月日・処分の相手方・行政庁の処分番号で対象となる処分を特定し、教示年月日を記載する必要がある。
　また、利害関係人も教示を求めることができ（法82条2項）、利害関係人が書面による教示を求めた場合は、教示は書面でしなければならない（法82条3項）。

3　教示する不服申立期間は、一般的には、主観的な不服申立期間（処分があったことを知った日の翌日から起算して3か月以内）を示せば足り足りる。
　行政庁は、不服申立てができる処分をする場合は教示の義務を負うが、法82条1項は訓示規定と解されるから、その義務の懈怠や教示内容に誤りがあっても、当該処分は、当然には違法とはならない。また、法は、教示を誤った場合の救済策を講じている（法22条）。

ひとこと
　教示は、行政庁の法律上の義務ではなく、処分の効力とは全く関係のない制度であるから、教示しなかったからといって、教示に係る処分や裁決が当然に違法となるものではないし、審査請求期間の進行が停止するものでもない（東京地判昭和54.8.21、最判昭和48.6.21）。

5章 教示制度

5-2 誤った教示の救済

行政不服審査法22条、55条、82条、83条

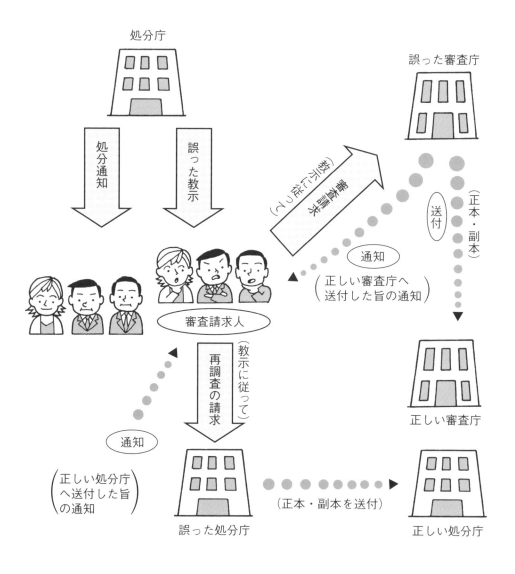

ポイント　法は、処分庁に対し、当該処分につき、いつまでに、どの行政庁に対して審査請求ができるかを教示することを義務づけている（82条）が、処分庁が、誤って審査庁ではない行政庁に審査請求ができると教示した場合、それを信頼して審査請求をした相手方を救済する必要がある。

(様式25)

1　審査請求をすることができる処分について、行政庁が処分の相手方に対し、誤って審査庁でない行政庁を審査庁として教示し（あるいは、再調査の請求ができない処分について、処分庁が誤って再調査の請求ができると教示し）、当該処分の相手方が、その教示に従って教示された行政庁に対し書面で審査請求（又は再調査の請求）をした場合は、当該書面を受理した行政庁は、速やかに、審査請求書（又は再調査の請求書）の正本及び副本を処分庁又は審査庁となるべき行政庁に送付し、かつ、その旨を審査請求人（又は再調査の請求人）に書面で通知しなければならない（法22条1項、3項）。

2　審査請求書の正本及び副本は、速やかに、送付しなければならない。審査庁に正本及び副本の送付があったときは、初めから審査庁となるべき行政庁に審査請求がなされたものとみなされる（法22条5項）。

　なお、当初の行政庁が送付を忘れていた場合は、審査請求人に責任はないので、審査請求に対する裁決があるまでは、処分取消訴訟の出訴期間は進行しないものと解されている（東京高判昭和51.1.19）。

3　処分庁が、法定の期間よりも長い期間を審査請求期間として教示した場合に、その教示された期間内に審査請求がなされたときは、当該審査請求は、初めから審査庁となるべき行政庁に対し、法定の期間内になされた適法なものとみなされる（法22条5項）。

4　処分庁が、教示すべきであるにもかかわらず、教示しなかった場合の救済手続については、法83条が規定している。

ひとこと　審査請求ができる処分について再調査の請求をした場合は、再調査の決定を経てからでないと審査請求をすることができないが、処分庁が、当該処分について再調査の請求ができる旨を教示しなかったときは、再調査の請求ができる場合であって、再調査の請求人から申立てがあったときは、処分庁は、速やかに、再調査の請求書等を審査庁となるべき行政庁に送付しなければならない（法83条3項）。

6章　審査請求の手続

6-1 審査請求人の手続上の権利

行政不服審査法25条、30条〜38条

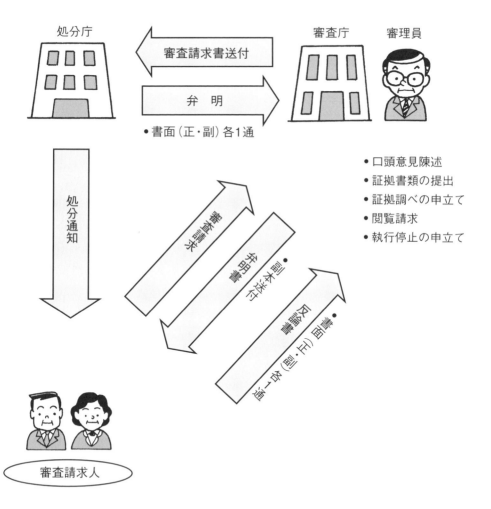

ポイント 法は、審査請求人に対し、処分についての審査請求について、詳細な規定を置いている。これらの規定は、必要な範囲での再調査の請求や不作為についての審査請求、再審査請求に準用されている。

(様式29〜33)

1 反論書の提出（法30条）（様式14）
　審査請求人は、審理員から送付された弁明書に対して反論書を提出することができる（法30条1項）。これは、処分庁に弁明書の提出の機会が与えられていることに対応するもので（法29条2項）、かつ、国民の権利利益の救済を図るために、審査請求人に対し、反論の機会を認めているものである。反論書は、原則として、正本・副本各1通を提出する（法施行令7条1項）。

2 口頭意見陳述の申立て（法31条）
　審査請求人は、審査請求書を提出するほか、口頭で意見を述べる機会を与えるよう申し立てることができる。この場合は、審理員は、その機会を与えなければならない（法31条1項）。申立てがあるにもかかわらず、口頭意見陳述の機会を与えないで審査庁が裁決をした場合は、審理手続に違反（裁決固有の瑕疵）がある違法な裁決として取消される。

3 証拠書類の提出等（法32条〜36条）
　審査請求人は、審査手続が終了するまで、いつでも、証拠書類・証拠物を提出することができる。この権利は、審査請求人の絶対的な権利であり、審理員の許可や同意を必要としない。
　そして、審査請求人は、審査手続が終了するまで、いつでも、鑑定や書類その他の物件の提出要求、検証や参考人の陳述の申立てをすることができる。これらの申立てを採用するかどうかは、審理員の合理的な裁量に委ねられている。

4 処分庁が提出した書類その他の物件の閲覧請求（法38条）
　審査請求人は、処分庁の弁明や再弁明に反論し、反証するために、処分庁が提出した書類その他の物件の閲覧を請求することができる。審理員は、原則として、この請求を拒むことはできないが、閲覧の日時を指定することができ（法38条3項）、審査請求人は、その指定に従わなければならない。

5 執行停止の申立て（法25条）
　審査請求人は、処分の効力、処分の執行又は手続の続行による重大な損害を避けるため緊急の必要があるときは、執行停止の申立てをすることができる。その場合は、適法な審査請求が係属していることが前提である（3－10＝執行停止）。

6章 審査請求の手続

6-2 弁明書

行政不服審査法29条、行政不服審査法施行令6条

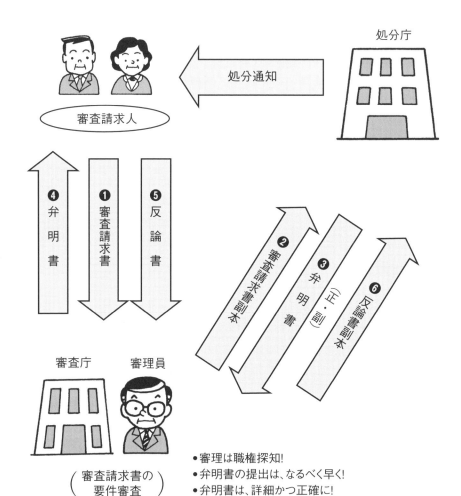

- 審理は職権探知!
- 弁明書の提出は、なるべく早く!
- 弁明書は、詳細かつ正確に!

> **ポイント**　弁明書は、処分庁が審査請求人の主張に対して、処分の適法、妥当性、すなわち、その法律上の根拠、処分の内容、適法性等を主張するものである。これは、審査請求人の主張に対する単なる反論ではなく、審査庁が、審査するうえでの重要な資料となるものであるから、正確、かつ、詳細に記載することが必要である。
> 　　　　　　　　　　　　　　　　　　　　　　　　　　（様式11〜13）

1　弁明書は、いわば、裁判の場合の答弁書に該当するものであり、必要があれば、弁明書の補充をし、あるいは、反論書に対する再弁明書を提出することができる。裁決において、判断の前提となる事実認定が十分にできる程度に、具体的かつ詳細に記載しなければならない。

　弁明書は、正本1通のほか審査請求人及び参加人の数に相当する通数の副本を提出し（法施行令6条1項）、審理員は、副本を審査請求人に送付する（法施行令6条3項）。

2　審査請求の裁決において判断の対象となるのは、処分の適法性、妥当性であるから、処分庁は、弁明書において、処分の内容、手続等において違法又は不当な点がないことを、法律上の根拠とともに主張することが必要である。処分庁は、添付資料として、処分通知書、図画、地図その他の資料を提出する必要があるが、これらは、審理において重要な証拠となるものである。

> **ひとこと**
> 　審査請求の審理は、職権探知主義を採用しているので、審査庁の事実認定は、処分庁や審査請求人が提出した証拠資料に拘束されず、審理員が職権で調査、収集した資料（証拠）によってすることができる（法33条〜36条）。

> **注意**
> 　実務においては、処分庁からの弁明書の提出が、審査庁の指定した期限（通常、4週間程度）より大幅に遅れる場合が少なくない。2〜3か月以内であれば、それほど問題ではないが、1年や2年も遅れて弁明書が提出されると、処分庁は、この審査請求を争う意思がないと思われても弁解のしようがないであろう。
> 　それにひきかえ、反論書の提出期限は、通常、4週間程度に定められているから、審査請求人から異議が出されると、反論書の提出期限も、それなりに延長しなければならなくなり、迅速な審理からは程遠いものになってしまうので、処分庁は、できるだけ、速やかに、弁明書を提出するように努めなければならない。

6-3 口頭意見陳述

行政不服審査法31条

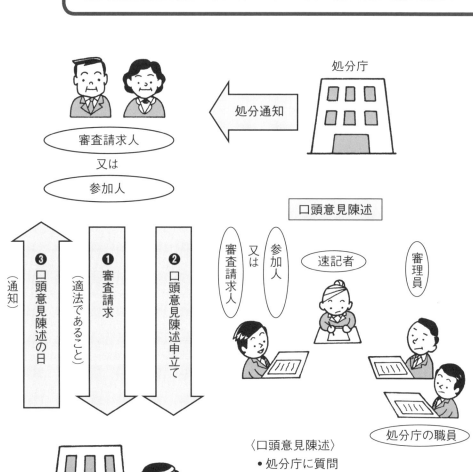

審査請求は、書面主義を原則（法19条1項）とする。しかし、書面だけでは、審査請求人の主張が、必ずしも正確に表現されておらず、また、争点に関係のない事情が多いなどの欠点があるため、口頭で意見を陳述させることにより、書面では十分に意を尽くしていないところを補充させ、公正な審理に資するとともに、争点の整理が容易になるなどの利点がある。（様式26）

1　審査請求人又は参加人に対し、口頭による十分な発言の機会を与えることによって、次のような効果が期待できる。
　（ア）職権審理による専断を避けることができる。
　（イ）審査請求書又は反論書では十分にその意を尽くせなかった点について、補充することができる。
　（ウ）代理人又は補佐人による主張の補充が可能となる。
2　審査請求人又は参加人から、口頭意見陳述の申立てがあったときは、審理員は、期日及び場所を指定して当該申立てをした者に対し、必ず、口頭で意見を述べる機会を与えなければならない（法31条1項本文）。この機会を与えないでした裁決は、審理手続に瑕疵があるものとなり、違法な裁決として取消されることになる。
　しかし、この口頭意見陳述は本案審理のための手続要件であるから、審査請求が、期間を徒過しているなど明らかに補正不能な場合（不適法として却下する場合）は、口頭意見陳述の機会を与えなくても違法とはならない（東京地判昭和56.10.13、福岡高判昭和45.7.20）。
3　口頭意見陳述の際には、申立人は、審理員の許可のもとに審査請求に関する事件について、処分庁に対して質問することが認められている（法31条5項）。
　また、審理関係人が遠隔地に居住するなどの場合は口頭意見陳述の期日における審理を、映像と音声の送受信によって審理を行うことが認められている（法施行令8条）。
　なお、多数人による共同審査請求の場合は、代理人又は総代と、意見陳述をする人数・時間等について、事前に協議しておくことが望ましい。

ひとこと

　口頭意見陳述をいかなる方式で実施するかは、審理員の合理的な裁量に委ねられていると見るべきである。しかし、意見陳述が不可能に等しい機会を与えた場合のように、審理員が、その裁量の範囲を逸脱したと認められるときは、その審理手続は違法となる（熊本地判平成7.10.18）。したがって、審査請求人が、9人の意見陳述を申立てたのに対し、審理員が、3人ずつ3回に分けて実施することを提案したところ、審査請求人が、9人同時に実施することに固執して譲らないような場合は、意見陳述権を放棄したものとみなして、口頭意見陳述を実施しなくても、審理員は、裁量を誤ったものとはいえない（同上判決）。

6-4 参考人の陳述

行政不服審査法34条

- 知っている事実を陳述
- 審査請求について利害関係のない人
- 実施するか否かは審理員の裁量

 参考人の陳述とは、審査請求の対象となっている処分の事実認定のため、裁決の基礎となる事実を、審査請求人以外の第三者から、その経験によって知っている事実を聴取することをいう。

(様式27)

1 　審理員は、審理手続上、必要があると認めるときは、いつでも、職権により、審理関係人以外の第三者に、その知っている事実を陳述させることができる（法34条）。審査請求人若しくは参考人から、参考人の意見陳述の申立てがあったときは、審理員は、その審理に参考人の陳述が必要か否かを、当該審査請求の争点や立証の程度等に照らして、裁量により判断する。

　審理員が、審査請求人から申立てられた参考人の陳述を認めない場合は、その理由を記載した書面により、審査請求人に通知すべきである。

2 　参考人の意見陳述の申立てがあったからといって、審理員は、必ず参考人の陳述を実施しなければならないものではないが、参考人の陳述は、職権探知主義では、不十分な点を補充するものであるから、著しく手続を遅延させたり、すでに提出されている証拠に照らして、明らかにその必要がないと認められる場合などの正当な理由がない限り、原則として、実施すべきである。

　法34条は、書面主義、職権探知主義のみでは、審査請求人の権利救済に十分でないため、審査請求人に、参考人の陳述申立権を認め、参考人の協力により争点について十分な審理が尽くされることを期待している。

3 　参考人は、当該審査請求の利害関係人であってはならず、その陳述の信頼性は、審理員の判断に委ねざるを得ないが、参考人に、知っている事実を陳述させなければならず、また、その者の意見を述べさせてはならない。

ひとこと

　都における実務では、審査請求人の口頭意見陳述の例は多くあるが、筆者の都庁在職中に、参考人の陳述が行われた例はない。参考人の陳述がなくても、事実認定や判断に何らの支障もない場合がほとんどである。

6-5 審査請求の取下げ

行政不服審査法27条

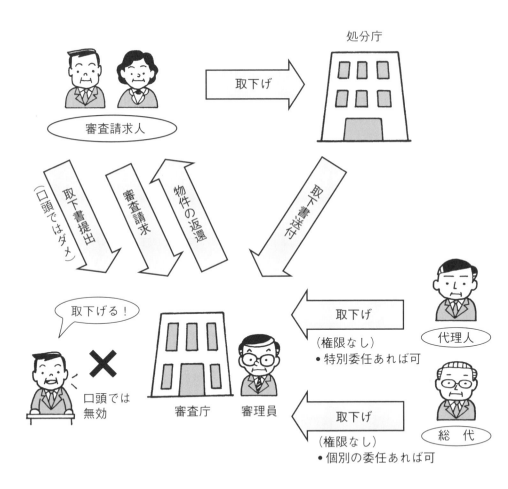

審査請求人は、すでに提起した審査請求について、裁決があるまでは、いつでも、書面により取下げることができる。口頭による取下げは無効である。
（様式28）

1 　審査請求の取下げ（法2条1項）は、その提起のときに遡及して審査請求がなかったのと同じ効果を生ずる。その場合でも、審査請求についての法定の期間内であれば、再度、審査請求を提起することができるが、その期間が経過しているときは、再度、審査請求を提起しても、期間徒過で不適法として却下される。
　　また、審査請求の取下げの撤回は、書面による取下げがなされていて、その意思が明確であると同時に、法律関係を複雑にすることから認められないと解されている。

2 　審査請求を代理人によって提起した場合は、代理人が取下げをするには、審査請求人から、取下げの権限を委任する旨明記した委任状の提出が必要である（法12条2項ただし書）。

3 　多数人が共同で審査請求を提起した場合に互選される総代は、審査請求を取下げる権限を有しないから（法11条3項）、審査請求人から個別の委任があったときにのみ、特別の委任があった代理人の場合と同様に、取下げることができる。

ひとこと

　審査庁に取下書が提出されると、直ちにその効力が生じ、審査請求は、初めからなかったと同じことになるので、審査庁は、既に提出された証拠書類や証拠物件があるときは、速やかに、審査請求人に返還しなければならない（法53条）。また、審査請求の事務を取扱った部署の職員は、所管の部署に、その旨の通知をして、情報を共有しておくべきである（なお、裁決書の処分庁への送付：法51条4項）。

6-6 証拠書類・証拠物・物件の提出と返還

行政不服審査法32条、33条、38条、53条

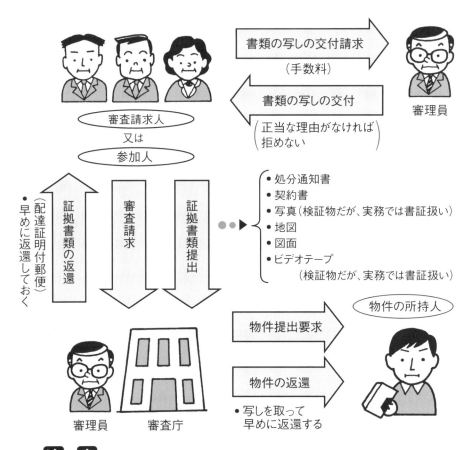

> **注意**
> 審理員が、証拠書類等の提出期限を定めるに当たって、社会通念上必要と考えられる期間よりも短い期間を指定した場合に、審査請求人から証拠書類等の提出のないままでした裁決は、証拠調べを十分にしなかった手続上の違法があるものとして取消される可能性がある。

審査請求人は、審査請求の審理の過程で、いつでも、自由に、自己に有利な裁決を得るために、証拠書類又は証拠物(証拠書類等)を提出することができる(法32条)。審理員は、審査請求人が、その審理に役立つ証拠書類等を所持しながら提出しないときは、相当の期間を定めて、その提出を求めることができる。

(様式34)

1 審査請求は、当事者主義的な要素を取り入れながらも職権主義を採用し、その審理手続において、審理員は、その証拠調べに係る物件の所持人に対し、審査請求人若しくは参加人の申立て又は職権により、その提出を求めることができるとしている(法33条)。

2 審査請求人から提出された証拠書類等は、審査庁が、裁決をするまで保管しておき、裁決をしたときは、速やかに、これを返還しなければならない(法53条)。原本を預かったままにしておくと、紛失したり破損したりするおそれがあるので、コピーができるものは、その写しを保管しておき、原本は、なるべく早く返還するのが望ましい。

なお、実務担当者は、証拠書類等を郵便で返送する場合は、後日の紛争を避ける意味からも、配達証明付郵便にすることを心がけるべきである。

3 審査請求人又は参加人は、審理手続が終了するまでの間、審理員に対し、審理手続に提出された書類等の閲覧及びその写しの交付を請求することができ、審理員は、第三者の利益を害するおそれがあると認めるとき、その他正当な理由がなければ、その閲覧又は交付を拒むことができない(法38条1項)。提出書類等を閲覧させ又は写しを交付しようとするときは、当該書類等の提出人の意見を聴かなければならない(法38条2項)。写しの交付を受ける場合は、手数料を納付する必要があり、原則として、審査庁が定める書面に必要額の収入印紙を貼って納付する(法施行令12条)。

なお、審理員は、審査請求人等が経済的な理由で手数料を納付することができないと認めるときは、1件につき2千円を限度として、減額又は免除することができる(法施行令13条1項)。

ひとこと

証拠書類等の提出を、審査請求人の自由に任せておくと、審理手続が遅延すると認めるときは、審理員は、相当の期間を定めて、審査請求人に対し、証拠書類等の提出を求めることができる(法32条3項)。その期間内に提出されないときは、審理員は、受領を拒否するか、又は、証拠として採用しないことができると解すべきである。証拠書類は、訴訟上の書証に相当し、証拠物は、検証物に相当するといえる。例えば、写真やビデオテープは、検証の対象であって、書証ではないが、実務では書証として取扱うことがある。

6-7 検証・鑑定

行政不服審査法34条、35条

> 検証は、一般に、証拠調べの一つの方法として五感の作用により、直接、物の性状を調査して、証拠資料を得るものである。法に定める検証は、場所について行うとしているが（法35条1項）、物についても可能である。審査請求の審理に当たって、一定の場所が問題となっている場合に、当該場所についてその状況を検分し確認するものは、現場検証という。鑑定は、専門的知識を有する学識経験者から、その意見を徴するものである。（様式35）

1　審査請求人又は参加人は、審理の手続過程で、裁決があるまで、いつでも、検証の申立てをすることができるが、その採否は、審理員の合理的な裁量に委ねられる。しかし、迅速に審理を進めるためには、できる限り早い時期に申立てをするのが望ましい。審理員も、申立てがあったときは、なるべく早く現場を検証しておくべきである。特に、土地区画整理に関して換地指定が争われているような場合は、現場を見ただけで照応の原則に違反していることが判明する場合もある。

　なお、実務においては、正式な検証手続を踏むことなく、事実上、担当者が、現場を確認する場合が多い（土地区画整理の換地、レッカー移動措置の現場など）。

2　処分庁が検証の申立てをすることは認められていないから（法35条1項）、処分庁が検証が必要であると考えるときは、審理員に対して職権発動を促すことになる。そして、審査請求人又は参加人の申立てにより検証を実施する場合は、審査請求人又は参加人に、その日時、場所を通知し、これに立ち会う機会を与えなければならない（法35条2項）。審理員の通知にもかかわらず、審査請求人又は参加人が検証に立ち会わなかった場合は、立会権を放棄したものとして、審理員限りで検証することも許される。検証を実施したときは、図面や写真を利用した検証調書を作成し、審査請求人又は参加人が立ち会って意見を述べ説明をしたときは、それを調書に記載しておくのが望ましい。

3　鑑定は、審査請求人若しくは参加人から申立てがある場合又は審理員が必要と認める場合に、職権によりすることができる。審査請求人から申立てがあった場合においても、審理員は、法34条による鑑定の実施を義務づけられるのではなく、その必要性について判断したうえで、その必要があると認める場合に鑑定を実施することになるが、正当な理由がない限り、これを拒否することはできないものと解されている。

ひとこと

> 審査請求の手続の中で、実務上、鑑定や検証が実施されることは、ほとんどない。鑑定は、その性質上、時間と費用がかかるが、検証は、それほどでもないので、土地区画整理やレッカー移動などの場合は、活用する価値が十分あると考えられる。

6-8 質問

行政不服審査法36条

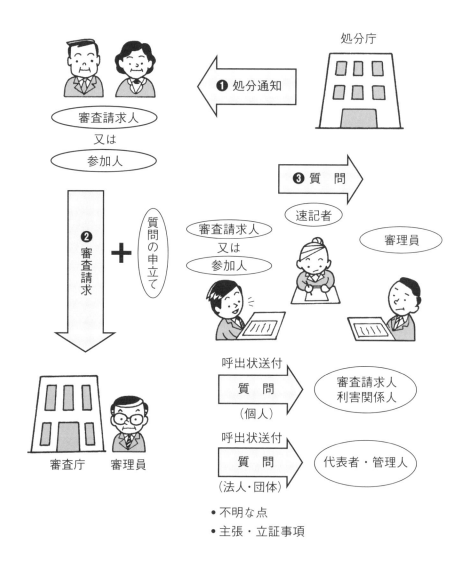

ポイント 審理員は、審査請求の審理手続の過程で、いつでも、審査請求人若しくは参加人の申立て又は職権により、審査請求で申立てられた事項で不明な点やその他主張・立証事項について、その旨指摘して、訂正・補充を促し、審査請求人若しくは参加人に質問することができる。審査請求人若しくは参加人が、法人その他の団体である場合は、その代表者又は管理人に質問することができる。
（様式36）

1 質問は、口頭意見陳述（6－3）のように、審査請求人若しくは参加人から受動的に意見を聴取するだけでなく、審理員が、積極的に審査請求人若しくは参加人の主張・立証事項について質問するほか、処分庁に対しても質問することができる。審理員は、これらの者に対する質問により、審査請求人らの主張の趣旨・内容を補充し証拠資料を収集することができる（法36条）。

したがって、その結果は、速記録等によって保管しておくことが望ましい。そして、審理員は、質問する際は処分庁の出席可能な日時・場所を定めたうえで、質問事項等を記載した呼出状を審理関係人等に送付する。審理員の質問は、口頭又は書面で行うことになるが、審査請求人らが他の審理関係人に質問したい場合は、審理員に対し、質問を行うよう申し立てる（職権発動を促す）ことができる。

2 法における審査請求手続は審理員が行うことになっているが、行政組織は複雑であり、審査手続も一般の行政事務と異なった取扱いをすることは事実上不可能である。そこで、法は、必要があるときは、審理員は、口頭意見陳述の聴取（法31条1項）、参考人の陳述聴取（法34条）、検証（法35条）、質問（法36条）を行うことができるとしている。

3 質問等の規定は、弁論主義を補充するものとして、審理員が、審査請求人又は参加人の主張する事項について、証拠が不十分で心証が得られなかった場合に、審理員が、職権で証拠収集をすることができるだけでなく、審査請求人又は参加人の主張及び証拠の申出に拘束されずに、職権で探知し、審理の資料とすることができるという意味での職権探知を示す規定である。

ひとこと

審査請求人若しくは参加人から、質問の申立てがあったときは、その採否は、審理員の合理的な裁量に委ねられているといえるが、審査請求人若しくは参加人に申立権を認めている以上、審理員は、質問を実施すると手続を遅延させるとか、主張・立証が十分に尽くされているといったような正当な理由がある場合を除き、それを拒否することはできないと解すべきである。

6章 審査請求の手続

6-9 手続の併合と分離

行政不服審査法39条

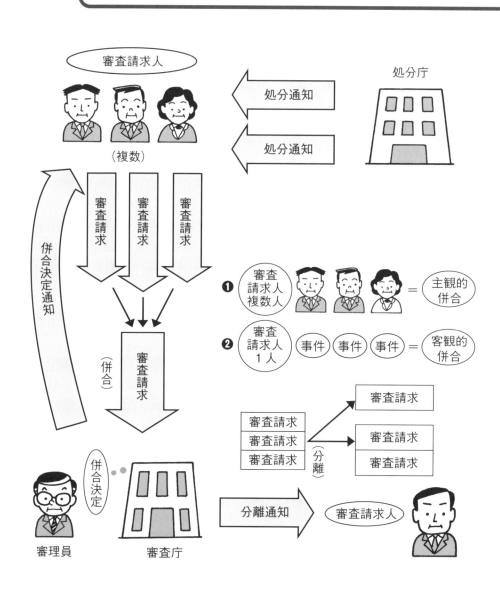

1人の審査請求人が複数の審査請求を提起し、又は、複数の審査請求人が別個に審査請求を提起し、それらの審査請求が相互に関連性を有している場合には、審理員は、審理手続を促進させるために、必要があると認めるときは、いつでも、その手続を併合して裁決をすることができる。同様な理由で、併合された複数の審査請求を分離することができる。　　　　　　　　　（様式37、38）

1　法39条は、併合すべき審査請求相互間の関係について何ら規定しておらず、審理員の判断に委ねているが、審査請求の審理手続の併合は、複数の審査請求の間に、主張又は立証について共通な点があるため、同一の手続で審理することが望ましい場合に認められる。併合するか否かは、審理員の自由裁量であるが、併合を決定したときは、その旨、審査請求人に通知すべきである。

　複数の審査請求を併合することが、かえって、個々の審査請求の審理手続を遅延させると認められるような場合は、分離することが合理的であるから、その旨、審査請求人に通知するのが望ましい（なお、法施行令21条2項は、諮問を受けた審査請求に係る事件の手続を併合又は分離したときの審査会の通知義務を定めている）。

2　審理手続は、併合された審査請求について主張・立証が終わり、既に審理が尽くされて、いわゆる裁決適状になった場合、あるいは、併合して審理することが、かえって手続を遅延させると認められる場合に、審理員の自由な判断で分離して裁決することができる。

　事件の併合には、主観的併合（複数人による審査請求）と客観的併合（同一人による複数の審査請求）があるが、いずれの場合であっても、審理員は、裁決適状になれば、分離して裁決をすることができる。

〈併合することが妥当と認められる例〉
- 同一人が、数年続けて固定資産税賦課処分についての審査請求を提起した場合。
- 都市計画法あるいは建築基準法に基づく許可や確認処分の取消しを求めて、付近住民が、それぞれ、個別に審査請求を提起した場合。
- 同一人が、生活保護処分について、その処分ごとに、次々と審査請求を提起している場合（例えば、生活費、交通費、通信費、住宅補助などの変更処分をした場合）。

注意
　審査請求の併合は、審理員の職権で行われる。審査請求人から、審査請求の併合の申立てがあっても、それは、審理員に対する職権発動の端緒になるにすぎない。

7章　裁決

7-1 審理員の意見書

行政不服審査法42条、43条

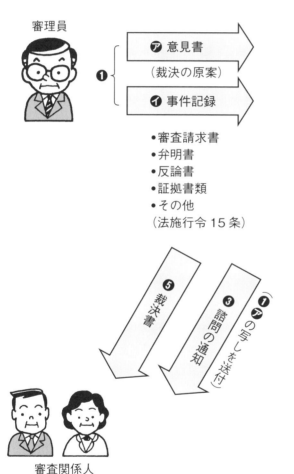

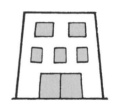

ポイント　審理員は、審理手続が終了し裁決適状となった場合は、遅滞なく、審査庁がなすべき裁決の原案となるべき意見書を作成し、これを作成したときは、速やかに、事件記録とともに、審査庁に提出しなければならない（法42条）。

1　審理員は、審査請求の手続が終了したときは、遅滞なく、審理員意見書（これは、審査庁の裁決の原案となるべきものである。）を作成し、遅延なく、事件記録とともに審査庁に提出しなければならない（法42条2項）。これは、審理手続の結果（審理員の心証＝認容するか、棄却するか及びその理由）を裁決に反映させるためである。

2　審理員は、審理員意見書とともに、事件記録、具体的には、審査請求書、弁明書、反論書、証拠書類、口頭意見陳述、検証、質問の聴取の記録等（法43条2項、法施行令15条）を、速やかに、審査庁に提出しなければならない（法42条2項）。

3　審査庁は、審理員から意見書等の提出を受けたときは、審査庁が地方公共団体の長である場合は、その執行機関の附属機関（名称は、国の場合と同様に、審査会とすることが考えられる。）に対して諮問し、その場合は、諮問庁は、審査請求人及び参加人に対し、諮問した旨を通知するとともに、審理員意見書の写しを送付しなければならない（法43条3項）。

4　そして、審査庁は、審査会から答申を受けたときは、遅滞なく、裁決をしなければならない（法44条）。審理員の意見書や諮問機関である審査会の答申に法的拘束力はないので、審査庁は、審理員の意見書や諮問機関の答申に従う義務はない。したがって、意見書や答申と異なる内容の裁決をすることも許される。その場合は、異なることとなった理由を裁決書の中で示さなければならない（法50条1項4号）。

ひとこと

　「遅滞なく」というのは、「事情の許す限りできるだけ速やかに」という意味であり、正当な理由がなく遅れた場合は、違法又は不当となることがある。「速やかに」とは、「遅滞なく」より時間的に接近の度合いが短く、一切の遅れを許さないという意味で使用されることが多い。「なるべく速やかに」というように訓示的な意味で使用されることもある。これに対し「直ちに」とは、「速やかに」より時間的に早く「何らの条件もつけないで」という意味合いで使用され、「すぐに」ということである。

　したがって、時間的に見れば、「遅滞なく」⇒「速やかに」⇒「直ちに」の順で、時間的な接近の度合いが短くなる。

7-2 裁決の意義と態様

行政不服審査法44条、45条、50条

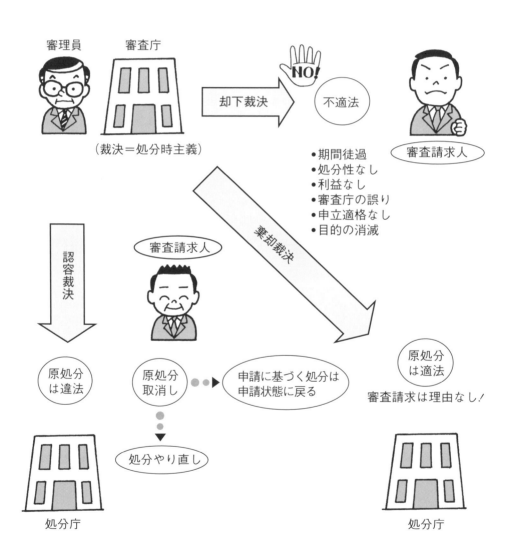

審査請求の裁決は、審査請求人の申立てに対する審査庁の審理が終了した結果示される審査庁の最終的な応答であって、訴訟の場合の判決に相当するものである。
　審理手続は、これによって終了し、審査請求人は、再審査請求ができる場合を除いて、この裁決に対して不服を申立てることはできない。

（裁決主文例参照）

1　裁決は、書面でするのが原則である（法50条1項）。主文、事案の概要、審理関係人の主張の要旨、理由を記載する必要がある。
　　裁決には、却下・棄却・認容（処分取消し）の3つの態様があるが、却下の裁決は、法定の期間経過後に提起されたものなど、審査請求が不適法な場合になされるものである。

2　棄却の裁決は、審査請求に理由がない場合になされるものであって、実務上、裁決の大部分は、これに属する。俗に、「審査請求に認容なし」といわれることがあるが、裁決のほとんどは、原処分の適法性、妥当性を認めるものである。
　　そのため、新法では、審査庁に所属する職員（審理員となるべき者の名簿が作成されているときは当該名簿に記載されている者）で審査請求に係る処分等に関与したことがある者等を審理員に指名しないこととするなど、公正中立性を担保しようとの意図が示されている。

3　認容の裁決は、審査請求に理由がある場合になされるものであって、処分の違法性を認めて原処分を取消すものであるが、実務においては、ほとんど、例がないといってよいほど少ない。法48条は、請求を認容する場合、審査請求人に不利益に変更することを禁止している（不利益変更の禁止）。
　　したがって、審査庁のなす「原処分の変更」は、当該処分を審査請求人の利益になるように変更することを意味することとなる。

4　裁決における処分についての違法性の判断の基準時は、いわゆる処分時主義である（広島高判平成9.6.12）。審査請求は、処分について、当該処分がなされた当時の違法又は不当を争うものであることに留意する必要がある。また、審査庁は司法機関ではないので、当該行政処分の合憲、違憲等の憲法判断をすることができない。

　裁決の時期について、法は、単に「遅延なく」としている（法44条）。裁決適状にあるのに、相当の期間内に裁決がなされないときは、審査請求人は、不作為の違法確認を求める行政訴訟を提起することができる。審査請求から約2年後の裁決が違法であるとして、5万円の慰謝料を認めた判決がある（浦和地判平成11.1.25）。

7章 裁決

7-3 却下の裁決

行政不服審査法45条1項

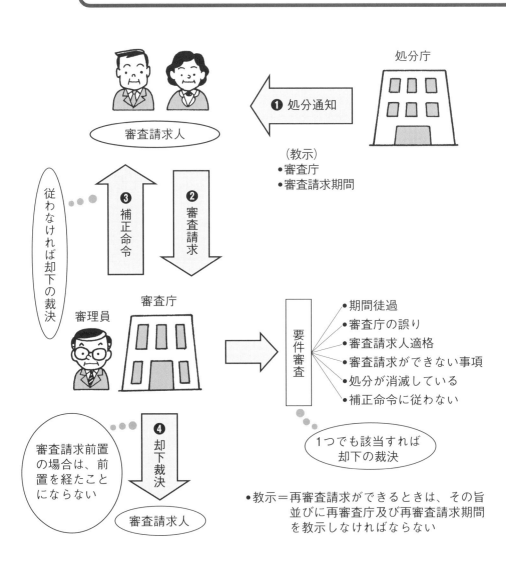

審査請求が、要件審査の結果、法定の要件を欠くと認められるときは、本案の審理手続に入ることなく、不適法な審査請求として却下される。

(裁決例1、4)

1 法は、不適法な審査請求として、「法定の期間経過後に提起されたものであるとき」及び「その他不適法であるとき」を挙げ、これらを法定の要件を欠くものとして却下するとしている（法45条1項）が、「その他不適法であるとき」とは、①審査庁を誤ったものであるとき、②審査請求人たる適格を欠く者が審査請求をしたとき、③審査請求をすることができない事項について審査請求をしたとき、④審査請求の目的たる処分が取消されるなどして消滅したとき、⑤審査請求人が審査庁の補正命令に従わないとき、などである。また、審査庁を誤った場合に、当該行政庁には、正当な審査庁に送付すべき法律上の義務はない。なお、審査請求を不適法として却下するときは、本案は問題にならないので、不適法な理由を記載すればよく、理由を記載する必要がある棄却裁決（法50条1項）の場合のように、却下する理由を記載する必要はない。

2 補正命令は、審査請求書の記載事項に不備がある場合になされるものであるから、添付資料の一部に不備があるなどの場合に、審査請求人が、補正に応じなかったとしても、そのことだけで審査請求を却下することは許されない（3－4参照）。

ひとこと

審査庁が期間計算を誤って、法定期間経過後の違法な審査請求を却下することなく棄却したとしても、適法な審査請求を経たことにはならないから、審査請求前置（3－11参照）を要件とする処分取消訴訟を提起しても、不適法な訴えとして却下される。

逆に、法定の期間内であるにもかかわらず、誤って期間経過後であるとして却下した場合は、適法な審査請求を経たものとして訴えは適法である。

注意

不適法な審査請求を受理するか否かについては、審査庁に裁量の余地はないから、これを受理し、本案の審理に入らないことが、審査請求事件の処理の促進、審査請求人に対するサービスの向上につながることを十分に認識する必要がある。

不適法な審査請求であるにもかかわらず、それを見逃して本案審理に入り、長期間にわたる弁明書、反論書の交換等をしたが、結局、不適法な審査請求として却下するというようなことがないように注意しなければならない。

7章 裁決

7-4 棄却の裁決

行政不服審査法45条2項

審査請求人

❶ 処分通知

処分庁

- 処分が適法・妥当であることを、分かり易く具体的に理由を付す
- 教示
  再審査請求ができるときは、その旨並びに再審査庁及び再審査請求期間について教示すること

❷ 審査請求
❸ 裁決

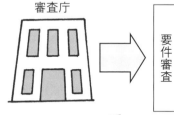

審査庁 → 要件審査 ・・ 実質審理 ・・ 理由なし ・・ 棄却の裁決 ・・

処分庁

意見書

審理員

棄却の裁決は、審査請求について本案の審理に入り、審査請求人の処分についての違法又は不当の主張を退けて、原処分の適法性、妥当性を是認するものである。棄却の裁決があっても、処分庁は、原処分に瑕疵があると認めるときは、その取消し又は変更をすることを妨げられない。　　（裁決例２）

1　棄却の裁決は、通常、審査請求人の請求の全部を理由なしとして退けるものであるから、その理由付記の程度は、審査庁が、当該処分について適法・妥当と判断した根拠を審査請求人が理解できる程度に詳細かつ具体的に記載しなければならない（最判昭和60.1.22）。これは、裁決が書面でなされる以上、当然のことであって、審査請求人が、審理の過程で、審理員から裁決の理由に相当する事由を、口頭又は書面で示されていたとしても、裁決の理由を簡略化することは許されない。

2　裁決に理由を付記するのは、審査庁の判断を慎重ならしめ、公正さを担保することを期待するとともに、審査請求人が、審査請求の当否について再考する機会を付与し、さらに、行政訴訟で争う場合の争点を明確にする意味がある。したがって、審査請求人の主張する違法理由と異なる理由で原処分を維持して棄却の裁決をしても、違法な裁決とはいえない（最判昭和49.4.18）。

3　また、裁決の理由は、その結論に達した過程を明らかにすれば十分であるから、審査請求人が主張した、その結論に関係のない事情について理由を示していなくても、理由付記に不備があるとはいえない（東京高判昭和48.3.14）。
　もっとも、裁決にその理由を記載しないことは違法であるが、ただそのことだけでは、裁決は要式行為としての方式の一つを欠くにとどまり、この違法は重大ではないから無効原因とはならないとする判例がある（最判昭和32.1.31）が、疑問である。

 裁決の理由は、裁決書の必要的記載事項であるから、その記載を全く欠く裁決は、一見して明白な瑕疵があることになり、しかも、その瑕疵は重大であるから、当然に無効となる（法50条1項）。

7章 裁決

7-5 認容の裁決

行政不服審査法46条、48条

審査請求人

❶ 処分通知

処分庁

❷ 審査請求

認容裁決

原処分取消し！

- 事実上の行為の違法又は不当の宣言！
- 撤廃又は変更を命ずる！

〈事実上の行為〉

- 入院措置
- 不衛生食品の収去
- 送還前の収容
- 携帯品の留置

審査庁

意見書

審理員

全部取消し

一部取消し
（数量的に分割可の場合）

事実上の行為の撤廃
（人の収容、物の留置）

修正裁決
（数量的に不可分の場合）

処分庁

- 申請に基づく処分の全部取消しの場合

▼

申請状態に戻る

▼

処分やり直し

認容の裁決（処分取消しの裁決）は、審査庁が審査請求人の主張を理由があると認めて原処分を取消すものである。原処分が裁決によって取消されると、処分庁は、裁決の拘束力により、裁決の趣旨に沿って原処分を見直し、やり直すことを義務づけられる。審査庁は、原処分の違法性のみならず、その不当性についても判断権を有する。　　（裁決主文例4、5。裁決例3）

1　裁決により原処分が取消されると、処分庁は、再び同一の理由によって同一内容の処分を繰り返すことは、許されなくなる（裁決の拘束力＝7－8参照）。認容裁決には、全部認容と一部認容があるが、全部認容によって処分が全部取消されると、その処分は当初からなかったことになり、申請に基づく処分は、申請状態に戻る。

　なお、認容する場合は、当該処分を取消す理由のみを示せば足り、その余の点について判断することは意味がないから、全ての主張について、請求に理由がない旨の判断をする必要はない。また、この場合は、審査請求人の不利益に処分を変更してはならない（法48条＝不利益変更禁止の原則）。

2　数量的に分割可能な処分については、一部認容（一部取消し）の裁決をすることができ、取消された限度で処分の一部が失効する。処分の一部取消しは、実務においてはあまり例がないが、重加算税の賦課決定において、加重事由はないが過少申告加算税の課税要件を具備する場合に、過少申告加算税相当額を超える部分の重加算税を取消した例がある（最判昭和58.10.27）。

3　処分のうち、事実上の行為（人の収容、物の留置等）については、その全部又は一部を撤廃し、又はこれを変更することを命ずるとともに、裁決でその旨を宣言する（法47条）が、筆者が在職中の都の実務では、ほとんど例がない。
〈例〉
　●外国人の強制送還前の収容（出入国管理法52条5項）
　●知事のする精神障害者の入院措置（精神法29条1項）
　●旅客の携帯品の留置（関税法86条1項）
　●不衛生食品の収去（食品衛生法28条）

4　修正裁決（変更裁決）は、数量的に不可分な処分について、その同一性を維持しながら、これを変更（加重又は軽減）するものである（京都地判昭和50.4.15）。

　最高裁判所は、公務員の懲戒処分について、修正裁決は、処分の全部を取消したうえで新たな処分をするものではなく、原処分の存在を前提にしたうえで、原処分の法律効果の内容を一定の限度のものに変更する効果を生ぜしめるにすぎないものであり、これにより、原処分は、当初から修正裁決どおりの内容の法律効果を伴う懲戒処分として存在していたものとみなされることになるとしている（最判昭和62.4.21）。

7-6 事情裁決

行政不服審査法45条、64条

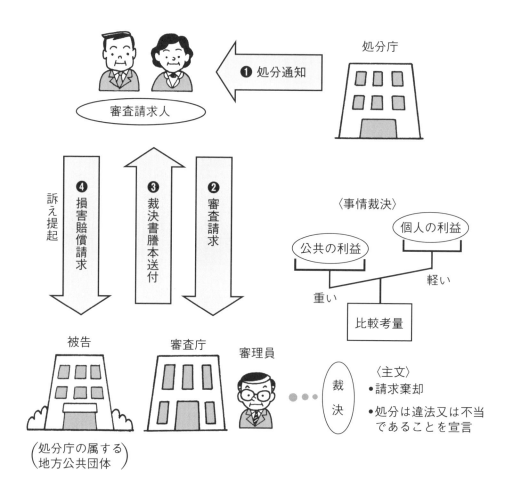

一般に、行政処分が違法又は不当な場合は、原則として、取消しを免れないものである。しかし、その処分を取消し又は撤廃すると公の利益に著しい障害を生ずる場合があるので、そのときは、審査庁は、処分を取消さないことにより受ける審査請求人の損害等一切の事情を考慮して、処分を取消さないで審査請求を棄却することができる。これを事情裁決という。

（裁決主文例9参照）

1　事情裁決は、処分により受ける個人の損害と処分を取消すことによる処分庁側の損害とを比較考量して、処分を取消し又は撤廃することが公の利益に適合しない場合には、個人の利益を犠牲にして審査請求を棄却する。そのため、裁決においては、処分が違法又は不当である旨の宣言をすることを求めている（法45条3項）。このことにより、審査請求人は、処分庁の属する地方公共団体に対して、損害賠償請求訴訟を提起して、その損害の回復を図ることが可能となる。行政訴訟にも、同様の制度がある（事情判決・行訴法31条）。

2　事情裁決をするための要件は、①処分の取消しにより公の利益に著しい障害を生ずる場合であること、②審査請求人の受ける損害の程度、その損害の賠償又は防止の程度及び方法その他一切の事情を考慮すること、③それでもなお、処分を取消し、又は撤廃することが公共の福祉に適合しないと認められること、である。

〈事情裁決の例〉
- 土地区画整理事業による換地処分が、照応の原則に違反していて違法であるが、既に事業が完了しているため、それを取消すことが、事実上、不可能な場合。
- ダム建設のための河川使用許可が違法であるが、それを取消すと、既に建設されたダムを撤去しなければならないが、それは、事実上も、また、経済的にも不可能である場合。

区画整理　　　　　　　　　　　　ダム建設

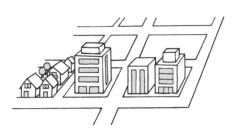

7章 裁決

7-7 裁決の方式と送達

行政不服審査法50条、51条

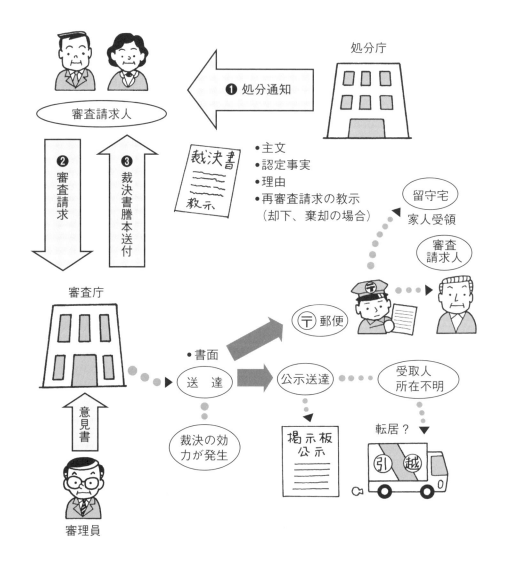

ポイント 審査請求についての審理手続が終了した場合は、審査庁は、原処分を適法又は違法と判断した根拠を、審査請求人に理解できる程度に具体的かつ詳細に記載した書面により裁決する。これは、裁決の公正さと慎重さを確保するためである。

1 法は、審査請求の裁決について書面主義を採用（法50条1項）しているから、口頭による裁決をしても無効である。裁決に付記する理由は、審査庁の判断を慎重ならしめるとともに、その公正を保証するためであるから（最判昭和37.12.26）、適用する法令の条項のみを摘示しただけでは不十分であり、また、審査庁が認定した事実も明示する必要がある。裁決書には、審査庁が記名・押印しなければならない（法50条1項）。

2 裁決に対して再審査請求ができる場合は、審査庁は、裁決書の末尾に、例えば、「この裁決に不服があるときは、この裁決があったことを知った日の翌日から起算して1か月以内又はこの裁決があったことを知った日の翌日から起算して1年以内に○○大臣に対して再審査請求をすることができます。」との教示文言を記載しなければならない（3-9、5-1参照）。

3 実務においては、裁決書の謄本は、配達証明郵便により、審査請求人に送達している。この送達によって裁決の効力が生ずる（法51条1項）。

また、審査請求人の転居先が不明で送達ができないときは、公示送達の方法で送達することができる（法51条2項）。そして、公示による送達は、審査庁の掲示板に掲示し、その旨を官報その他の公報又は新聞紙に少なくとも1回掲載する。その場合は、掲示を始めた日の翌日から起算して2週間を経過したときに、裁決書の謄本の送付があったものとみなされる（法51条3項）。

ひとこと

審査請求人が、在監者である場合に、裁決書が、その者の留守宅に送付されたときは、家族との面会の日に送達があったものと推認すべきであるとする判例がある（岡山地判昭和43.10.30）。また、家族が受け取っているときは、審査請求人本人が現実に知らなかったときでも、当該郵便物が配達されたときに知り得べき状態に置かれたものと解されている（最判昭和36.4.20）。

なお、郵便に付された裁決が、郵便局の留置期間（7日間＝郵便規則90条1項）の経過により、審査庁に返戻（還付）されたときは、社会通念上、審査請求人の了知可能な状態に置かれたものということができ、遅くとも、留置期間が満了した時点で審査請求人に到達したものと解されている（最判平成10.6.11）。

7章 裁決

7-8 裁決の効力
行政不服審査法50条〜52条

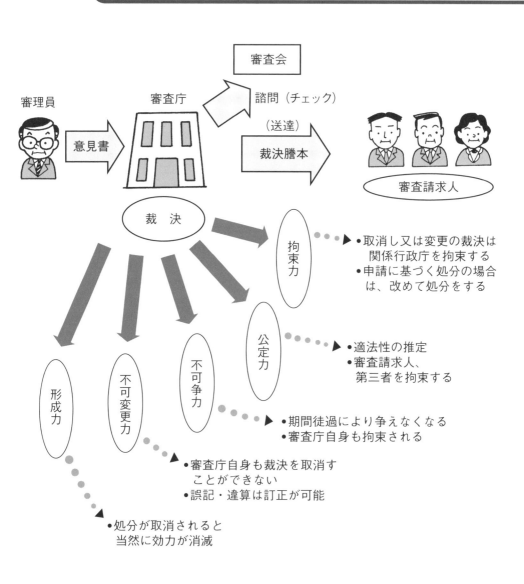

ポイント

審査庁がする裁決も行政庁の処分であるから（法2条）、審査請求人に裁決書の謄本を送達することによって、一般の行政処分が有するのと同様の効力、すなわち、公定力、不可争力、不可変更力、拘束力が認められる。裁決は、関係行政庁を拘束するから（拘束力＝法52条1項）、処分庁はもとより、審査庁も、その主文及び理由に従わなければならない。

1 　裁決も、行政庁による行政処分であるから、重大かつ明白な瑕疵があって無効である場合を除くほか、何らかの瑕疵があって取消原因となる場合でも、取消されるまでは、一応、適法性の推定を受け、審査請求人はもとより第三者も、その効力を否定することはできない効力を有する。これを、公定力という。

2 　裁決についての再審査請求は、裁決があったことを知った日の翌日から起算して1か月を経過したときは、することができない（法62条1項）。
　　また、裁決自体を違法とする場合は、裁決があったことを知った日から6か月以内に、その取消訴訟を提起しなければならない（行訴法14条1項）。これらの期間を経過したときは、裁決は形式的に確定し、当然に無効な場合を除き、もはや、何人も、その効力を争うことはできなくなる。これを、不可争力という。

3 　裁決自体に瑕疵がある場合に、一般の行政処分と同様に、裁決庁自ら取消すことを認めると法律関係を不安定にし、審査庁に対する信頼を損なうおそれがあるから、裁決が、審査請求人に送達され効力が生じた以上、審査庁自身も拘束され（法52条1項）、訴訟等によってその効力が否定される場合を除き、自ら取消すことはできない。これを、不可変更力という。
　　実務においては、明らかな計算違いや誤記があっても、訂正することをしていないが、判決の更正手続（民事訴訟法257条1項）に準じて、審査庁が、職権又は審査請求人の申立てにより、訂正することは可能であろう。

ひとこと

申請に基づく処分が、手続の違法を理由に取消された場合は、処分の効力は、当然に消滅し（形成力）、当初の申請状態に戻るので、処分庁は、適正な手続にしたがって、処分をやり直さなければならない。また、処分の理由が違法とされた場合は、別の理由で、処分をやり直す必要がある。すなわち、処分当時と、その前提となる事実関係が異なっている場合は、同一の理由により、従前と同一の拒否処分をすることができるが、そうでない場合は、裁決の効力により、同一の理由により拒否処分をすることはできない。

7-9 不作為についての審査請求の裁決

行政不服審査法3条、49条

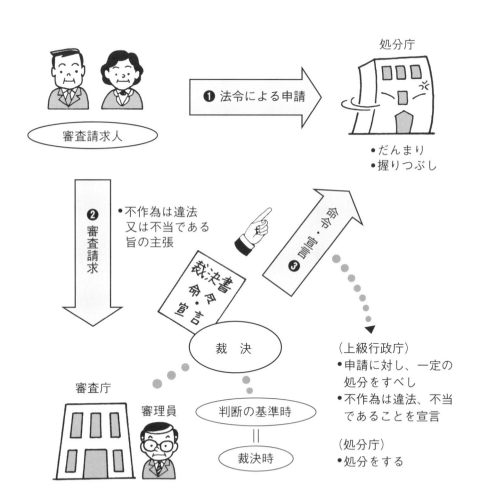

法令に基づき処分その他の行為を申請したが、処分庁が、処分に必要な相当の期間を経過しても、申請に対する何らの応答もしないときは、当該申請をした者は、処分庁又はその上級行政庁に対し、処分庁の不作為について審査請求をすることができる。不作為についての審査請求は、処分庁の不作為が続いている限り、いつでもすることができる。

1　不作為についての審査請求は、当該不作為庁又はその上級行政庁に対し、いわば、その監督権限の行使を促すものと解されるから、不作為庁に対して審査請求をしても、従前からの当該不作為庁の態度に照らして、その目的を達することが不可能であることが明らかな場合や、不作為庁に審査請求をしたが、不作為状態が、なお、解消されない場合などになされることになる。いずれにしても、当該不作為庁の事務処理の促進を図ることを目的として認められたものである。

2　不作為についての審査請求をすることができる者は、法令に基づく申請をした者に限られるから、そのような申請をしていない者のした審査請求は、不適法として却下される（法49条1項）。また、不作為についての審査請求に理由がないときは、不作為状態が継続しているにもかかわらず、当該不作為に正当な理由があるとして棄却される（法49条2項）。

3　不作為についての審査請求に理由があるときは、認容の裁決がなされるが、そのときは、上級行政庁である審査庁は、当該不作為庁に対し、速やかに、申請に対する一定の処分をなすべきことを命ずるとともに、裁決の主文で、当該不作為が違法又は不当であることを宣言する（法49条3項）。そして、不作為庁が審査庁である場合は、当該処分をする（法49条3項2号）。

　この場合も、棄却裁決（7 - 4参照）と同様、審査請求に係る主張のうち、認容する主張についてのみ理由を示せば足り、理由のない他の主張について、一つ一つ判断を示す必要はない。例えば「……であるから、その余の点について判断するまでもなく、本件審査請求は理由がある。」というように記載する。

ひとこと

不作為についての審査請求の裁決における違法又は不当の判断の基準時は、処分（作為）の場合と違って、処分庁の不作為状態は裁決時においても継続しているので、裁決時である。

なお、行政訴訟における不作為の違法確認の訴えの違法性の判断の基準時は、口頭弁論終結時とされている（最判平成27. 1. 25）。

7章 裁決

7-10 審査会

行政不服審査法67条～79条

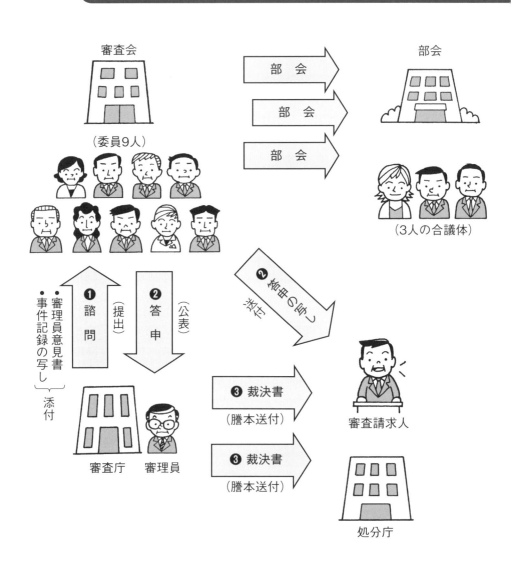

審査請求の審理は審理員が担当するが、審理員は審査庁所属の職員の中から指名されるため、手続の公正中立性が問題となる。そのため、新法は、審理手続の公正中立性を担保するため、処分庁又は上級行政庁の所属職員以外の第三者機関（行政不服審査会）による審理関与を認めた。

1　審査会は、審理員の審理手続の公正中立性を高めるための制度であるから、審査会の構成委員は、「審査会の権限に属する事項に関し公正な判断をすることができ、かつ、法律又は行政に関して優れた識見を有する者の中から任命される」（法69条1項）。委員の任期は3年だが、再任されることができ（同条4項、5項）、委員は、職務上知り得た秘密を漏らしてはならない義務を負うが、退職後も同様である（同条8項）。

2　審査会の委員は非常勤であるが、9人の委員のうち、3人以内は常勤とすることができる（法68条）。すなわち、個別事案の調査審議は、委員3人で構成する3つの合議体の各部会が行うこと（法72条1項）及び部会の決議が審査会の決議となる関係上、部会に係属する事件を迅速に処理するため、そのうちの1人を常勤としている。審査会には会長が置かれ、委員の互選により選任される（法70条1項）。

3　地方公共団体の執行機関の附属機関として、国の審査会に相当する機関を設けることとされているが（法81条1項）、例えば、市であれば、国の審査会と同様に、「○○市行政不服審査会」などの名称を使用することが考えられる。

　ちなみに、地方自治法138条の4第3項は、地方公共団体の執行機関の附属機関として、法律又は条例の定めるところにより、審査会、審議会等を置くことができる旨規定している。

4　不服申立て事件がほとんど発生していない地方公共団体も多く存在するため、常設の審査会を置く必要がない自治体もあるかと推測されるが、事件が発生してからでは間に合わないので、審査会設置（及び委員の人選）又は他の自治体に審理を委託するための条例は、準備しておく必要があろう。

ひとこと

審査会における口頭意見陳述（法75条1項）は、審理員の審理手続における口頭意見陳述（法31条1項）とは別の権利であり、審査庁も申し立てることができる。そして、審査会が、必要がないと認める場合（例えば、請求を認容する場合など）は、審査請求人の不利益にならないので、口頭意見陳述の機会を与えなくてもよい（法75条1項ただし書）。

8章 行政手続のしくみ

8-1 処分・不利益処分

行政手続法2条、12条〜15条

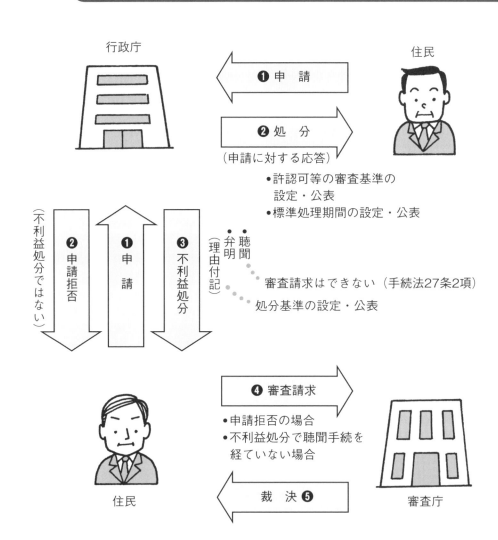

ポイント
　行政庁の処分とは、「公権力の行使の主体である国又は公共団体が、その行為によって国民の権利義務を形成しあるいはその範囲を確定することが法律上認められているものをいう（最判昭和30.2.24参照）。
　不利益処分とは、行政庁が特定の名あて人に対し義務を課し、又はその権利を制限するために、その者を相手方として行う処分である（手続法2条4号）。

1　行政手続法の定める行政庁の処分その他公権力の行使に当たる行為とは、「申請に対する処分」、「不利益処分」、及び「法令に違反する事実がある場合において、その是正のためにされるべき処分（を求めること）」をいう。
　したがって、行政機関がその任務又は所掌事務の範囲内において、一定の行政目的を実現するため、特定の者に対し必要と判断して作為又は不作為を求める指導、勧告、助言、要請その他の行為は、相手方の任意の協力に基づいてその内容が実現されるものであって「行政指導」と呼ばれ、行政処分には該当しないとされている（手続法2条6号・32条）。

2　「申請」とは、法令に基づき、行政庁の許可、認可、免許その他の自己に対し何らかの利益を付与する処分（例えば、承認、認定、決定、検査、登録等）を求める行為であって、当該行為に対して行政庁が諾否の応答をすべきこととされているものをいう（手続法2条3号）。
　そして、申請に対する応答については、審査基準の作成と公表（手続法5条）が、また、その処理期間については、標準処理期間とその公表（手続法6条）が求められている。

3　「不利益処分」とは、行政庁が、法令に基づき、特定の者を名あて人として、直接に、これに義務を課し、又はその権利を制限する処分をいう（手続法2条4号・法13条、14条）。「義務を課す」例としては、違法建築物の除去命令、違法施設の改善命令、営業停止命令などがあり、「権利の制限」の例としては、許認可等の取消し、業務の一定期間の停止、役員の解任、給付の打切りなどがある。

4　不利益処分をすることについては、処分基準を定めることが求められている（手続法12条）。処分基準とは、不利益処分をするかどうか又はどのような不利益処分をするかについてその法令の定めに従って判断するために必要とされる基準であって（法2条8号ハ）、行政庁は、処分基準を定めるに当たっては、できるだけ具体的なものとしなければならない（手続法12条）。
　なお、不利益処分を通知するときは、処分と同時にその理由を具体的に示す必要がある（手続法14条）。処分理由は、法律の根拠条項を示すだけでは不十分である（最判平成4.12.10）。

5　また、不利益処分について聴聞手続（手続法20条）が行われた場合は、行政不服審査法の審査請求をすることができない（手続法27条）。これは、聴聞手続において、当事者に、不利益処分に対する反論・防御権が保障されているためである。

8章 行政手続のしくみ

8-2 聴聞手続

行政手続法13条、14条、27条

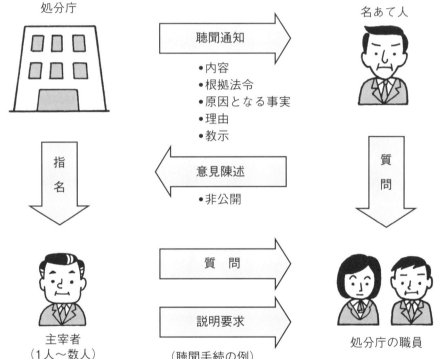

行政庁は、許認可等を取消す不利益処分をしようとするときは、名あて人に対し、予定される不利益処分の内容及び根拠となる法令の条項、不利益処分の原因となる事実、不利益処分の理由を通知すると同時に、口頭による意見陳述(聴聞手続)の機会を与えなければならない。

1 行政庁が、①許認可等を取消す不利益処分をしようとするとき、②名あて人の資格又は地位を直接にはく奪する不利益処分をしようとするとき、③名あて人が法人である場合におけるその役員の解任を命ずる不利益処分、名あて人の業務に従事する者の解任を命ずる不利益処分又は名あて人の会員である者の除名を命ずる不利益処分をしようとするとき、④①から③まで以外の場合であって行政庁が相当と認めるとき(これは行政庁の裁量による例外的な措置である。)は、当該不利益処分の名あて人に対し、口頭による意見陳述の機会を与えなければならない(手続法13条)。

2 許認可等を取消す処分をする場合など、行政庁の処分によりいったん形成された法律関係を、直接に消滅させる処分は、名あて人の受ける不利益の程度が大きいので、名あて人の権利利益を保護するため、当該予定されている処分の名あて人に対し、書面により不利益処分の理由を明示すると同時に、口頭による意見陳述の機会を与えなければならない(手続法13条、14条)。不利益処分の理由は、その根拠となる法令の条項、処分の要件に該当する原因となる事実を明記する必要があり(最判昭和49.4.25)、処分基準の定めがある場合は、さらに、その適用関係をも明記しなければ違法な処分となる(最判平成23.6.7)。

3 聴聞手続を行う場合は、実際に聴聞を行う期日までに相当の期間を置いて、不利益処分の名あて人となるべき者に対し、書面で通知しなければならない(手続法15条1項)。

その場合は、当該通知書面において、聴聞の期日に出席して意見を述べ、証拠書類又は証拠物を提出し、又は聴聞の期日への出席に代えて陳述書及び証拠書類等を提出することができること、聴聞手続が終結するまでの間、当該不利益処分の原因となる事実を証する資料の閲覧を求めることができることを教示しなければなない(手続法15条2項)。「相当な期間」とは、公示送達の期間が2週間とされているので、それと同等以上の期間であると考えられる。

注意
聴聞は、行政庁の指名した職員(1人又は複数人=複数のときは、主任ないし代表となるべき者を定めておく必要がある。)が主宰し、議事進行等の指揮権を有するが、これは、聴聞に係る処分に関して専門的知識があること、処分庁の職員が行うことが能率的であることが理由として考えられる。

8章 行政手続のしくみ

8-3 弁明の機会の付与

行政手続法13条、29条、30条

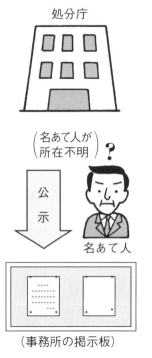

（弁明の機会の付与）
＝
許認可の取消し等以外の
不利益処分
- 停止命令（宅建業法65条、建設業法28条）
- 禁止命令（建設業法29条の4）
- 中止命令（暴対法9条、建築基準法9条）
- 廃止命令（労働者派遣法21条、探偵業法15条）
- 閉鎖命令（美容師法15条）

ひとこと

　行政庁が、不利益処分の名あて人となるべき者に対し、弁明の機会を与えたにもかかわらず指定した期限までに弁明書の提出がない場合は、主宰者は、名あて人となるべき者が弁明する権利を放棄したものとして、弁明手続を終了させることができる。また、弁明手続は、聴聞手続と違って証拠書類に対する閲覧請求権や口頭による意見陳述権がなく、行政庁の関係職員に対する質問権もないなど、当事者の反論・防御の権利が十分保障されていないので、弁明を経た処分については、審査請求ができる（手続法27条参照）。

ポイント 行政庁が、許認可の取消し等以外の不利益処分をしようとするときは、処分の原因となる事実について、不利益処分の名あて人となるべき者に対し、意見陳述のための機会（弁明書提出の機会）を与えなければならない。

1 弁明の機会の付与は、許認可等の取消しや役員の解任処分等のようにいったん形成した法律関係を消滅させ、又ははく奪する聴聞手続と違ってその法律関係の一部に制限を加えるもので、例えば、①停止命令（例えば、保険業法132条1項、建設業法28条3項、宅建業法65条2項・4項、美容師法10条2項、マンション管理適正化法82条）、②禁止命令（例えば、建設業法29条の4、金融商品取引法51条）、③中止命令（例えば、暴対法9条、古物営業法21条の7、建築基準法9条1項、労働基準法18条6項）、④廃止命令（労働者派遣法21条、探偵業法15条、下水道法12条の5・25条の10）、⑤閉鎖命令（例えば、理容師法14条、美容師法15条、会社法827条1項）等については、弁明の機会を与える必要がある。

2 不利益処分の名あて人となるべき者の弁明は、行政庁が、口頭ですることを認めた場合を除き、書面を提出する必要がある（手続法29条）。その趣旨は、口頭の場合より弁明（意見）の内容が明確になるとともに、簡易迅速に防御手続を確保することができ、そのことにより行政庁が迅速に事務を処理できるという点にある。

3 行政庁は、不利益処分の名あて人となるべき者に対し、相当な期間を定めて弁明書の提出を求めるのであるが、その際は、①予定されている不利益処分の内容及び根拠となる法令の条項、②不利益処分の原因となる事実、③弁明書の提出先及び提出期限を記載して通知をする（手続法30条）。その趣旨は、不利益処分の名あて人となるべき者が、自分に対して不利益処分がなされようとしていることを知り、かつ、それに備えて防御の準備を十分にさせようというところにある。

4 不利益処分の名あて人となるべき者の所在が不明の場合は、手続法30条に規定する通知に代えて、その者の氏名、弁明書の提出先及び提出期限並びに手続法30条に規定する事項を記載した書面をいつでも交付する旨を、当該行政庁の事務所の掲示板に掲示することによって行うことができる（公示送達）。この場合は、掲示を始めた日から2週間を経過したときに、当該通知がその者に到達したものとみなされる（手続法31条による15条3項の準用）。手続法30条は、弁明書の提出期限を「相当な期間」としているが、この「相当な期間」とは、公示の期間を2週間としていることに照らし、少なくとも、2週間以上は必要であろう（聴聞手続の場合も同様＝15条）。

# 8-4 行政指導(中止の求め)

行政手続法35条、36条の2

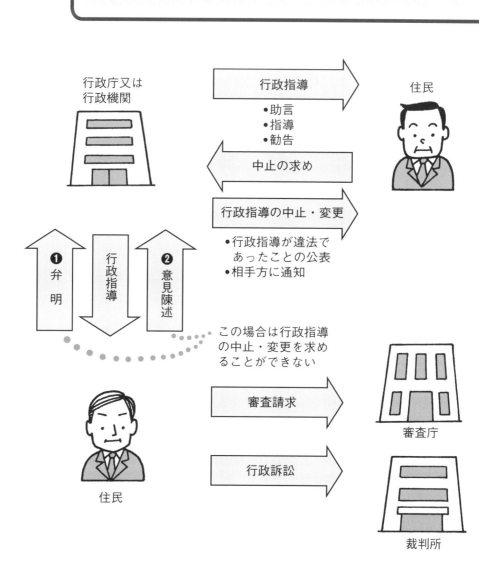

　法令に違反する行為の是正を求める行政指導（その根拠となる規定が法律に置かれているものに限る。）の相手方は、当該行政指導が当該法律に規定する要件に適合しないと思うときは、当該行政指導をした行政機関に対し、当該行政指導の中止その他必要な措置をとることを求めることができる。

1　行政庁又は行政機関（地方公共団体にあっては、都道府県知事・市町村長等が主たるものである。）が行う行政指導の中には、法律上、一定の法令違反がある場合に、行政庁又は行政機関が、当該違反者（事業者が該当する場合が多いと思われる。）に対し、法令違反の是正を求める助言・勧告等を行うことができるとされ、これに従わないときは公表することとされている場合がある。

　　当該行政指導の手続・内容等に事実誤認等の違法がある場合であっても、相手方（事業者）は、当該行政指導に従わなければ公表されて社会的信用を失うことを恐れて、不本意ながら行政指導に従わざるを得ないという不利益を受けるおそれがある。

2　行政手続法は、平成26年の改正により、行政指導の相手方の権利利益を保護する観点から、相手方は、当該行政指導をした行政庁又は行政機関に対し、中止その他是正のために必要な措置をとることを求めることができることとなった（手続法36条の2第1項）。申出は書面で行われるが、申出書には、申出人の氏名及び住所、行政指導の内容、行政指導の根拠となる法律の条項、行政指導の根拠となる条項に定める要件に適合しないと考える理由等を記載しなければならない（手続法36条の2第2項）。

3　申出により調査を行った結果、当該行政指導が法律の規定に違反していると認めるとき（例えば、要件判断に事実誤認があるとき）は、当該行政機関は、その中止・変更等の是正措置を講じなければならない（同法36条の2第3項）。

　　なお、申出書の提出に対して、行政機関には応答する法的義務はないが、相手方（申出人）の権利利益の保護のため、調査した結果や講じた措置の内容について、申出人に対し通知するのが、行政機関のあるべき対応であろう。

　行政指導の際に弁明や意見陳述の機会が与えられた場合は、行政指導をするか否かについて慎重な手続が行われているといえるので、行政指導の中止等を求めることはできない（手続法36条の2第1項ただし書）。

　例えば、その例としては、医療法64条2項、67条1項による医療法人の役員の解任勧告、私立学校法60条の規定による措置命令、建築基準法9条1項による工事停止命令、宅建業法69条による業務停止命令等の際の弁明の機会の付与などがある。

8-5 行政指導（是正処分の求め）

行政手続法36条の3

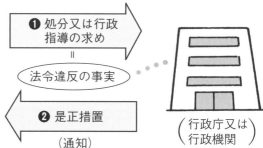

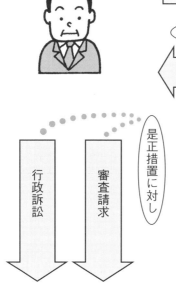

（処分の例）
- 食品衛生法54条1項（食品の廃棄命令）
- 建築基準法9条1項（違法建築物の除却命令）
- 景観法64条1項（違反建築物の改築命令）

（行政指導の例）
- 食品表示法6条（内閣総理大臣等の指示）
- 雇用均等法29条1項（厚労大臣の勧告）

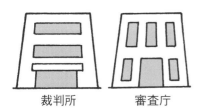

ポイント 何人も、法令に違反する事実がある場合は、その是正のためにされるべき処分又は行政指導がされていないと思うときは、当該処分をする権限を有する行政庁又は行政指導をする権限を有する行政機関に対し、その旨を申し出て、処分（是正命令）又は行政指導をすることを求めることができる。

1　法令に違反する事実とは、法律に定められた義務に反し又は法律に定める要件を具備していない場合であり、例えば、違法建築物や腐敗食品がある場合に、その除却（建築基準法9条1項）や廃棄（食品衛生法54条1項）等の是正命令（処分）がなされていないと認められるときは、権限を有する行政庁又は行政機関に対し、是正のための処分又は行政指導をするよう求めることができる（手続法36条の3第1項）。

2　この規定による是正措置（是正命令）の求めは、行政庁又は行政機関が、法令により処分又は行政指導をする権限を付与されているにも関わらず、違法状態是正のために必要な措置（処分又は行政指導）をしない不作為状態にあるときに認められ、第三者が、当該行政庁又は行政機関に対し、違法状態是正のために適切な職権発動を行うよう促すものである。

3　法令に違反する事実があると考えるときは、何人も、その是正されるべきことを求める申出書を提出し、その是正のためになされるべき処分又は行政指導をすることを求めることができるが、申出書には、申出人の氏名又は名称及び住所又は居所、法令に違反する事実の内容、当該処分又は行政指導の内容、処分又は行政指導がなされるべきだと考える理由等を記載する必要がある（手続法36条の3第2項）。

4　この申出は、手続法上の「申請」ではなく、また、行政庁や行政機関の対応も手続法上の「処分」ではないが、場合によっては、調査の一環として処分性を有する権限が行使されることもある（例えば、資料提出要求等）ので、審査請求や行政訴訟の対象となる可能性もある。

ひとこと 是正措置の申し出を受けた行政庁又は行政機関が、処分又は行政指導を行うか否かは、当該行政庁又は行政機関の裁量によるので、申出人に対して、調査の結果について通知する法律上の義務を負わないと解されるが、申出人の権利利益保護のため、調査結果や講じた措置の内容等について、申出人に通知することが望ましい。

9-1 給与その他の給付

地方自治法203条〜206条

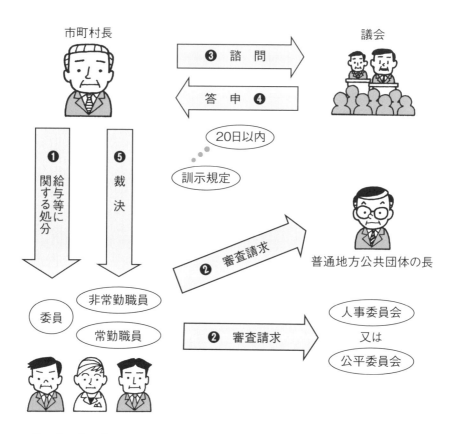

> **ひとこと**
> 普通地方公共団体は、いかなる給与その他の給付も、法律又は条例に基づかないで支給することは許されないが、地方公共団体の行事に際し、関係議員に記念品を贈呈することは、それが社会通念上、儀礼の範囲内にとどまるものであれば、違法とはならないとされている（最判昭和39.7.14）。

地方公共団体の議会の議員、委員会の委員等をはじめ、普通地方公共団体の長及びその補助機関たる常勤職員、委員会の常勤の委員等は、給与等に関する処分については、当該普通地方公共団体の長(知事又は市町村長)に対して審査請求をするものとされている(地方自治法206条1項)。

1 一般職に属するすべての公務員の場合、懲戒その他その意に反して不利益処分を受けたと思うときは、人事委員会又は公平委員会に対してのみ審査請求をすることができる(地方公務員法49条2項、49条の2第1項)が、懲戒その他その意に反すると認める不利益処分以外の処分については審査請求をすることができない(地方公務員法49条の2第2項)。この審査請求は、処分があったことを知った日の翌日から起算して3か月以内にしなければならず、処分があった日から起算して1年を経過したときは、することはできない(地方公務員法49条の3)。

2 そして、人事委員会又は公平委員会に対して審査請求をすることができる処分の取消しの訴えは、審査請求に対する裁決を経た後でなければ提起することができない(地方公務員法51条の2=審査請求前置)。

3 普通地方公共団体の長は、給与その他の給付に関する処分についての審査請求があったときは、議会に諮問して裁決しなければならない(地方自治法206条2項)。この場合、議会は、諮問があった日から20日以内に意見(諮問に対する返答であるので「答申」という。)を述べなければならない(同条3項)。この議会の意見には拘束力はないと解されているが、議会の意見として尊重しなければならない。
また、この20日以内という期間に関する規定は訓示規定と解されており、この期間を経過したというだけで、直ちに違法となるわけではない。

4 普通地方公共団体の委員会又は委員がした給与その他の給付に関する処分について不服がある者は、まず、当該普通地方公共団体の長に対して審査請求をすることになる(地方自治法206条1項)。
そして、非常勤職員、特別職に属する職員は、地方公務員法の適用を受けないため、給与その他の給付に関する処分に不服があるときは地方自治法206条に従って審査請求をすることになる。

9章 地方自治

9-2 分担金等の徴収

地方自治法229条

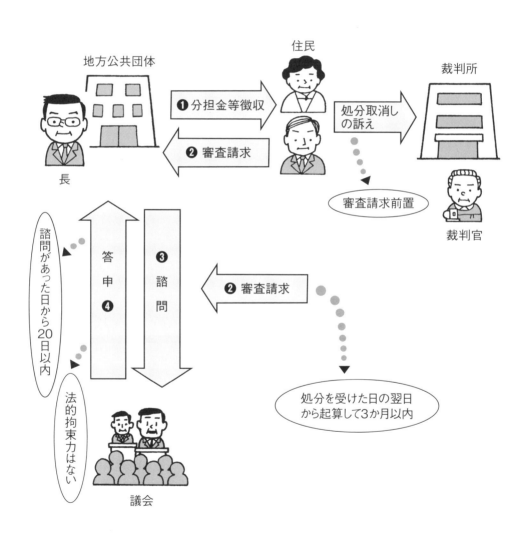

ポイント 分担金とは、地方公共団体が、政令で定める場合（地方自治法施行令153条）を除くほか、数人又は地方公共団体の一部に対し利益のある事件に関し、その必要な費用に充てるため、当該事件により特に利益を受ける者から、その受益の限度において徴収するものである（地方自治法224条）。

1　分担金、使用料、手数料等の徴収に関する処分に不服がある者は、行政不服審査法の原則からすれば、当該処分庁又は当該処分庁の上級行政庁に対して審査請求をすべきものである（行政不服審査法5条、6条）が、地方自治法は、分担金等の徴収に関する処分については、すべて、当該普通地方公共団体の長に対して審査請求をすべきものとしている（地方自治法229条1項）。

　そして、分担金等に関する審査請求は、当該処分を受けた日の翌日から起算して3か月以内にしなければならない（地方自治法231条の3第6項、地方税法19条の4）。

　この督促、滞納処分等については、審査請求に対する裁決を経た後でなければ、訴えを提起することができない（地方自治法231条の3第9項）。

2　分担金等の徴収に関して、審査請求があった場合は、当該地方公共団体の長は、あらかじめ議会に諮問し、その答申を得ておく必要がある（地方自治法229条4項～5項）。議会は、当該諮問があった日から20日以内に意見を述べなければならず、当該地方公共団体の長は、その意見を踏まえて裁決をすることになる。

　しかしながら、議会の意見（答申）は、法的拘束力はないというものの、制度の趣旨に照らし、できるだけ尊重しなければならない。

　そして、分担金等の徴収に関する処分取消しの訴えは、審査請求に対する裁決を受けた後でなければ提起することができない（地方自治法229条6項）。

ひとこと

　分担金等の徴収に似て非なるものに「負担金」の制度がある。これについては、地方自治法に規定がないので、一般原則に従って、行政不服審査法により手続を採ることになる。たとえば、都市計画法75条1項は、都市計画事業により著しく利益を受けるものがあるときは、その利益を受ける限度においてその費用の一部又は全部を負担させることができるとし、都道府県又は市町村においては、条例で受益者の範囲及び負担金の徴収方法を定めることとしている（同条2項）。その例としては、下水道受益者負担金がある（下水道法19条）。

9-3 督促、滞納処分等

地方自治法231条の3

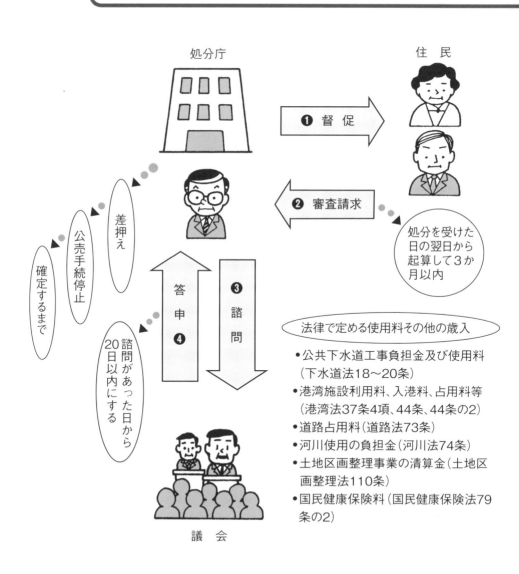

 地方公共団体の長以外の機関がした分担金、使用料、手数料等に係る督促、滞納処分等に関する審査請求については、すべて、当該地方公共団体の長に対してするものとされている（自治法231条の3第5項）。

1　分担金等に関する督促・滞納処分等についての審査請求は当該通知を受けた日（処分通知がないときは、その差押えがあったことを知った日）の翌日から起算して3か月以内にしなければならない（地方自治法231条の3第6項）。
　　そして、普通地方公共団体の長は、督促・滞納処分等についての審査請求があったときは、議会に諮問したうえで裁決しなければならない（地方自治法231条の3第7項）が、諮問があったときは、議会は、20日以内に意見（「答申」という。）を述べなければならない（同条8項）。

2　これらの審査請求がなされたときは、差押え物件の公売に関しては、督促・差押え等が裁決によって最終的に「確定するまで」は、その執行は停止される（同条10項）。

3　分担金・加入金・過料又は法律で定める使用料その他の歳入並びに当該歳入に係る督促手数料及び延滞金については、地方税の滞納処分の例により強制徴収することができる（同条3項）。

　使用料その他の普通地方公共団体の歳入で、地方税の滞納処分の例によることができるものは、法律で定めるものに限られる。

9章 地方自治

9-4 行政財産を使用できる権利

地方自治法238条の4、238条の7

行政財産は、原則として、これを貸し付け、交換し、売り払い、譲与し、出資の目的とし、若しくは信託し又はこれに私権を設定することを禁止されているが（地方自治法238条の4第1項）、その用途又は目的を妨げない限度において、例外的に、その使用を許可することができる（同条7項）。

1 行政財産を使用する権利に関する処分（行政財産の使用許可）に不服がある者は、普通地方公共団体の長に対して審査請求をすることができる（地方自治法238条の7第1項）。

2 行政財産を使用する権利に係る処分について審査請求があった場合は、普通地方公共団体の長は、議会に諮問して、その意見（答申）を得たうえで裁決しなければならない（地方自治法238条の7第4項）。

3 議会は、普通地方公共団体の長から諮問があったときは、諮問があった日から20日以内に意見を述べなければならない（同条5項）。

4 行政財産は、その用途又は目的を妨げない限度においてその使用を許可することができるとされているが、その使用不許可が裁量権を逸脱している場合は、取消されることになる。
　市立中学校の学校施設について、公立小中学校等の教職員の職員団体が、教育研修集会の会場として使用することの許可を求めた事案で、これを不許可とした市教育委員会の処分に裁量権を逸脱した違法があるとして、不許可処分が取消された例がある（最判平成18.2.7参照）。

ひとこと

行政財産とは、普通地方公共団体において、公用又は公共用に供し、又は供することと決定した財産をいう（地方自治法238条4項）。
公用財産＝普通地方公共団体の事務、事業の用に供することを本来の目的とするもの（庁舎、議事堂、研究所など）
公共用財産＝住民の一般的利用に供することを本来の目的とするもの（学校、病院、道路、公園など）
供することと決定した財産＝予定公物といわれるもので、将来、公用又は公共用の目的に供すべきことを決定した財産
普通財産＝普通地方公共団体が所有する公有財産の内、行政財産以外の一切の財産
公有財産＝行政財産と普通財産を合わせたもの（同条3項）。

9-5 公の施設を利用する権利

地方自治法244条、244条の4

公の施設とは、普通地方公共団体の住民の福祉を増進する目的をもって、当該住民の利用に供するため、普通地方公共団体が設ける物的施設である（地方自治法244条）。公の施設の設置、管理及び廃止は、普通地方公共団体の長の権限に属する。

1 公の施設の利用については、普通地方公共団体は、正当な理由がない限り、住民が公の施設を利用することを拒んではならない（地方自治法244条2項）。
　ここに正当な理由とは、例えば、公の施設の利用者が予定数を大幅に超えて混乱が予想される場合、その利用を認めると公の秩序が乱され、他の利用者に迷惑を及ぼすおそれがある場合、公の施設の利用に関する規則に反する場合などである。

2 給水事業者は、給水申込者が、違法建築物の居住者で建築基準法に違反している場合であっても、そのことを理由に給水申込を拒絶することはできない（大阪地判昭和42.2.28）。また、市街地開発指導要綱は、条例や規則のように法律上の根拠に基づいて制定されたものではないから、強制力をもつものではなく、関係業者等に対して指導方針を明示したものにすぎず、住民の同意を得ること、市に寄付をすることといった条件を遵守しないことをもって、給水拒絶の理由とすることはできない（東京地裁八王子支部判昭和50.12.8）。

3 普通地方公共団体は、住民が公の施設を利用することについて、不当な差別的取扱い（例えば、思想、信条、性別、社会的地位等による差別）をしてはならない（地方自治法244条3項）。

ひとこと
　公の施設を利用する権利に関する処分について、審査請求があったときは、普通地方公共団体の長は、議会に諮問したうえ、その答申を得て裁決をすることになる（地方自治法244条の4第4項）。議会への諮問は、通常、裁決の案文を作成して行い、原案どおり議決されるのであるが、議会で修正される場合もある。議会の意見（答申）は、諮問があった日から20日以内にしなければならない（同条5項）。

10章 地方税

10-1 地方税法と行政不服審査法との関係

地方税法19条、19条の2、19条の7〜8、19条の12

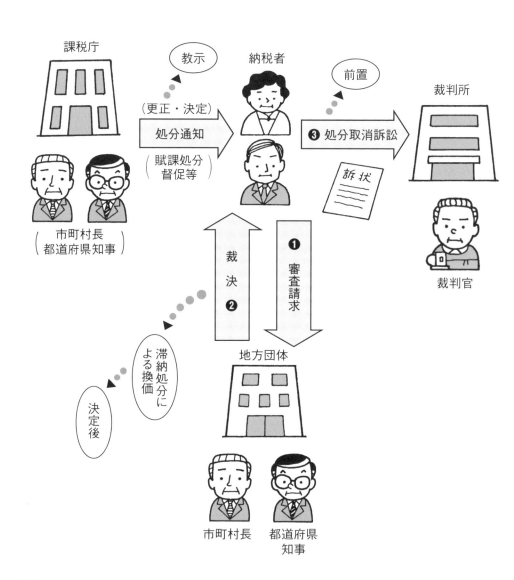

地方団体の長等が行った処分に対しての審査請求は、一般法としての行政不服審査法が適用されるが、地方税に関する処分は、大量的、反復的、画一的、専門的、技術的なものであり、その処分に関する争訟も大量的、反復的に生じ、その判断にも、専門的、技術的な知識を必要とすることから、地方税法は、行政不服審査法の特別規定を置いている。

1　地方団体の徴収金に関する都道府県知事又は市町村長の処分に対する審査請求は、当該地方団体の長に対する審査請求であり（行政不服審査法4条4号）、支庁、地方事務所、市の区の事務所又は税務に関する事務所に所属する徴税吏員のした処分をその者の所属する支庁等の長がした処分とみなし、その他の徴税吏員がした処分は、その者の所属する地方団体の長がした処分とみなされる（地方税法19条の2）。

2　地方団体の徴収金の徴収のために差押えた財産の滞納処分による換価は、原則として、その審査請求に対する裁決があるまですることができない（地方税法19条の7）として、執行不停止の原則（3－10参照）に対する例外を定めている。

3　地方団体の徴収金に関する処分の審査請求の申立期間は、原則として、処分のあったことを知った日の翌日から起算して3か月以内である（行政不服審査法18条1項）。

注　意
　地方税法19条各号に定める処分の取消しの訴えは、当該処分についての審査請求に対する裁決を経た後でなければ提起することができない（地方税法19条の12。3－11参照）。

10章 地方税

10-2 地方税法と審査請求の理由制限

地方税法19条の5

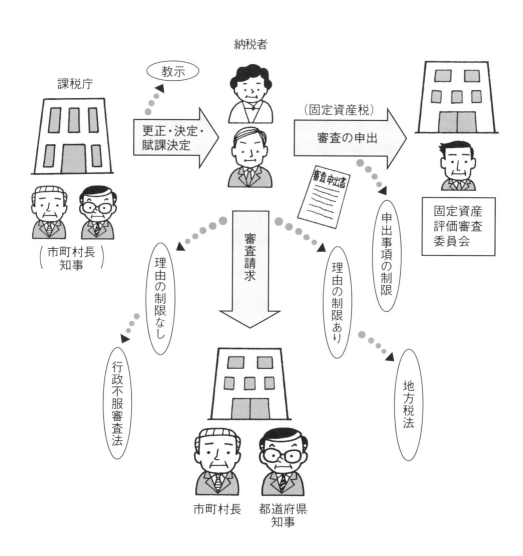

ポイント　行政処分に不服のある者が、行政不服審査法に基づいて審査請求をする場合は、その違法又は不当の理由について、特段の制限はないが、地方税法は、特定の処分について、法的安定性を確保する観点から、審査請求の理由を制限している。

1　地方税法19条3号から8号までに掲げる処分に基づいてされた更正、決定又は賦課決定についての審査請求においては、同条3号から8号までに掲げる処分についての不服を当該更正、決定又は賦課決定についての不服の理由とすることができない(地方税法19条の5)。

　したがって、当該更正等の処分に先行してなされた課税標準額の更正若しくは決定、課税標準とすべき所得の総額の決定等の処分に不服のある者は、その先行する処分(更正若しくは決定又は賦課決定、督促又は滞納処分等)について審査請求をすべきであって、当該処分に基づいてなされた更正等の処分においては、当該処分の違法又は不当を主張することは許されない。

2　地方税法19条3号から8号までの処分に不服がある者は、まず、その処分がなされた段階で、行政不服審査法に基づいて、当該処分に対する審査請求をし、当該処分の効力を確定させることによって、これらの処分の瑕疵(欠陥)が、その後に行われる処分に影響を及ぼさないようにしようとする配慮がなされている。

3　固定資産税の賦課処分についての審査請求においては、固定資産評価審査委員会に審査を申し出ることができる事項についての不服を、当該固定資産税の賦課処分についての不服の理由とすることは許されない(地方税法432条1項、2項)。

　その場合は、理由なしとして棄却されることに注意しなければならない。

10-3 地方税法と審査請求期間

地方税法19条の4、行政不服審査法18条1項

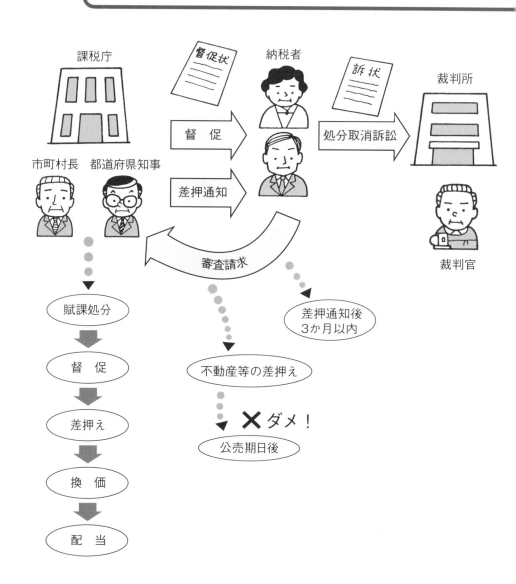

行政不服審査法では、審査請求は、原則として、処分があったことを知った日の翌日から起算して3か月以内にしなければならない（3-6参照）が、地方税法は、督促、差押え、公売又は配当に関する審査請求について、滞納処分の早期確定と手続の安定性を確保するため、審査請求期間の特則を定めている。

1 督促に関し、欠陥があること（通知が到達しない場合を含む）を理由とする審査請求は、差押えに係る通知を受けた日（その通知がないときは、その差押えがあったことを知った日）の翌日から起算して3か月を経過した日の後はすることができない（地方税法19条の4第1号）。

2 不動産等（土地、建物、船舶、航空機、自動車等）についての差押えに関し、欠陥があることを理由とする審査請求は、その公売期日後はすることができない（地方税法19条の4第2号）。

3 不動産等についての公告（国税徴収法171条1項3号に掲げる公告）から売却決定までの処分に関し、欠陥があることを理由とする審査請求は、換価財産の買受代金の納付期限後はすることができない（地方税法19条の4第3号）。

　また、換価代金等の配当に関し、欠陥があることを理由とする審査請求は、換価代金等の交付期日後はすることができない（地方税法19条の4第4号）。

ひとこと

地方税法19条の4の特別規定は、滞納処分のように、督促、差押処分、換価処分、配当といった行為が、一連の手続の一環としてなされている場合は、先行行為の違法は後行行為に承継されるので、差押財産の売却手続の安定を図り、ひいては買受人の保護に資するため、一定の期間内にのみ争い得ることとしている。

注　意

督促については、租税の強制徴収手続である滞納処分を実施するための前提要件ではあるが、差押えに始まり、換価を経て配当に終わる滞納処分そのものの一環をなす行為ではないとして、審査請求の対象とならないとされているが（東京地判昭和46.9.2）、地方税法は、滞納手続の安定を図るため、特に、審査請求を許している。

その他、特に、審査請求を許しているものに、徴収金の賦課徴収又は還付がある（地方税法19条9号）。

10章 地方税

10-4 地方税法と違法性の承継

地方税法19条の4

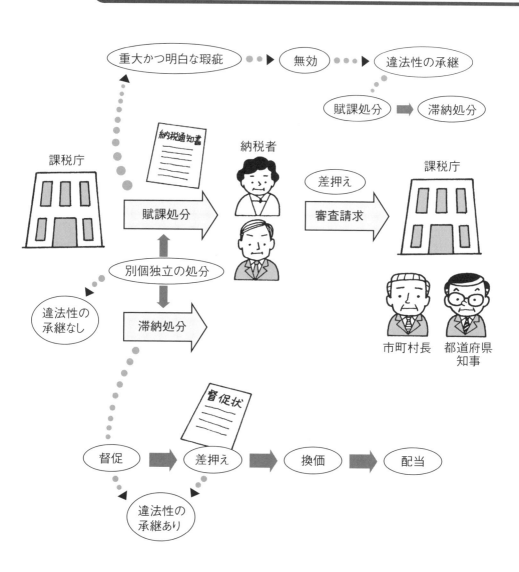

地方税の賦課徴収は賦課処分から始まるが、納税されない場合は、滞納処分手続として督促、差押え、換価、配当へと一連の手続が進められる。この一連の手続のうち、ある行為（処分）自体に瑕疵はなくても、その行為（処分）の前提としてなされた先行行為（先行処分）に瑕疵があって違法な場合に、先行行為（先行処分）の違法が後行行為に承継されるかという問題がある。

1　賦課処分と滞納処分は、処分庁が同じ場合でも、それぞれ独立した別個の行為であるから、賦課処分の違法は滞納処分に承継されない。
　　もっとも、先行処分たる賦課処分に明白かつ重大な瑕疵があって無効な場合、あるいは、処分庁による賦課処分自体が存在しない場合又は違法を理由に取消された場合は、後行行為たる滞納処分は、その寄って立つ基盤を失うから、違法となる。

2　滞納処分としてなされた一連の行為のなかの先行処分が違法であれば、その違法は、後行処分に承継されるから、差押処分の違法を主張して審査請求をしたときは、その前になされた督促の違法（瑕疵）を主張することができる。

3　主たる納税義務者に対する賦課処分と第二次納税義務者に対する納付告知との間に、違法性の承継が認められるか否かが問題となる。
　　判例は、第二次納税義務者に対する納付告知は、課税処分により確定した主たる納税義務者に対する徴収手続上の一処分としての性格を有するとし、第二次納税義務者は、納付告知の取消訴訟において、すでに確定した主たる納税義務の存否又は数額を争うことはできないとしている（最判昭和50.8.27）。

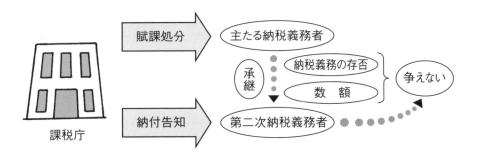

10-5 地方税の賦課徴収と審査請求

行政不服審査法25条、地方税法19条の7、19条の8

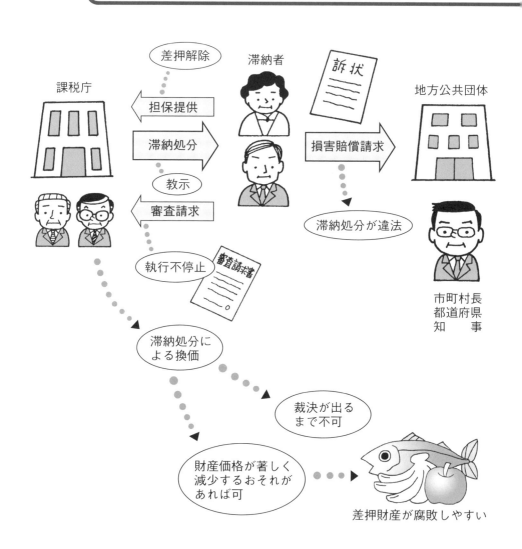

行政不服審査法においては、執行不停止の原則が採用されており（行政不服審査法25条1項）、例外的に、処分の効力、処分の執行又は手続の続行が停止される（3－10参照）。地方団体の徴収金に関する処分についての審査請求があった場合は、一応、執行不停止を原則とするが、差押財産の滞納処分による換価は、当該審査請求についての裁決があるまですることができない。

1 滞納処分による換価手続が終了してしまうと、仮に、金銭賠償による損害の補填があるとしても、必ずしも、審査請求人の保護に十分とはいえない。
　他方、課税庁としても、差押処分により財産を確保しておけば、租税債権の徴収を確保するための措置としては十分といえるから、換価まで認める必要性は薄いといえる。

2 地方税法は、審査請求人が担保を提供して、その地方団体の徴収金について、滞納処分による差押えをしないこと又は既になされている差押えを解除することを求めた場合において、相当と認めるときは、その差押えをせず、又は、その差押えを解除することができるとしている（地方税法19条の7第2項）。

3 滞納者の財産を占有する第三者に対して国税徴収法58条2項の例による引渡命令をした場合において、その命令を受けた第三者が、その命令に係る財産が滞納者の所有に属していないことを理由として、当該命令につき審査請求を提起したときは、当該審査請求が継続する間は、その財産を搬出することができない（地方税法19条の8）。

ひとこと
　滞納処分による換価は、原則として、当該審査請求に対する裁決があるまですることができないが、その財産の価額が著しく減少するおそれがあるときは、例外的に許される。
　例えば、差押財産が腐敗しやすい食品（鮮魚、果物）である場合など（地方税法19条の7第1項ただし書）。

10章 地方税

10-6 地方税法上の審査請求と訴訟

行政事件訴訟法8条、14条、地方税法19条の12、19条の13

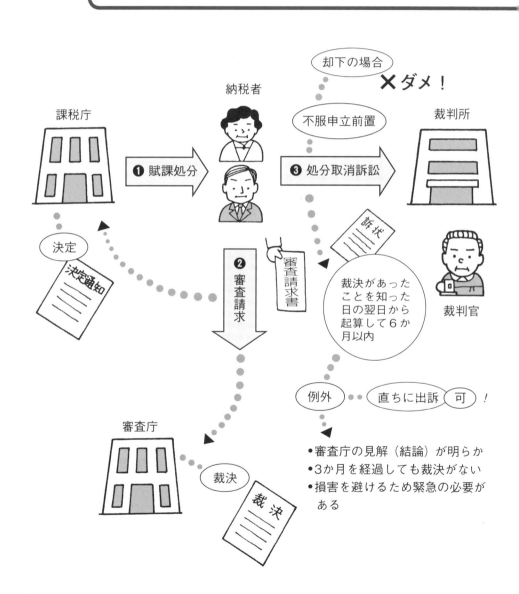

ポイント 行政事件訴訟法8条1項本文は、処分取消しの訴えは、当該処分につき法令の規定により審査請求をすることができる場合においても、直ちに提起することを妨げないとしている。

1 行政事件訴訟法8条1項本文は、審査請求と訴訟を任意の選択に委ねているが、同項ただし書は、法律に当該処分についての審査請求に対する裁決を経た後でなければ処分の取消しの訴えを提起することができない旨の定めがあるときは、この限りでないとしているので、地方税法19条の12の規定は、これを根拠としている。

地方税法19条の12の規定の趣旨は、地方団体の徴収金についての賦課徴収又は還付に関する処分は、短期間に、大量になされるものであり、しかも専門技術的な性格が強く、したがって、第一次的には、行政内部で再考の機会を与えるのが、労力、経費の両面において経済的であることによるものである。

2 地方税法19条に規定する処分についての処分取消しの訴えは、審査請求前置であるため、原則的には、裁決があった後に提起されることになるが、その場合の出訴期間は、①処分又は裁決があったことを知った日の翌日から起算して6か月、②処分又は裁決のあった日から起算して1年である(行訴法14条1項、2項)。ただし、正当な理由があるときは、①・②の期間経過後でも可能である。この期間計算は、裁決があったことを知った日又は裁決の日を期間に算入(初日算入)すべきものとされている(最判昭和52.2.17)。

3 審査請求前置の例外として、①審査請求があった日から3か月を経過しても裁決がないとき、②処分、処分の執行又は手続の続行により生ずる著しい損害を避けるため緊急必要があるとき、③その他裁決を経ないことにつき正当な理由があるときには、裁決を経ないで訴えを提起することができる(行訴法8条2項)。

〈正当な理由があるとされた事例〉
- 審査庁の見解が客観的に明らかで救済の見込みがないとき(東京高判昭和42.7.25)。
- 租税滞納者の建物の公売手続が完了してしまいそうなとき(神戸地判昭和38.4.4)。

審査請求をした日から3か月を経過しても裁決がないとして処分取消しの訴えを提起する場合は、当該裁決があるまでは、いつでも、提起することができる(最判昭和36.2.21)。また、審査請求が期間徒過を理由に却下された場合は、前置したものとはいえない(東京地判昭和46.2.23)。

10章 地方税

10-7 税額の変更と審査請求

国税通則法29条2項、地方税法20条の9の2

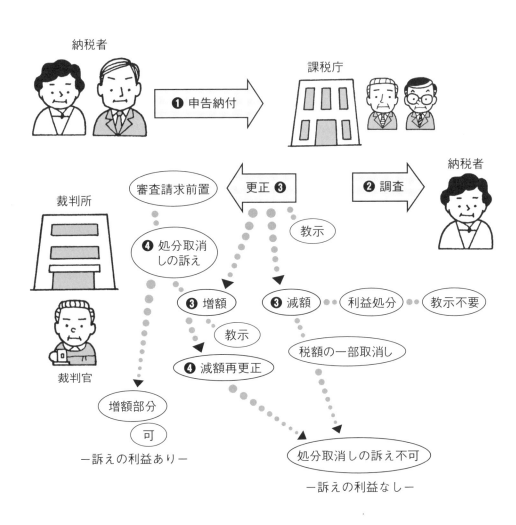

申告納付による地方税については、申告によって確定し具体化するが、申告納付がない場合又は申告内容が地方団体の調査したところと異なるときは、地方団体による決定又は更正がなされる。更正等の効力は、その処分によって変更を生じた増差税額に係る部分についてのみ生ずる。

1　増額更正があった場合、前になされた申告は消滅するか、それとも後になされた更正は、前の申告とは別個の行為として併存するのかが問題となるが、地方税法20条の9の2は、増額更正について、更正処分の効力は、その増差税額についてのみ及ぶとした（この点は、減額更正の場合も同じ）。
　　したがって、当初の申告は、その限度で影響を受けるにすぎないから、申告納付、差押え、その他の処分の効力は、維持される。

2　申告に係る課税標準及び税額について増額更正がなされたが、その後に減額の再更正がなされた場合、後になされた再更正は、そのことによって減少した税額に係る部分についてのみ効力を有する税額の一部取消しという納税者に有利な効果をもたらすものであるから、納税者は、後になされた再更正については、その取消しを求める訴えの利益はない（最判昭和56.4.24）。

3　地方税法1条1項1号は、地方団体とは道府県又は市町村をいうとして、東京都及び特別区を除外している。そして、同条2項で、道府県に関する規定を都に、市町村に関する規定を特別区に準用するとともに、道府県等を都等に読み替えている。

ひとこと

　更正処分に次いで増額の再更正処分がなされた場合、納税者は、後になされた再更正処分に対して審査請求をすべきであって、当初の更正処分について審査請求をしても、申立ての利益を欠き不適法として却下される（最判昭和55.11.20）。
　納税者は、増額の再更正処分についても審査請求をしなければ、救済を受けられないから、増額の再更正に当たっては、その旨の教示（5－1参照）をする必要がある。

11-1 情報公開における公文書

東京都情報公開条例2条2項

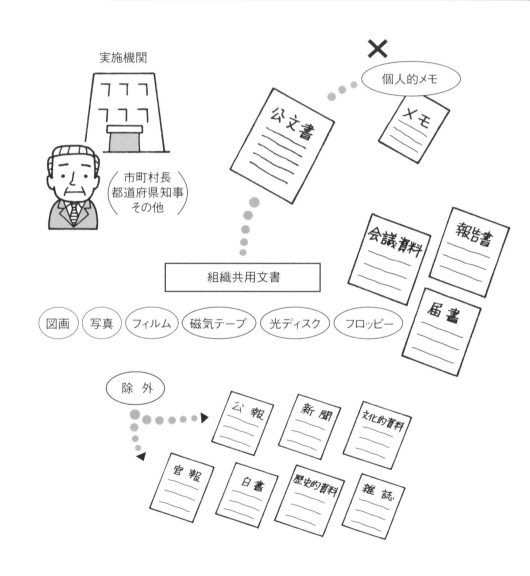

情報公開の対象となる公文書とは、いわゆる組織共用文書で、実施機関の職員が職務上作成し又は取得したものであって、組織において利用可能な状態で保有しているものである。すなわち、組織において、職務上必要なものとして保存し、利用している状態のものを含む広いものである。

1　組織共用文書の範囲は、きわめて広く、通常、起案に使用している文書をはじめ、図画、写真、フィルムや磁気テープ・光ディスク・磁気ディスクなどに含まれているものも対象とされている。

2　組織共用文書は、組織において利用可能な状態で保有されていればよいので、必ずしも、決裁や供覧の手続が終了している必要はなく、各種審議会、懇談会等の資料のほか、部長会・課長会等の会議、打合せで使用し、受領した資料のほか、他から取得して保管している報告書、申請書、届出書等を含む。

　しかし、職員個人が、自己の便宜のために保有している写し、個人的な備忘録ないし検討段階にとどまるメモは含まれない。

3　公文書であっても、情報公開の対象から除外されているものがある。例えば、一般に、その内容を、容易に知ることができる文書は、開示請求の機会を与える必要はない。すなわち、官報、公報、白書、新聞、雑誌、書籍等は、不特定多数の者に販売配布することを目的としているため、情報公開の対象外とされている。

　また、文書の資料的価値に特に着目して、特別の管理がなされているもの、例えば、歴史的、文化的な資料又は学術研究用の資料なども、当該文書の性質、使用目的から、情報公開の対象から除外される。

4　公文書は、各自治体の文書管理規程等に基づいて、部、課又は係ごとに適正に管理、保存しておく必要があり、保存期間の経過した公文書は、文書管理規程等に従って廃棄文書一覧を作成したうえで廃棄しなければならない。

ひとこと

　開示請求のときに存在しない公文書は、単なる根拠条文の引用だけでなく不存在の理由を具体的に示すことが必要である（例えば、「作成していない。」とか、「○年○月○日廃棄した。」と記載する。）。

11-2 開示請求の手続

東京都情報公開条例5条、6条

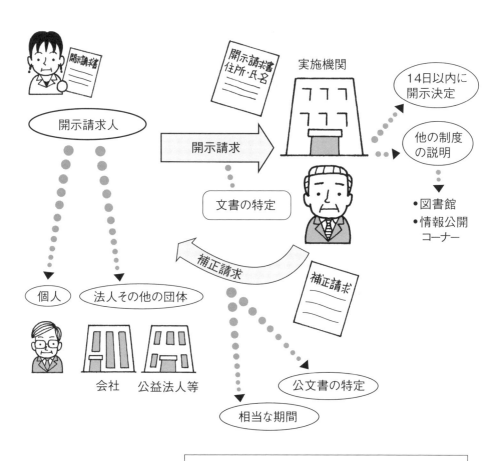

東京都では、平成15年6月2日から、インターネット経由で公文書の検索と開示請求ができるようになったが、開示・非開示の決定以降の手続は、従前と同様である。

> 　公文書の開示を請求しようとする者は、実施機関に対し、条例で定める住所、氏名、開示請求に係る公文書を特定するために必要な事項、その他の事項を記載した開示請求書を提出しなければならない。

1　公文書の開示を請求できる者は、地方自治体の区域内に居住する者、当該区域内に事業所又は事務所を有する個人及び法人その他の団体、その他区域内の事業所、学校に通勤、通学する者等であって、実質的には、請求ができる者に制限を加えていない。その他の団体とは、同窓会、県人会、自治会、商店会、消費者団体、サークル団体等であって、法人格はないが団体の規約が存在し、代表者が定められているものをいうが、必ずしも、訴訟上の当事者能力まで有することを要求しているものではないと解される。

2　開示請求書に記載すべき事項が記載されておらず、形式上、不備がある場合には、実施機関は、相当の期間を定めて補正を求めることができる。補正の期間は、社会通念上、開示請求者が補正するのに必要と認められる合理的な期間であることが必要である。開示請求者が相当の期間内に補正に応じないときは、請求を却下する。
　通常、補正が必要となる事項は、開示請求に係る公文書の特定に関する事項が多いと思われるが、一般に、行政の内部事情に詳しくない住民が、対象公文書を誤りなく特定することは困難な場合が多いので、実施機関は、開示請求者に文書検索目録を案内するなどして、開示請求に係る公文書の特定に必要な、参考となる情報を積極的に提供する必要がある。

ひとこと

　公文書の開示請求があった場合、開示するか否かの決定は、開示請求があった日の翌日から条例で定める期間内にしなければならない（都の場合は、14日以内）。
　その起算日は、窓口又は主務課で受け付けた日の翌日であり、補正を求めたときは、その日から補正が完了する日までの期間は、算入しない。

注意

　開示請求に係る公文書が、他の制度により閲覧が可能である場合は、それらが、図書館、情報公開コーナー等に備え付けてあること又は書店等で販売されていることを説明し、閲覧できる場所や閲覧手続を案内することが望ましい。

11-3 個人に関する情報

東京都情報公開条例7条2号

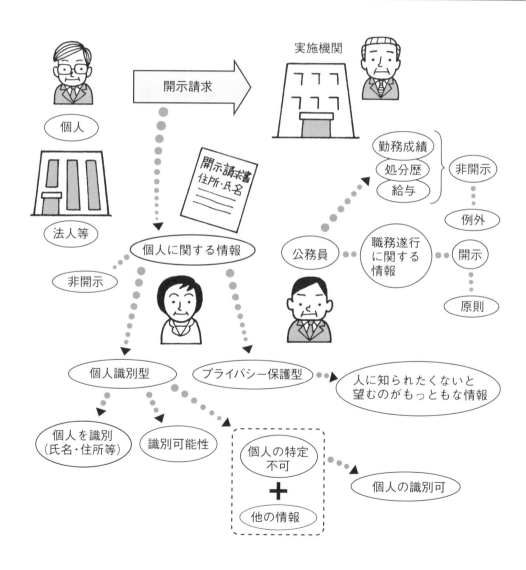

個人に関する情報には、当該個人の思想、信条、身分、社会的地位、学歴、病歴、親族関係、所得、財産状況、その他一切の個人に関する情報が含まれる。これらの個人（死者を含む）に関する情報は、明らかに個人のプライバシーに関すると認められるもののみならず、それに関する情報であると推認されるものを含み、これらは、個人情報として非開示とされる。

1　個人に関する情報は、第一次的には、特定の個人を識別することができる情報であって、個人の氏名、住所、生年月日のように、それだけで特定の個人であると明らかに識別できる場合をいうが、識別される可能性のある場合を含む。さらに、当該情報だけからでは、特定の個人を識別することはできないが、当該情報と他の情報とを照合することによって、特定の個人を識別することができる情報も含まれる。

　これは、個人の尊厳及び基本的人権尊重の観点から、個人のプライバシーに関する情報を尊重しようとするものであるといえる。

2　個人に関する情報であっても、事業を営む個人の当該事業に関する情報は、法人その他の団体の事業活動と同様に扱ってよい情報であって、個人のプライバシーに関する情報とは異なる取扱いをしている（11－4参照）。

　また、公務員についても、個人に関する情報（例えば、勤務成績、給与、処分歴、休暇状況等）は、非開示情報としてよいと考えられるが、その職務の遂行に関する情報（例えば、氏名、職務上の地位、出張などの公務遂行の内容など）は、個人に関する情報ではあっても、条例7条2号ただし書ハにより、非開示情報から除外されている。

3　個人情報保護法が、平成15年5月30日に成立し、平成17年4月1日から施行された。同時に、行政機関の保有する個人情報の保護に関する法律も施行され、IT社会における個人情報保護法制の整備が図られた。

　東京都には、「東京都個人情報の保護に関する条例」や「東京都特定個人情報の保護に関する条例」がある。

> **ひとこと**
> 　個人に関する情報を公開の対象としない手法には、大別して、個人識別型とプライバシー保護型があるが、北海道、大阪府、京都府、兵庫県等、少数の例外を除いて、多くは、個人識別型を採用している。前者は、特定の個人が識別され、又は識別される可能性のある情報は、一切、公開の対象としないのに対し、後者は、人に知られたくないと望むのがもっとも思われる情報を公開の対象としないものである。

11章 情報公開

11-4 法人等の事業活動情報

東京都情報公開条例7条3号

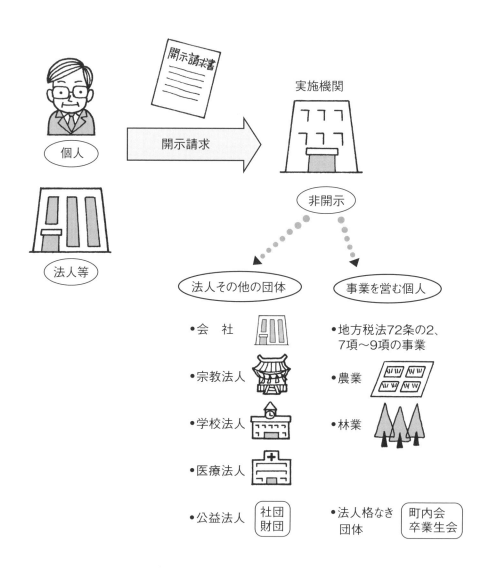

法人その他の団体又は事業を営む個人の当該事業に関する情報であって、公にすることによりその競争上又は事業運営上の地位その他社会的な地位が損なわれると認められるものが記録されている公文書は、一定の場合に非開示とすることができる。

1　法人その他の団体には、特別の制限がなされていないので、会社はもとより、宗教法人、学校法人、医療法人、公益法人（社団・財団）や法人格のない団体も含まれる。

2　事業を営む個人の事業は、地方税法72条の2第7項から第9項に規定する事業をはじめとして、同規定にない農業や林業も含む。また、当該事業に関する情報とは、事業活動に伴うすべての情報であって、営利を直接の目的とするものに限られない。

3　公にすることにより、法人等の競争上等の地位が損なわれるとは、法人等の競争上等の地位が具体的に侵害されると認められることを意味するから、当該事業活動に何らかの不利益が生ずるおそれがあるという程度では足りない。
　結局、当該法人等の事業内容や当該情報の内容、その他当該法人等の事業活動上の権利保護の必要性等を、総合的に考慮して判断されることになる。

注意

法人等に関する情報又は事業を営む個人の当該事業に関する情報については、公にすることにより、これらの者の競争上又は事業運営上の地位等が損なわれると認められるものは非開示とされるが、事業活動若しくは違法・不当な事業活動によって生じ、又は生ずるおそれがある危害・侵害等から、①人の生命又は健康を保護するため、②人の生活を保護するため、③消費生活その他の都民の生活を保護するため、公にすることが必要であると認められる情報は、開示しなければならない。

11-5 部分開示

東京都情報公開条例8条

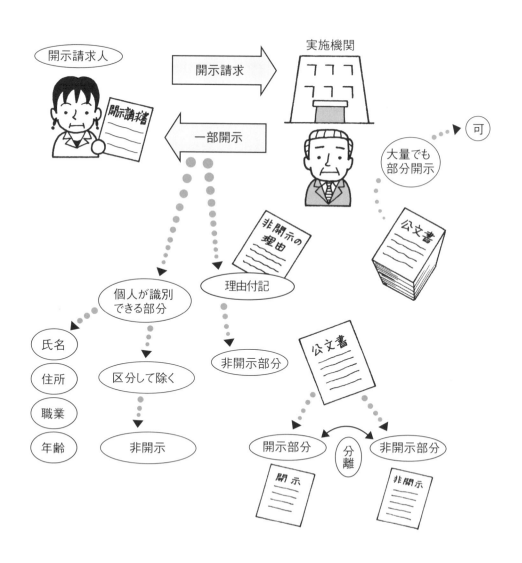

開示請求に係る公文書の一部に非開示情報が記録されている場合において、非開示に係る部分を容易に区分して除くことができ、かつ、区分して除いて開示したとしても、当該開示請求の趣旨が損なわれないと認められる場合は、実施機関は、当該非開示情報に係る部分のみを開示対象から削除し、その他の部分について、開示しなければならない。

1　開示請求に係る公文書の中に非開示情報が含まれていても、当該部分を物理的（紙の記録の場合）に、あるいは、技術的（電磁的記録の場合）に取り除くことが容易で、しかも、時間的にも経費的にも容易である場合には、部分開示をしなければならない。

　　部分開示が、開示請求の趣旨を損なう場合とは、開示される部分の情報が、すでに印刷された定型的な無意味な不動文字だけとなる場合や、単なる数字の羅列のみとなるような場合であって、開示請求者にとって利益にならない場合である。部分開示は、反面、一部非開示であるから、部分的に開示しない部分については、非開示とする理由を当該書面の記載自体から理解できる程度に具体的に示す必要がある（条例13条1項）。

2　開示請求に係る公文書の中に、特定の個人を識別することができることとなる情報（住所、氏名など）が含まれている場合において、当該部分を除いて開示しても、個人の権利利益が侵害されるおそれがないと認められ、かつ、開示請求の趣旨を損なわないときは、当該個人を識別できる部分を除いた部分を、個人に関する情報には該当しないものとして開示しなければならない。

　　仮に、氏名、住所等を削除しても、残りの部分を、他の情報と組合わせることによって、特定の個人が識別できることとなる場合は、開示してはならない。

ひとこと

　開示しない部分並びに該当する非開示条項及び当該条項を適用する理由について、専門的な知識を有しない人にも十分理解できるよう、分かりやすく記載する。複数の非開示事由に該当する場合には、該当する条項ごとにその理由を記入する。

（開示しない部分の記載例）
　○○通知書のうち、「氏名」「年齢」欄の部分
（開示しない部分にそれぞれ対応した非開示条項及び当該条項を適用する理由の記載例）
　Aの部分は、～の理由により条例第7条第2号に該当。
　Bの部分は、～の理由により条例第7条第3号に該当し、～の理由により条例第7条第4号にも該当する。

11-6 公文書の存否に関する情報

東京都情報公開条例10条

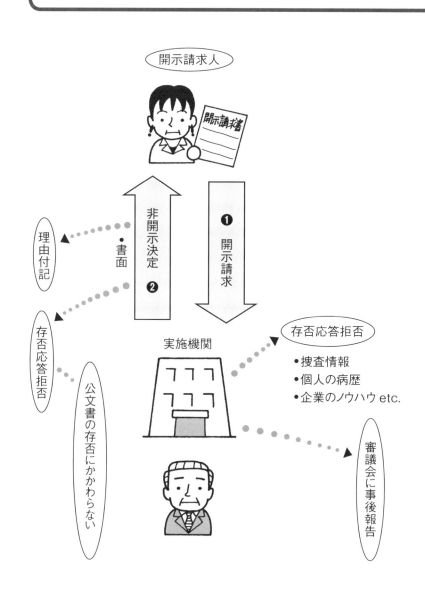

公文書の開示請求があった場合は、本来、その存否を明らかにして開示か非開示（一部開示）の決定をすべきであるが、特定個人の病歴や特定企業の技術開発、犯罪の捜査等のように、公文書の性質から、その存否を回答するだけで、非開示によって保護しようとしている利益が損なわれる場合がある。この場合は、公文書の存否を明らかにしないで開示請求を拒否することができる。

1　公文書の存否の応答を拒否する必要がある公文書については、当該公文書の存否そのものに言及することができないので、存在する場合はもちろん、現実には、存在しない場合でも、存否の応答を拒否しなければならない。

　　例えば、個人の氏名を特定して、その者が特定の病院に入院していたときのカルテの開示請求があった場合、非開示決定をすれば、当該個人が、その特定の病院に入院していたことが明らかとなるので、そのような場合は、存否の応答を拒否する必要がある。

2　公文書の存否を明らかにしないで開示を拒否することをグローマー拒否ということもあるが、存在しないときに不存在として非開示決定をし、存在する場合に存否応答を拒否すると、グローマー拒否をしたことは、公文書が存在するとの推定を受けることになるから、不存在の場合も、グローマー拒否をしなければならない。

3　公文書の存否応答拒否は、開示請求に係る公文書が存在する場合にも、非開示の情報に該当するが、不存在の場合と同様、開示請求者にとっては、開示請求を拒否される不利益処分であるから、開示請求を拒否する理由を具体的に示す必要がある（条例13条1項）。

4　存否応答拒否をする場合の非開示決定の理由は、例えば「当該公文書の存否に応答すること自体が条例○条により非開示とすべき情報を開示することになり、個人のプライバシーを侵害することになるので、存否それ自体に応答することはできないが、仮に、当該公文書が存在する場合でも条例○条に該当し、非開示とすべき公文書である。」などと記載することになろう。

ひとこと

　存否の応答拒否は、開示請求に対する応答の例外であるから、その適用に当たっては、慎重に判断する必要がある。東京都の場合は、存否応答拒否の規定を適用した場合は、東京都情報公開・個人情報保護審議会に事後に報告することとされている。

11-7 開示決定の期間

東京都情報公開条例12条

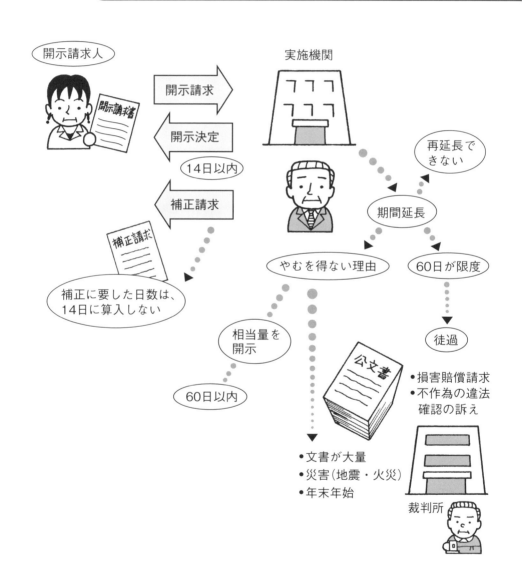

公文書の開示請求があった場合は、実施機関は、開示請求のあった日の翌日から14日以内に開示・非開示の決定をしなければならない。
　ただし、請求文書の特定がなされていないなどの理由で補正を求めた場合は、その補正を求めた日から補正が完了するまでの日数は、14日の期間に算入しない。

1　実施機関が、やむを得ない理由により、14日以内に開示・非開示の決定をすることができないときは、60日を限度として期間を延長することができる（条例12条2項＝再度の延長は不可）。
　開示請求に係る公文書が著しく大量であって、開示請求があった日から60日以内に、そのすべてについて開示・非開示の決定をすることにより通常事務の遂行に著しい支障を及ぼすおそれがあるときは、実施機関は、14日以内に、開示請求者に対し、その旨の通知をする必要がある（条例12条2項後段）。
　その場合、開示請求に係る公文書のうち、分離してすぐにでも開示・非開示の決定をすることが可能なものがあるときは、請求者と協議のうえ、公文書を特定して、14日以内に開示・非開示の決定をするのが望ましい。

2　やむを得ない理由で開示決定の期間を14日から60日に延長する例としては、
①一度に大量又は多種の公文書について開示請求があり、短期間では、その検索ができないとき、
②開示請求に係る公文書の中に、実施機関以外の国・地方公共団体や企業等の情報が記録されていて、開示について、その意見を聞く必要があるとき、
③年末・年始の休暇に入る直前であるため、期間内に開示・非開示の決定を行うのが困難であるとき、
④大地震等の災害のため、短期間に開示・非開示の決定をすることが困難なとき、
などが考えられる。

注　意

　最大限、期間を60日延長しても、実施機関が、開示・非開示の決定をしないときは、開示請求者は、不作為庁又はその上級行政庁に対し審査請求をすることができるほか（行政不服審査法3条、4条）、不作為の違法確認を求める行政訴訟や実施機関の所属する地方公共団体を相手に、国家賠償法1条1項に基づく損害賠償請求訴訟を提起することができる。

11-8 非開示の理由付記

行政手続法8条1項　東京都情報公開条例13条

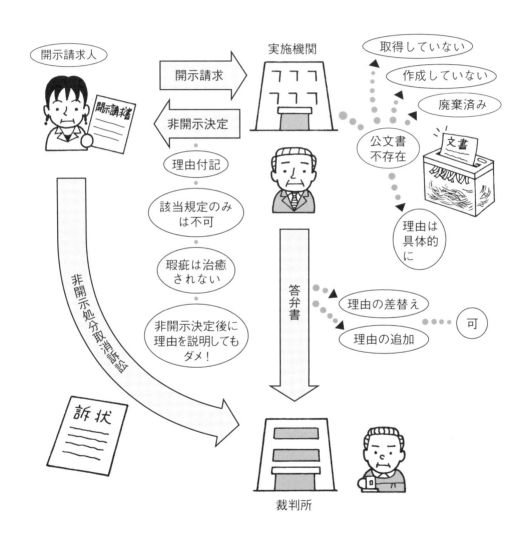

公文書の非開示決定も行政処分であるから、非開示決定をする場合は、その法的根拠とともに、その理由を、開示請求者が理解できる程度に具体的に記載しなければならない。これは、実施機関の恣意的な非開示決定を抑制し、慎重な判断を期待するとともに、開示請求者に非開示の理由を明らかにして、審査請求や行政訴訟に便宜を与えるためである。

1 理由付記については次のような判例がある。すなわち、一般に、行政庁に対する申請を拒否する場合に、理由付記が要求されているのは、行政庁の判断の慎重性と公正妥当性を担保して、その恣意を抑制するとともに、拒否の理由を申請者に明らかにすることによって、行政運営の透明性の向上を図り、併せて、その審査請求や行政訴訟に便宜を与えることにあるから、拒否処分通知書に記載すべき理由としては、いかなる根拠に基づき、いかなる法規を適用して、当該拒否処分がなされたかを、申請者が、その記載だけから了知し得る程度のものであることが必要である(東京地判平成10.2.27)。

したがって、単なる法令の該当規定のみを記載しただけでは、理由記載としては不十分であり、瑕疵ある違法な行政処分として取消しを免れない(最判平成4.12.10)。

2 非開示の理由が不存在である場合には、なぜ、開示請求に係る公文書が存在しないのか、その理由を具体的に示さなければならない。例えば、「取得していないため」とか、「法令上作成が義務づけられておらず、現に作成していないため」、あるいは、「文書管理規程○条により○年○月○日廃棄処分したため」などのように記載する。

ひとこと

非開示処分取消訴訟において、実施機関が、当初の非開示決定の理由と異なる非開示理由があることを主張すること(理由の差し替え、理由の追加)は許されるとした判例(最判平成11.11.19)があり、また、非開示文書の一部が書証として提出されても、当該部分の非開示決定の取消しを求める訴えの利益は消滅しないとする判例がある(東京高判平成11.3.31)。

注 意

拒否処分に対して理由付記が求められている趣旨に照らすと、非開示処分後に、処分庁(実施機関)が口頭で詳細に理由を説明したとしても、また、開示請求者が、その理由を十分に知っていたとしても、そのような事情によって、理由付記不備の瑕疵は治癒されないことに留意しなければならない(上記1末尾の平成4年最判)。

11章 情報公開

11-9 第三者保護

東京都情報公開条例15条

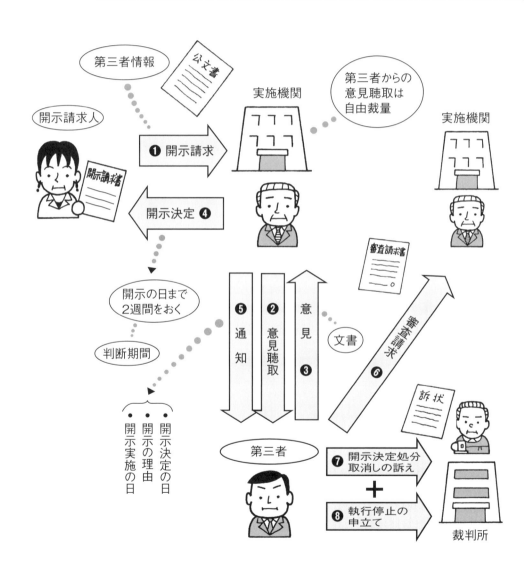

開示請求に係る公文書に、国、実施機関が所属する地方公共団体以外の地方公共団体及び開示請求者以外の者（第三者）に関する情報が記録されている場合には、実施機関は、当該第三者の権利利益を保護するとともに、慎重かつ公正な開示手続を期するため、第三者に、当該公文書の開示・非開示について、意見書を提出する機会を与える必要がある。

1　開示請求に係る公文書に、第三者に関する情報が記録されている場合には、実施機関は、個人に関する情報や、その他条例で定める非開示事由に該当する情報か否かを判断すればよいが、実施機関限りで、これらの判断をすることには困難を伴うことが多いと思われる。

　　もっとも、実施機関は、当該第三者に意見書提出の機会を与えたうえで、開示・非開示の決定をすることになるが、これは、当該第三者に対して開示・非開示の決定に対する同意権を与えたものではない。

2　第三者が、公文書の開示に反対の意思を表示した意見書を提出した場合において、開示決定をするときは、開示決定の日と実際に開示をする日との間に、少なくとも2週間を置かなければならない（条例15条3項）。これは、当該第三者のために争訟の機会を確保する趣旨である。

　　そして、実施機関は、開示決定後、直ちに、開示決定をした旨及び開示の理由並びに開示を実施する日を、当該第三者に通知しなければならない。すなわち、開示決定後、すぐに開示すると、第三者が、開示決定に対して、もはや審査請求や執行停止をすることは、法律上、無意味となってしまうからである。

注意

開示請求に係る公文書に、個人に関する情報ではあるが、人の生命、健康等を保護するため公表することが必要と認められる情報、法人その他の団体の事業活動に関する情報ではあるが、違法又は不当な事業活動によって生ずる支障から人の生活を保護する必要のある情報、又は公益上特に公開する必要がある情報等を含んでいる場合には、実施機関に対し、第三者に意見書提出の機会を付与することを義務づけている（条例15条2項）。

11章 情報公開

11-10 他の制度との調整

東京都情報公開条例18条

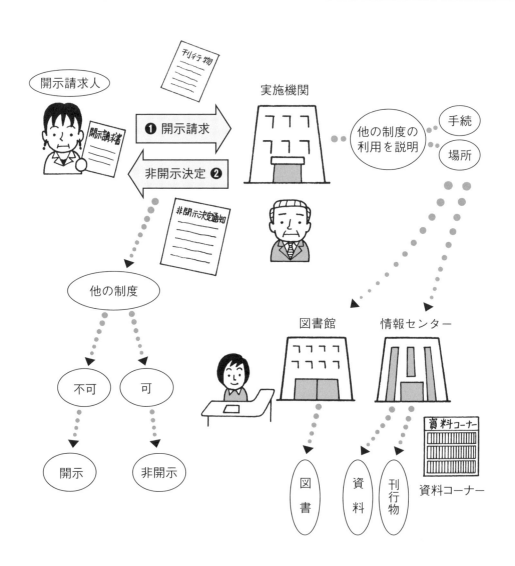

ポイント
　開示請求に係る公文書が、法令又は条例により閲覧若しくは縦覧又は謄本、抄本、その他の写しの交付の対象となるものである場合には、これを開示しないものとされている。他の制度において閲覧等ができないときは、情報公開条例が適用され、条例の規定に従って開示・非開示の決定がなされることになる。

1　この制度は、法令等による閲覧制度や閲覧・貸出を目的とする施設における閲覧・貸出制度など、他の制度との調整を図るものである。したがって、他の制度において閲覧等ができない場合には、法令等がこれを禁止する趣旨でない限り、情報公開条例が並行的に適用される。

2　法令が、開示請求者を限定している場合に、それ以外の者から開示請求があったとき、例えば、土地区画整理事業に係る簿書（土地区画整理法84条2項）や公害審査会の事件記録（公害紛争処理法施行令15条の3）について、利害関係者以外の者から開示請求があったとき、また、閲覧等の期間が限定されている場合に、当該期間外に開示請求があったとき、例えば、都市計画の案について縦覧期間（公告の日から2週間）経過後に請求があったとき（都市計画法17条1項）などについては、条例が適用され、条例に従って開示・非開示の決定がなされる。

ひとこと
　公立の図書館をはじめ、資料センター、情報公開センター等で、図書、資料、刊行物等を閲覧に供し又は貸出すことを目的としている施設において管理されている公文書であって、一般に閲覧させ又は貸出すことができるとされているものについては、開示対象公文書から除外されているが、これらの公文書について開示請求があったときは、当該図書館等で閲覧が可能であること及びその場所や手続等を説明する必要がある。

11章　情報公開

11-11 審査会への諮問と答申

東京都情報公開条例20条、22条

 公文書の開示請求に対し、実施機関が、非開示決定又は一部開示決定をした場合、開示請求者は、実施機関に対して、審査請求をすることができるが、審査請求があった場合は、実施機関は、情報公開審査会に諮問しなければならない。

1 全部又は一部の非開示決定又は開示拒否若しくは不作為に対し、開示請求者が審査請求をした場合は、当該非開示決定等を維持する実施機関は、審査会に対し諮問しなければならない（条例20条1項）。この手続は、第三者的機関である合議制の審査会を開示手続に関与させることにより、実施機関の行った非開示決定等の当否（違法又は不当）について審査させ、もって、開示請求者の権利利益を救済しようとするものである。

したがって、非開示決定等についての審査請求があった場合は、当該審査請求に係る審査庁は、速やかに、審査会に諮問すべきである（条例20条2項）。この場合、諮問庁（諮問した審査庁）は、審査請求人に対し、審査会に諮問した旨を通知しなければならない（条例22条）。

そして、審査会は委員12人以内で組織され、その任期は2年で再任を妨げない（条例24条）。また、審査請求に係る事件については、委員3人以上で構成する部会で審議される（条例25条）が、審査会は、諮問に対する答申をしたときは、答申書の写しを審査請求人及び参加人に送付するとともに、答申の内容を公表するものとされている（条例30条）。

2 実施機関のした非開示決定等に対し審査請求があったときでも、実施機関が非開示決定等を取消して開示する場合や、当該審査請求が、審査請求期間を経過しているなどの理由で不適法として却下すべき場合は、審査会に諮問する必要はない（条例20条1項1号）。

もっとも、当該公文書の全部又は一部の開示決定について、第三者から反対の意見書が出されている場合は、審査会に諮問しなければならない（条例20条1項2号）。

3 また、開示決定等若しくは開示請求が条例に規定する要件を満たさない等の理由により、開示請求を拒否する決定又は開示請求に係る不作為についての審査請求には、審理員による審理手続は行われない（条例19条）。

ひとこと

審査会の意見（答申）に法的拘束力はないが、非開示決定等を妥当でない（開示すべし）とする答申を尊重するのは当然のことであるから、実施機関が、答申と異なる決定をすることは、事実上、困難であろう。その意味では、実施機関は、審査会の答申に拘束されるといえる。

11章 情報公開

11-12 開示請求人の意見陳述

東京都情報公開条例26条4項、27条1項

 情報公開審査会は、開示請求人（審査請求人）から申立てがあったときは、原則として、口頭で意見を述べる機会を与えることができるとされている（条例27条1項）。

1 情報公開審査会（審査会）が審査請求人（開示請求人）の意見（審査請求の理由）を採用し、非開示決定を取消すのが妥当であると認めるときは、口頭意見陳述の申立てがあっても、その機会を与えないで答申を出すことができる（条例20条1項2号）。

2 開示請求人が、実施機関のした非開示決定に対して審査請求をするとともに、行政不服審査法31条1項に基づく口頭意見陳述の申立てをした場合は、これを省略することは手続上の瑕疵として、裁決は違法になる。
　したがって、審査会が、口頭意見陳述の機会を与える必要がないと判断した場合でも、審査庁は、行政不服審査法の定める手続における口頭意見陳述を実施しなければならない（6－3参照）。この手続は省略することが許されず、仮に請求があったにもかかわらず、口頭意見陳述の機会を与えないでした裁決は違法となる（長崎地判昭和44.10.20）。

ひとこと

審査会の審査手続と行政不服審査法上の審査手続は、法律上の根拠を異にする別個の手続であるから、審査会と審査庁（審理員）が、手続を共有することは好ましいことではないが、口頭意見陳述について見れば、開示請求人が非開示決定に不服があるとして述べる意見は、審査会の手続であれ、審査庁（審理員）の行政不服審査法上の手続であれ、その意見は、同一内容であるはずであるから、まず、必須の要件である行政不服審査法上の口頭意見陳述を先行させ、その速記録を実施機関の資料として審査会へ提出することを認めてもよいのではないだろうか。

11-13 インカメラ審理とヴォーン・インデックス

東京都情報公開条例26条

ポイント 非開示決定があった場合、実施機関が、恣意的に非開示決定をしていないか、開示・非開示の決定は適正になされているか、部分開示は適切になされているか、あるいは、存否応答の拒否は濫用されていないか等を、情報公開審査会が迅速かつ的確に判断するためには、実施機関に、当該公文書の提出を求め、それを実際に見て審理する手続（インカメラ審理）が必要である。

1 一般に、審査会は、実施機関たる知事等の諮問機関として設置され、非開示決定（又は一部開示決定）について審査請求があった場合は、知事等は、審査会に諮問して、その答申を得てから開示等の決定をしている。

　したがって、審査会から開示請求に係る公文書の提出を求められた処分庁（実施機関）は、当該公文書の提出を拒むことができない。審査会は、当該公文書を、非公開で直接見分（インカメラ審理）し、非開示決定の当否を判断することになる（条例26条1項）。しかし、裁判所が情報公開訴訟における証拠調べでインカメラ審理を行うことは許されないとする判例がある（最判平成21.1.15）。

2 開示請求に係る公文書が大量であり、しかも複数の非開示情報が存在する場合には、迅速かつ的確に審査会の審理を進めるため、対象公文書に記録されている内容や非開示理由及び適用条項を分類又は整理した資料（ヴォーン・インデックス）を作成し、提出することが有効である（条例26条3項）。

　審査会は、必要があると認めるときは、実施機関に対し、分類や整理の方法を指定して、資料を作成し提出することを求めることができる。審査会から、ヴォーン・インデックスの作成・提出を求められた場合、実施機関は、その必要がないとして、その作成・提出を拒むことはできない。

3 また、個人情報や犯罪捜査情報などのように、情報の性質に応じて特別の配慮を必要とするものについては、審査会は諮問庁から必要な説明を受けて、当該公文書を提出することによって行政事務に支障がないかどうか等を十分に調査したうえで、当該公文書の提出を求めるか否かを判断することになる。

ひとこと

　審査会が、いかなる場合にインカメラ審理の方式を採用するかは、その裁量に委ねられている。

　そして、この場合、審査会自体は、情報公開の実施機関ではないから、インカメラ審理で実施機関から審査会に提出され、審査会が保有している公文書そのものは、情報公開の対象とはならない（条例26条1項後段）。

資料編

〈審査請求書の要件・添付資料チェックリスト〉

1. 審査請求人は、審査請求適格を有するか。
   - 審査請求人は、処分の名あて人か否か。
   - 不作為についての審査請求の場合は、法令による申請行為をしているか否か。

2. 審査請求人の氏名又は名称、住所又は居所、処分の内容の記載があるか。

3. 審査庁を誤っていないか（例えば、市長、区長、知事でよいか）。

4. 処分があったことを知った日の記載があるか。

5. 審査請求期間を徒過していないか（期間計算は、土・日も含める）。
   （審査請求期間の最終日（60日目）が、日曜日等休日に当たる場合は、翌日が期間満了日となる（民法142条）。）

6. 処分庁の教示の有無及びその内容の記載があるか。

7. 郵送の場合、郵便局の消印の日（信書便事業者の場合は受付の日）は、審査請求の期間内か（封筒は、記録に綴じて保管しておく）。

8. 代理人の場合、委任状が添付されているか。

9. 総代の場合、互選書は添付されているか。

10. 審査請求人の記名、押印があるか。

11. 「外1名」とある場合、その者も審査請求をする意思があるか否か。
    ある場合は、その者の住所、氏名を明らかにすること。

12. 審査請求の年月日の記載があるか。

13. 審査請求人が法人の場合、代表者資格を証明する書類は添付されているか。

14. 審査請求人が破産管財人の場合、裁判所の破産管財人選任書（資格証明書）は、添付されているか。

15. 審査請求人が清算会社の場合、代表清算人の資格を証明する書類（商業登記簿謄本）は添付されているか。

16. 口頭意見陳述の申立てがあるか。

〈様式一覧〉

1	審査請求の要件チェックリスト表	159
2	審査請求書	160
3	審査請求書(不作為)	161
4	当事者等の表示	162
5	審査請求書の送付について	163
6	審査請求書の送付について(通知)	164
7	審査請求が提起されたことについて(通知)	165
8	補正命令書	166
9	補正書	167
10	釈明要求書	168
11	弁明書	169
12	弁明書の作成について	170
13	弁明書の送付について	172
14	反論書	173
15	反論書の送付について	174
16	再弁明書の送付について	175
17	委任状	176
18	総代互選書	177
19	総代解任届	178
20	参加人の決定について(通知)	179
21	利害関係人の参加の許可について(通知)	180
22	審査請求人の地位承継許可申請書	181
23	審査請求人の地位の承継の許可について(通知)	182
24	審査請求人地位承継届出書(相続)	183
25	審査請求の教示一覧表	184

26	口頭意見陳述期日の指定について（通知）……………………………185
27	参考人陳述の申立てに対する決定について（通知）…………………186
28	取下書………………………………………………………………………187
29	文書閲覧請求書……………………………………………………………188
30	文書閲覧請求に対する決定について（通知）（承認の場合）…………189
31	同上（不承認の場合）……………………………………………………190
32	文書提出要求申立てに対する決定について（通知）（承認の場合）……191
33	文書提出の依頼について…………………………………………………192
34	証拠書類の返還について…………………………………………………193
35	検証の日時及び場所について（通知）…………………………………194
36	質問の実施について（通知）……………………………………………195
37	審査請求手続の併合について（通知）…………………………………196
38	審査請求手続の分離について（通知）…………………………………197

　　裁決主文例………………………………………………198

　　裁決例1　（却下＝期間徒過）…………………………200

　　裁決例2　（棄却）………………………………………202

　　裁決例3　（認容）………………………………………204

　　裁決例4　（却下＝利益なし）…………………………206

　　決定例　　（執行停止）…………………………………207

(様式1)

審査請求の要件チェックリスト表

件名			○○第　　　号	
19条の記載事項	審査請求人の 氏名又は名称 住所又は居所	有・無	当事者能力があるか 審査請求の利益があるか	有・無 有・無
	具体的処分・不作為	有・無	処分性があるか否か	有・無
	処分を知った年月日	有・無	平成　　年　　月　　日	
	趣　　　　旨	有・無		
	理　　　　由	有・無	教示の有無及び内容	有(　月　日)・無
	審査請求の年月日	(1) 送付　　送付の日　　　　　　平成　年　月　日 　　　　　　文書課受付の日　　　平成　年　月　日 (2) 持参　　受付の日　　　　　　平成　年　月　日 (3) 処分庁経由 　　送付　　送付の日　　　　　　平成　年　月　日 　　　　　　処分庁受付の日　　　平成　年　月　日 　　持参　　受付の日　　　　　　平成　年　月　日 (4) 請求期間内かどうか。（内・外） (5) やむを得ない理由等があるか否か。（有・無）		
	押　　　　印	有・無	口頭意見陳述の申立て	有・無
資格証明	法人の場合 代表者の資格証明	有・無	(1) 登記事項に変更がないこと及びある 　　事項の登記がないことの証明書 (2) 登記簿謄本	
	代理、総代等の場合 の資格証明	有・無	(1) 委任状 (2) その他	
備考				

供覧	○○部長	○○課長	○○係長	事件担当	管理担当

(様式2)

審査請求書

平成　年　月　日

○○県知事

　　○　○　○　殿

審査請求人（又は代理人・総代）

　　○　○　○　○　印

次のとおり審査請求をします。

審査請求人	住　　　所		郵便番号
	氏　　　名		電話番号
	法人の名称		電話番号
	法人代表者氏名		
代理人	住　　　所		郵便番号
	氏　　　名		電話番号
審査請求に係る処分	○○が平成　年　月　日付けで行った○○についての処分		
処分があったことを知った日	平成　年　月　日		
審査請求の趣旨			
審査請求の理由			
処分庁の教示の有無	有　　無　（どちらかを○で囲む。）		
教示の内容			
その他関連事項			
添付書類			

（注）審査請求の理由、その他関連事項、添付書類等について該当欄に記入し切れない場合は、適宜、裏面に記載するか、又は別紙として添付してください。

(様式3)

審　査　請　求　書

平成　　年　　月　　日

○○県知事
○　○　○　○　殿

審査請求人
　　○　○　○　○　印

次のとおり、不作為についての審査請求をします。

1　審査請求人の氏名又は名称並びに住所又は居所

2　不作為に係る処分についての申請の内容及び年月日

　(1)　不作為に係る処分についての申請の内容

　(2)　申請年月日

3　その他関連事項

(様式4)

当事者等の表示

1 破産会社の場合

　　　審査請求人　破産会社○○株式会社破産管財人　○○○○
　　　　　　　（注：審査請求人は、破産管財人である）

2 清算会社の場合

　　　審査請求人　清算会社○○株式会社(代表)清算人　○○○○
　　　　　　　（注：審査請求人は、清算人である）

3 代行者の場合

　　　審査請求人　○　○　○　○
　　　上記代行者　○　○　○　○

4 総代の場合

　　　審査請求人　○○○○外○○名
　　　上記総代　○　○　○　○
　　　　　　　（注：総代は3人以内）

5 相続の場合

　　　審査請求人（被相続人）○　○　○　○
　　　上記承継人（相続人）○　○　○　○

(様式5)

○○第○○号
平成○○年○○月○○日

処分庁
○○○○殿
又は
審査庁となるべき行政庁
○○○○殿

(教示が誤っている行政庁)
○○県知事　　○　○　○　○

審査請求書の送付について

　審査請求人○○○○から、平成○○年○○月○○日に当庁に対し、○○○○○○○○処分に係る審査請求が提起されました。
　調査したところ、本件審査請求は、上記○○処分の際の、貴庁の誤った教示に基づいてなされたことが認められます。
　したがって、行政不服審査法第22条第1項の規定により、別紙のとおり、審査請求書を送付します。

(様式6)

○○第○○号
平成○○年○○月○○日

審査請求人　○○○○　様

処分庁　○　○　○　○

審査請求書の送付について（通知）

　あなたが、平成○○年○○月○○日に提出した○○○○○○○○処分に係る審査請求については、行政不服審査法第22条第2項の規定により、下記のとおり、○○○○市長宛て送付したのでお知らせします。
　なお、今後の手続等については、○○○○市長宛てにしてください。

記

1　送付した年月日
　　平成○○年○○月○○日

2　送付した理由
　　○○○○○○○○処分に際して、誤った教示をしたため。

(様式7)

○○第○○号
平成○○年○○月○○日

処分庁
○○○○　殿

　　　　　　　　　　　　　　　　　　　　審理員
　　　　　　　　　　　　　　　　　　　○　○　○　○

　　　　　　審査請求が提起されたことについて（通知）

　審査請求人○○○○から、平成○○年○○月○○日付の御庁の○○処分について、別添審査請求書（副本）のとおり、審査請求が提起されましたので、通知します。
　この審査請求に対して弁明がある場合は、平成○○年○○月○○日までに、弁明書の正本及び副本１通を提出してください。

(様式8)

補　正　命　令　書

〇〇第〇〇号
平成〇〇年〇〇月〇〇日

〇〇市〇〇町〇丁目〇〇番〇〇号
審査請求人　〇　〇　〇　〇　様

　　　　　　　　　　　　　　　審査庁
　　　　　　　　　　　　　　　〇〇県知事　〇　〇　〇　〇

　あなたが平成〇〇年〇〇月〇〇日に提起した〇〇処分に係る審査請求（〇〇第〇〇号）は、下記の点の記載が不完全ですから、本書到達の日の翌日から起算して〇〇日以内に書面で補正するよう、行政不服審査法第23条の規定により命じます。
　なお、上記期限までに補正に応じないときは、行政不服審査法第24条第1項の規定により、不適法な審査請求として却下されることがあります。

記

1　審査請求の趣旨
　　あなたが当庁に対して請求しようとする事がら（たとえば、処分の取消しを求める等）を簡潔に述べること。

2　審査請求の理由
　　審査請求に係る処分が、なぜ、違法又は不当であるかを明らかにすること。

(様式9)

補　正　書

平成○○年○○月○○日

審査庁
○○県知事 ○ ○ ○ ○ 殿

審査請求人の住所
　　○　○　○　○

審査請求人の氏名
　　○　○　○　○　印

　平成○○年○○月○○日付け○○第○○○号で補正を命じられた事項について、下記のとおり補正いたします。

記

(様式10)

釈　明　要　求　書

○○第○○○号
平成○○年○○月○○日

審査請求人　○○○○株式会社
上記代表者　代表取締役　○○○○　様

　　　　　　　　　　　　　　審査庁
　　　　　　　　　　　　　　○○県知事　○　○　○

　あなたが平成○○年○○月○○日に提起した審査請求（○○第○○○号）には、不明確な点がありますので、本書到達の日から2週間以内に、下記の点について、書面で明らかにしてください。

記

　本件審査請求書によれば、審査請求に係る処分は、平成○○年○○月○○日付けの○○処分となっていますが、これは、同年○○月○○日付けの○○処分についてのことなのか、それとも、同年○○月○○日付けの○○処分についてのことなのか、明らかでありません。
　したがって、本件審査請求の対象となる処分を明らかにしてください。

(様式11)

弁 明 書

○○第○○号
平成○○年○○月○○日

審理員
　○　　○　　○　　○　　殿

処分庁
○○県○○事務所長
　○　　○　　○　　○　[公印]

次のとおり弁明いたします。

1　事件の表示
　　審査請求人○○○○（以下「請求人」という。）が平成○○年○○月○○日に提起した○○処分についての審査請求（○○第○○号）

2　弁明の趣旨
　　「本件審査請求を棄却する。」との裁決を求める。……様式12.1(2)参照

3　審査請求書記載事実の認否
　　(1) ………　｝……様式12.1(3)参照
　　(2) ………

4　「審査請求の理由」記載事実の認否
　　(1) ………
　　(2) ………　｝……様式12.1(3)参照
　　(3) ………

5　本件処分に至るまでの経緯
　　(1) ………
　　(2) ………
　　(3) ………　｝……様式12.1(4)参照
　　(4) ………
　　(5) ………
　　(6) ………

6　本件審査請求に対する意見
　　(1) ………
　　(2) ………
　　(3) ………　｝……様式12.1(5)参照
　　(4) ………
　　(5) ………

7　添付書類
　　(1) ………　｝……様式12.1(6)参照
　　(2) ………

(様式12)

弁明書の作成について

1 弁明書について
　ア．弁明書は、審査請求人（以下「請求人」という。）の主張に対して、処分庁が、処分の原因・内容等を明らかにし、事実上及び法律上の主張を述べるものであって、審査請求において重要な役割を果たすものである。また、弁明書は、審理員の審査の資料となるものであり、同時に請求人の反論の対象ともなるものであるから、できるだけ詳細、かつ、明確に記述すること。
　イ．弁明書は、同一のものを3通作成し、2通（正本と副本）を審査庁に提出すること（副本1通は処分庁において保管のこと）。したがって、2通とも公印を押すこと。
　ウ．弁明書は、1通（正本）は審査庁用として審査庁が保管し、他の1通（副本）は審査庁から請求人宛てに送付するものである。そして、弁明書の送付を受けた請求人は、後日それに対して審査庁宛てに反論書を提出することになる。

(1) 『事件の表示』について
　　　これは、処分に係る審査請求の事件名を特定できるように明記するものである。
　〔記載例〕
　　○審査請求人が平成○○年○○月○○日付けで提起した○○処分についての審査請求（○○第○○号）
　　　　（注）記号・番号は求弁明に付されたもの（様式7参照）。

(2) 『弁明の趣旨』について
　　　これは、処分庁の行う弁明の簡潔な結論となるものである。すなわち、審査請求の趣旨（例えば「○○処分の取消しを求める。」又は「○○処分の変更を求める。」）に対応するものである。
　〔記載例〕
　　○「本件審査請求を却下する。」との裁決を求める。
　　○「本件審査請求を棄却する。」との裁決を求める。
　　○「本件審査請求のうち……（の部分）については却下し、……（の部分）については棄却する」。との裁決を決める。
　　　　（注）「却下」とは、審査請求が不適法な場合で、「棄却」とは、審査請求人の主張に理由がない場合をいう。

(3) 『審査請求書記載事実の認否』について
　　　審査請求書には、「事実についての主張」と「法律的主張ないし意見」とが含まれているが、ここで審査請求書記載事実とは、前者をいうものである。そこで、請求人の主張している個々の事実について、それぞれこれを「認める」、「否認する」又は「知らない」のいずれかの方法によってその認否を明らかにするとともに、「否認する」の場合は、その理由を付記すること。
　〔記載例〕
　　○「○○」については、認める。
　　○「○○」及び「○○」については、否認する。
　　　その理由は、……である。
　　○「○○」については、知らない。

○「○○」については、認め、その余については、否認する。
　　　その理由は、……である。
　　○「○○」については、本件処分と直接関係がない。
(4)　『処分に至るまでの経緯』について
　　これは、処分の原因となった事実の発生から、調査・資料収集等を経て処分を行うに至るまでの経緯を時間の経過に従って順次具体的に記載するものである。
　〔記載例〕
　　① 平成○年○月○日、……によって、……があった（……のあったことを知った）。
　　② 平成○年○月○日に至り……となった。
　　③ 平成○年○月○日、……
　　④ 平成○年○月○日付（記号・番号）をもって本件処分をした。

(5)　『審査請求に対する意見』について
　　ア．却下の裁決を求める場合
　　　その理由を記載すること。
　　〔記載例〕
　　　○本件審査請求は、……であるから期間を徒過している。
　　　○ ……は……であるから、行政不服審査法第1条にいう「違法又は不当な処分その他公権力の行使に当たる行為」に該当しない。
　　イ．棄却の裁決を求める場合
　　　請求人の主張する法律上・事実上の争点に関して、処分の適法性・正当性を明らかにするものである。審査請求書の中には、請求人の主張が要領よく整理されていないものも見受けられるが、その争点を整理し、具体的に法令その他の資料に基づいて記述すること。
　　〔記載例〕
　　　○本件審査請求の事実上（法律上）の争点は、……の点にあるが、次の理由によって本件処分は適法（正当）である。
　　　　(1)　……
　　　　(2)　……

(6)　『添付書類』について
　　これは、弁明書の中で「別紙」、「別添」等として引用したもの又は弁明書の中で直接引用されてはいないが、弁明書の理解を助けると思われる参考資料をいう。弁明書と一体のものであるから弁明書に添付すること。
　〔記載例〕
　　①……の謄本
　　②……の写
　　③……

2　関係資料について
　　これは、弁明書の中で利用したもの以外の資料で請求人に対しては送付する必要はないが、審査庁の審査の参考になると思われるものである。「審査庁用」と表示し、1通提出すること。

(様式13)

○○第○○号
平成○○年○○月○○日

審査請求人
　○○○○　様

　　　　　　　　　　　　　　　　　　審理員
　　　　　　　　　　　　　　　　　　○　○　○　○

弁明書の送付について

　あなたが、平成○○年○○月○○日に提起した、○○○○処分に係る審査請求（○○第○○号）に対し、処分庁である○○○事務所長から弁明書が提出されたので、その副本を送付します。
　この弁明書に対しては、反論書を提出することができます。反論書は審理員宛てに、本書到達の日から、4週間以内に提出するようにしてください。
　なお、反論書を提出するときは、正本のほかに写し1通を添えてください。

(様式14)

反　論　書

平成○○年○○月○○日

審理員
○　○　○　殿

〒　　　住所
審査請求人　○　○　○　○
上記代理人　○○○　　○　○　○　○　印

　平成○○年○○月○○日付○○第○号により送付のあった処分庁の弁明に対し、次のとおり反論します。

1　○○について

2　○○について

3　○○について

以上

（注）反論書は、正本及び処分庁用の副本を各1通提出する（法施行令7条・3項）。

(様式15)

○○第○○号
平成○○年○○月○○日

処分庁
○○○事務所長　殿

審理員
○　○　○　○

反論書の送付について

　審査請求人○○○○が、平成○○年○○月○○日に提起した、○○○○○○○○処分についての審査請求（○○第○○号）に関し、同人から、反論書が提出されたので、その副本を送付します。
　なお、貴庁において、上記反論書に対し弁明を行う場合には、本書到達の日から4週間以内に、再弁明書（正本及び副本各1通）を提出してください。

(様式16)

〇〇第〇〇号
平成〇〇年〇〇月〇〇日

審査請求人
　〇　〇　〇　〇　様

　　　　　　　　　　　　　　　　　　審理員
　　　　　　　　　　　　　　　　　　　〇　〇　〇　〇

　　　　　　　　　再弁明書の送付について

　あなたが、平成〇〇年〇〇月〇〇日に提起した、〇〇〇〇処分係る審査請求（〇〇第〇〇号）に対し、処分庁である〇〇〇事務所長から再弁明書が提出されたので、その副本を送付します。
　この再弁明書に対しては、再反論書を提出することができます。再反論書は、知事宛てに、本書到達の日から起算して4週間以内に提出するようにしてください。
　なお、再反論書を提出するときは、正本のほかに写し1通を添えてください。

(様式17)

委　任　状

私は、下記1の者を代理人と定めて、下記2の権限を委任します。

記

（住所及び氏名）
1

（委任する権限）
2

平成　　年　　月　　日

　　　　　　　　　　　審査請求人
　　　　　　　　　　　住所
　　　　　　　　　　　　　　○　○　○　○

　　　　　　　　　　　氏名
　　　　　　　　　　　　　　○　○　○　○
　　　　　　　　　　　　　　　　　　　　　印

(様式18)

総 代 互 選 書

審理員
〇 〇 〇 〇 殿

東京都〇〇区〇〇町〇丁目〇番〇号
〇 〇 〇 〇 ㊞
東京都〇〇区〇〇町〇丁目〇番〇号
〇 〇 〇 〇 ㊞
東京都〇〇区〇〇町〇丁目〇番〇号
〇 〇 〇 〇 ㊞

　私たちは、下記の事項を行わせるため、上記の３人を総代に選任しましたので行政不服審査法第11条第１項及び同法施行令第３条第１項の規定によりお届けします。

記

平成〇〇年〇〇月〇〇日

　　　　　　　　審査請求人の住所及び氏名（全員連記のこと）

　　　　　　　　審査請求人　〇　〇　〇　〇
　　　　　　　　　　同　　　〇　〇　〇　〇
　　　　　　　　　　同　　　〇　〇　〇　〇
　　　　　　　　　　　　　　　　　　以上〇名

（注）総代は、3人以下であること。

(様式19)

総 代 解 任 届

平成○○年○○月○○日

審理員
○　○　○　○　殿

審査請求人の住所及び氏名（全員連記のこと。）

審査請求人　○　○　○　○　　㊞

同　　　　○　○　○　○　　㊞

同　　　　○　○　○　○　　㊞

以上○名

　私たちは、さきに総代に選任して下記1の事項を行なわせた下記2の者を、都合により平成○○年○○月○○日付けで解任しましたので、行政不服審査法第11条第6項及び同法施行令第3条第2項の規定により届け出ます。

記

1　総代に行わせた権限

2　解任する総代の住所及び氏名

(様式20)

○○第○○号
平成○○年○○月○○日

審査請求人 ○ ○ ○ ○
上記代理人
弁護士 ○ ○ ○ ○ 様

審理員 ○ ○ ○ ○

参加人の決定について（通知）

下記の者を○○通知に係る審査請求（○○第○○号）の参加人となることを許可したので、行政不服審査法第13条第1項の規定によりお知らせします。

記

住所　○○市○○町○丁目○番○号

氏名　○ ○ ○ ○

(様式21)

○○第○○号
平成○○年○○月○○日

(参加人)
○○市町○丁目○番○○号
○　　○　　○　　○　様

審理員　○　○　○　○

利害関係人の参加の許可について（通知）

　平成○○年○○月○○日に申立てのあった○○通知についての審査請求（○○第○○号）に係る利害関係人としての参加について、行政不服審査法第13条第1項により許可したので通知します。

(様式22)

審査請求人の地位承継許可申請書

平成〇〇年〇〇月〇〇日

審査庁
〇〇県知事　〇〇〇〇　殿

　　　　　　　　　　　　　住所及び氏名
　　　　　　　　　　　　　　〇　〇　〇　〇　㊞

　下記のとおり、処分に係る権利を譲り受けたので、行政不服審査法第15条第6項の規定により、審査請求人の地位の承継の許可をしていただくよう申請します。

記

1　審査請求の件名
　　〇　〇　〇　〇　（〇〇第〇〇号）

2　審査請求年月日
　　平成〇〇年〇〇月〇〇日

3　譲渡人（審査請求人）の住所及び氏名

4　地位承継の理由

5　処分に係る権利及びこれを譲り受けた年月日
　　平成〇〇年〇〇月〇〇日

6　添付書類

(様式23)

○○第○○号
平成○○年○○月○○日

(権利を譲り受けた者)
○○市○○町○丁目○番○号
○　○　○　○　様

　　　　　　　　　　　　　審査庁
　　　　　　　　　　　　　○○県知事　○　○　○　○

　　　　　審査請求人の地位の承継の許可について（通知）

平成○○年○○月○○日付けで申請のあった審査請求人の地位の承継について、行政不服審査法第15条第6項の規定によりこれを許可したので通知します。

(様式24)

審査請求人地位承継届出書

平成○○年○○月○○日

審査庁
　○○県知事　○　○　○　○　殿

　　　　　　　　　　　　承継人
　　　　　　　　　　　　住所
　　　　　　　　　　　　氏名　　　　　　（　歳）印

　下記のとおり、審査請求人の地位を承継したので、行政不服審査法第15条第3項の規定により届け出ます。

記

1　審査請求の件名
　　○　○　○　○　（○○第○○号）

2　審査請求年月日
　　平成○○年○○月○○日

3　審査請求人の住所及び氏名
　　住所
　　氏名

4　地位承継の理由
　　審査請求人が平成○○年○○月○○日に死亡したため

5　添付書類　（戸籍謄本）

(様式25)

審査請求の教示一覧表

		教 示 内 容	審査請求の提起	審査請求の適否
誤った教示	審査請求をすべき行政庁	(1) 審査請求をすることができる処分について審査庁でない行政庁を審査庁と教示した場合 (2) 再調査の請求をすることができないのに再調査の請求をすることができると教示した場合	教示どおり提起	適法 (法22条)
	期間	法定の期間より長い期間を審査請求期間として教示した場合	教示どおり提起	適法 (82条1項 83条5項)
	処分	審査請求をすることができない処分であるのにできると教示した場合	教示どおり提起	不適法
		審査請求をすることができる処分であるのにできないと教示した場合	教示と異なる提起	適 法
正しい教示		(1) 審査請求をすることができる処分 (2) 審査請求をすべき行政庁 (3) 審査請求をすることができる期間	教示どおり提起	適 法
			教示と異なる提起	不適法

(様式26)

〇〇第〇〇号
平成〇〇年〇〇月〇〇日

審査請求人
〇　〇　〇　〇　様

審理員
〇　〇　〇　〇

口頭意見陳述期日の指定について（通知）

　平成〇〇年〇〇月〇〇日付けで申立てのあった〇〇処分に係る審査請求（〇〇第〇〇号）に係る口頭意見陳述について、下記のとおり実施することとしたのでお知らせします。

記

1　期　　日　　平成〇〇年〇〇月〇〇日
　　　　　　　　午後〇時から午後〇時まで

2　場　　所　　〇〇区〇〇町2-8-1
　　　　　　　　県庁本庁舎〇階〇〇会議室

3　意見を聴取する者
　　審査請求人　〇　〇　〇　〇

4　当日持参するもの
　　(1) 本通知書
　　(2) 当庁に提出したい証拠書類等

5　その他
　　(1) 口頭意見陳述は非公開ですので、傍聴することができません。
　　(2) 本件について、不明な点がありましたら、
　　　　〇〇〇〇（TEL〇-〇〇-〇〇）までお問い合わせください。

(様式27)

○○第○○号
平成○○年○○月○○日

審査請求人 ○ ○ ○ ○
上記代理人
弁護士 ○ ○ ○ ○ 様

　　　　　　　　　　　　　　　　　　審理員
　　　　　　　　　　　　　　　　　　　○ ○ ○ ○

参加人の意見陳述の申立てについて（通知）

　平成○○年○○月○○日に申立てのあった○○通知についての審査請求に係る参加人の意見陳述について、下記のとおり実施することとしたのでお知らせします。

記

1　参加人
　　○○区○○町○丁目○番○○号　○○○○

2　意見陳述事項
　　平成○○年○○月○○日に実施された○○○○について

3　期　日　　平成○○年○○月○○日（○曜日）
　　　　　　　午後○時から午後○時まで
4　場　所　　○○区○○町 2-8-1
　　　　　　　○○庁舎○階○○会議室

5　意見を聴取する者
　　参加人　○　○　○　○

6　当日持参するもの
　　(1)　本通知書
　　(2)　参加人が当庁に提出したい証拠書類等

7　その他
　　上記参加人に対して上記内容についての連絡をお願いします。

(様式28)

取　下　書

平成○○年○○月○○日

○○県知事
○　○　○　○　殿

　　　　　　　　　　審査請求人（又は再調査の請求人）
　　　　　　　　　　住　　　所
　　　　　　　　　　氏　　　名　　　　　　　　　印

○　○　○　○　が平成○○年○○月○○日に提起した下記の審査請求（又は再調査の請求）を取下げます。

記

（事件名）

（事件番号）

（注）冒頭の下線部分に「審査請求人」又は「再調査の請求人」と記入する。

(様式29)

文書閲覧請求書

平成○○年○○月○○日

審理員
○ ○ ○ ○ 殿

審査請求人の住所及び氏名
○○市○○町○丁目○番○号
○ ○ ○ ○ ㊞

　処分庁から提出された下記1の文書を下記2により閲覧したいので、行政不服審査法第38条第1項の規定により請求します。

記

1　閲覧を希望する文書

2　閲覧を希望する日時及び場所

(1)　日　時

(2)　閲覧の希望場所

(様式30)

〇〇第〇〇号
平成〇〇年〇〇月〇〇日

審査請求人　〇　〇　〇　〇　様

審理員
〇　〇　〇　〇

文書閲覧請求に対する決定について（通知）

あなたから平成〇〇年〇〇月〇〇日付けで請求のあった文書閲覧（又は謄写）請求について、下記のとおり承認することとしたので通知します。

記

1　閲覧の日時
　　平成〇〇年〇〇月〇〇日（〇曜日）
　　午後〇時から午後〇時まで

2　閲覧の場所
　　〇〇庁舎〇階（〇側）〇〇会議室
　　（文書交付の場所
　　　〇〇庁舎〇階〇〇課窓口）

3　手数料
　　文書交付には、政令で定める手数料（収入印紙）が必要です。

（注）・閲覧のときは、この通知書を持参してください。
　　　・手数料は、窓口にお問い合わせください。

(様式31)

〇〇第〇〇号
平成〇〇年〇〇月〇〇日

審査請求人　〇　〇　〇　〇　様

　　　　　　　　　　　　　　　　　　審理員
　　　　　　　　　　　　　　　　　　〇　〇　〇　〇

文書閲覧請求に対する決定について（通知）

　あなたから平成〇〇年〇〇月〇〇日付けで請求のあった文書閲覧請求について、下記のとおり承認しないこととしたので通知します。

記

　審査請求人が平成〇〇年〇〇月〇〇日に閲覧請求した文書は、本件処分の適否を判断するために必要がないものと認めます。

(様式32)

○○第○○号
平成○○年○○月○○日

審査請求人　○　○　○　○
上記代理人
弁護士　　　○　○　○　○　様

　　　　　　　　　　　　　　　　　　　審理員
　　　　　　　　　　　　　　　　　　　○　○　○　○

　　　　　　文書提出要求申立てに対する決定について（通知）

　あなたから平成○○年○○月○○日付けで申立てのあった文書提出要求を承認することとしたので通知します。
　なお、処分庁に対して、この申立てに係る文書の提出を求めたので申し添えます。

(様式33)

〇〇第〇〇号
平成〇〇年〇〇月〇〇日

処分庁
〇〇市
上記代表者　〇　〇　市長　殿

審理員
〇　〇　〇　〇

文書提出の依頼について

　審査請求人〇〇〇〇から、当審理員に対し、行政不服審査法第33条の規定により文書提出要求申立書が提出されました。
　この申立てに係る文書は、本件審査請求（〇〇第〇〇号）の審理のため必要がありますので、本書到達の日から2週間以内に下記文書を提出してください。

記

文書の表示
　　　1　〇〇〇処分時に供覧した〇〇〇図面
　　　2　〇〇処分時に供覧した〇〇測量図

(様式34)

〇〇第〇〇号
平成〇〇年〇〇月〇〇日

審査請求人
〇　〇　〇　〇　様

　　　　　　　　　　　審査庁
　　　　　　　　　　　〇〇県知事　〇　〇　〇　〇

証拠書類の返還について

　あなたが平成〇〇年〇〇月〇〇日に提起した〇〇通知に係る審査請求（〇〇第〇〇号）に関して提出した下記の証拠書類を、行政不服審査法第53条の規定に基づき返還します。

記

1　〇〇通知書
　（〇〇〇〇第〇〇号）

(様式35)

○○第○○号
平成○○年○○月○○日

審査請求人　○　○　○　○　様

審理員
○　○　○　○

検証の日時及び場所について（通知）

　あなたから平成○○年○○月○○日付けで申立てのあった同年○○月○○日付けの○○処分に係る審査請求（○○第○○号）に係る検証を、下記のとおり行うこととしましたので、通知します。
　この検証に立会いの際、指示ないし説明をする事項がありましたら、これを記載した書面及び図面並びに写真を平成○○年○○月○○日までに、当審理員まで提出してください。

記

1　日　時　　平成○○年○月○日（月）　午後1時～3時

2　場　所　　○○県○○市○○町1－2－3

3　検証をする職員の職・氏名
　　　　　　○○県○○局○○部
　　　　　　　　　　○○課長　○　○　○　○
　　　　　　　　　　同　係長　○　○　○　○
　　　　　　　　　　同　主事　○　○　○　○

(様式36)

〇〇第〇〇号
平成〇〇年〇〇月〇〇日

審査請求人 〇 〇 〇 〇 様
(参加人 〇 〇 〇 〇 様)

審理員
〇 〇 〇 〇

質問の実施について（通知）

　あなたが平成〇〇年〇〇月〇〇日付けで提起した同年〇〇月〇〇日付けの〇〇処分に係る審査請求（〇〇第〇〇号）について、あなたからの申立てによって、下記のとおり質問することとしましたので、出席してください。

記

1　日　時　　平成〇〇年〇〇月〇〇日（月）　午後1時〜3時

2　場　所　　〇〇県〇〇市〇〇町1−2−3
　　　　　　　〇〇県庁舎5階　第1会議室

3　質問をする職員の職・氏名
　　　　　　〇〇県〇〇局〇〇部
　　　　　　　〇〇課長　〇　〇　〇　〇
　　　　　　　同　係長　〇　〇　〇　〇
　　　　　　　同　主事　〇　〇　〇　〇

4　質問事項
　　あなたからの申立事項及び関連事項のうち、主として次の事項
　　(1)・・・・・・・・・・・・・・・・・・・・・・・・
　　(2)・・・・・・・・・・・・・・・・・・・・・・・・

(様式37)

○○第○○号
平成○○年○○月○○日

審査請求人
○　○　○　○　様

　　　　　　　　　　　　　　　　　　審理員
　　　　　　　　　　　　　　　　　　○　○　○　○

　　　　　　　審査請求手続の併合について（通知）

　審査請求人○○○○が平成○○年○○月○○日付けで提起した○○処分に係る審査請求（○○第○○号）について、行政不服審査法第39条の規定により、下記の審査請求と併合して審理することとしたので通知します。

記

　審査請求人○○○○が平成○○年○○月○○日付けで提起した○○処分に係る審査請求（○○第○○号）

(様式38)

○○第○○号
平成○○年○○月○○日

審査請求人
○　○　○　○　様

審理員
○　○　○　○

審査請求手続の分離について（通知）

　審査請求人○○○○が平成○○年○○月○○日付けで提起した下記の各審査請求について、行政不服審査法第39条の規定により、分離して審理することとしたので通知します。

記

1　審査請求人○○○○が平成○○年○○月○○日付けで提起した○○処分に係る審査請求（○○第○○号）

2　審査請求人○○○○が平成○○年○○月○○日付けで提起した○○処分に係る審査請求（○○第○○号）

裁決主文例

1 棄　却（通常の場合）

　　審査請求人が、平成○○年○○月○○日に提起した○○処分に係る審査請求について、次のとおり裁決する。（以下2～5は、この頭書部分省略）

主　文
本件審査請求を棄却する。

2 一部却下、一部棄却の場合

主　文
　　本件審査請求のうち、○○に係る部分の請求を却下し、その余の部分に係る請求を棄却する。

3 却　下

主　文
本件審査請求を却下する。

4 認　容（処分取消し）

主　文
　　処分庁が、審査請求人に対し、平成○○年○○月○○日にした○○処分を取消す。

5 一部認容、一部棄却の場合

主　文
　　処分庁が、審査請求人に対し、平成○○年○○月○○日にした○○処分のうち、○○に係る部分を取消し、本件審査請求のうち、上記取消部分に係る請求を除くその余の部分の請求を棄却する。

6　棄　却（併合事件の場合）

　審査請求人が、平成○○年○○月○○日に提起した○○処分に係る審査請求（○○第○号）及び平成○○年○○月○○日に提起した○○処分に係る審査請求（○○第○号）を併合して審理し、次のとおり裁決する。

　　　　　　　　　　　主　　文
　　　本件各審査請求をいずれも棄却する。

7　棄　却（口頭意見陳述を経た場合）

　審査請求人が、平成○○年○○月○○日に提起した○○処分に係る審査請求について、口頭意見陳述の機会を与えたうえ、次のとおり裁決する。

　　　　　　　　　　　主　　文
　　　本件審査請求を棄却する。

8　執行停止決定

　申立人が、平成○○年○○月○○日に提起した○○処分の効力の停止を求める申立てについて、次のとおり決定する。

　　　　　　　　　　　主　　文
　　　本件申立てを却下する。

（注）1～8は、再調査の請求の場合も同様である。

9　事情裁決（棄却・違法宣言）

　審査請求人が、平成○○年○○月○○日に提起した○○処分に係る審査請求について、次のとおり裁決する。

　　　　　　　　　　　主　　文
　　　本件審査請求を棄却する。
　　　処分庁が、審査請求人に対して平成○○年○○月○○日にした○○処分は違法である。

(裁決例1)

○○第○○号

裁　決

○○市○○町○丁目○○番○号
審査請求人　○　○　○　○
処　分　庁　○　○　市長

　審査請求人が平成○○年○○月○○日に提起した児童手当認定請求却下通知に係る審査請求について、次のとおり裁決する。

主　文

本件審査請求を却下する。

理　由

1　本件審査請求の趣旨は、処分庁が平成○○年○○月○○日付けで審査請求人（以下「請求人」という。）に対してした児童手当認定請求却下通知（以下「本件処分」という。）について、その取消しを求めるというものである。
2　調査したところ、次の事実が認められる。
　(1)　請求人は、平成○○年○○月○○日、処分庁に児童手当（特例給付）の認定請求をしたこと。
　(2)　請求人は、平成○○年○○月○○日、処分庁に同年○○月○○日付けで勤務先を解雇され、厚生年金の資格がなくなった旨の申出をし、児童手当受給事由消滅届を提出したこと。
　(3)　処分庁は、平成○○年○○月○○日、請求人に対し、同日付けの児童手当認定請求却下通知書（以下「本件通知書」という。）を通常の取扱いによる郵便で送付し、本件処分をしたこと。
　(4)　請求人は、平成○○年○○月○○日、処分庁に児童手当（本則）の認定請求書を提出したこと。
3　そこで、本件審査請求の適法性について判断する。
　(1)　行政不服審査法第18条第1項は、「審査請求は、処分があったことを知った日の翌日から起算して3か月を経過したときは、することができない。ただし、正当な理由があるときは、この限り

でない。」と規定しており、この「処分があったことを知った日」とは、処分が文書でなされた場合においては特段の事情がない限り、その文書が相手方に到達した日をいうものとされ、また、処分書の配達を受けた日に処分があったことを知ったものと認められる（最高裁判所昭和27年4月25日判決参照）。

(2) そこで、これを本件についてみると、前記認定事実2(3)記載のとおり、本件通知書は、平成○○年○○月○○日に請求人に対し、通常の取扱いによる郵便によって発送されており、かつ、その後において、本件通知書が返戻された等の特段の事情も認められないので、本件通知書は、遅くとも、その発送の日から2、3日以内には、請求人に送達されたものと推定され（名古屋地方裁判所昭和29年10月14日判決参照）、したがって、同人は、平成○○年○○月○○日までには、本件処分があったことを知ったものと認められる。

　また、請求人は、前記認定事実2(4)記載のとおり、平成○○年○○月○○日に処分庁に対し、児童手当（本則）の認定請求書を提出していることから、遅くとも、同日以前に本件処分があったことを知っていたものと認められる。

　そして、請求人が本件審査請求を提起したのは平成○○年○○月○○日であるから、本件審査請求が上記(1)の法定の審査請求期間経過後に提起されたことは明らかであり、また、請求人が同期間内に本件審査請求を提起しなかったことについて、正当な理由があるものとは認められない。

　したがって、本件審査請求は、行政不服審査法第18条第1項に規定する審査請求期間を経過した後になされたものであるから、不適法なものとして却下を免れない。

4　以上のとおり、本件審査請求は不適法であるから、行政不服審査法第45条第1項の規定により、主文のとおり裁決する。

平成○○年○○月○○日

　　　　　　　審査庁　○○県知事　○　○　○　○

（裁決例2）

○○総法不審第○○号

裁　　決

東京都○○区○丁目○番○号
　　　　　○○マンション○○号
審査請求人　○　○　○　○
処分庁　東京都○○都税事務所長

　審査請求人が平成○○年○○月○○日に提起した差押処分に係る審査請求について、次のとおり裁決する。

主　　文

本件審査請求を棄却する。

理　　由

第1　審査請求の趣旨及び理由
　1　審査請求の趣旨
　　　本件審査請求の趣旨は、処分庁が審査請求人（以下「請求人」という。）に対し別紙滞納金額内訳書（省略＝筆者注）記載の各徴収金（以下「本件各徴収金」という。）を徴収するため平成○○年○○月○○日付けでした別紙差押財産目録（省略＝筆者注）記載の財産（以下「本件差押財産」という。）の差押処分（差押調書○○○税徴差第○○○号。以下「本件処分」という。）について、その取消しを求めるというものである。
　2　審査請求の理由
　　　本件審査請求の理由は、要するに次のとおりであり、請求人は、この点から、本件処分は違法又は不当であると主張しているものと解される。
　　　別紙物件目録（省略＝筆者注）記載の土地及び各建物（以下「本件各不動産」という。）は、競売により落札されたため、請求人はそれらを所有していないにもかかわらず、処分庁は、それらに係る平成○○年度分の固定資産税及び都市計画税の各賦課処分（以下「本件各賦課処分」という。）をしているから、本件各賦課処分を前提としてなされた本件処分も、また、違法又は不当なものである。
第2　当庁の認定事実及び判断
　1　認定事実
　　　調査したところ、次の事実が認められる。
　(1)～(4)　省略
　2　判　断
　(1)ア　地方税法（以下「法」という。）によれば、固定資産税及び都市計画税に係る地方団体の徴収金について、その滞納者が督促を受け、その督促状を発した日から起算して10日を経過した日までにその督促

に係る徴収金を完納しないときは、滞納者の財産を差し押えなければならないとされている（法第373条第1項及び第702条の8第5項）。
　　イ　固定資産税及び都市計画税は、当該年度の初日の属する年の1月1日を賦課期日としており、当該賦課期日現在、土地又は家屋について、土地登記簿又は建物登記簿等に所有者（区分所有に係る家屋については、当該家屋に係る建物の区分所有等に関する法律第2条第2項の区分所有者とする。以下同じ。）として登記又は登録されている者に対し課するものとされている（法第343条第1項、同条第2項、第359条及び第702条の6）。
(2) これを本件についてみると、前記認定事実（3）及び（4）記載のとおり、請求人は、処分庁が本件各督促処分をしたにもかかわらず、督促状を発した日から起算して10日を経過した日までに、本件各徴収金を完納しなかったことから、処分庁は、本件各徴収金を徴収するために、本件処分をしたことが認められる。
　　したがって、本件処分は、法の定めるところに従って適正になされており、何ら違法又は不当な点はない。
(3) ところで、請求人は、要するに、本件各不動産を所有していないにもかかわらず、処分庁は、本件各賦課処分をしているから、同各賦課処分を前提としてなされた本件処分も、違法又は不当なものである旨主張する。
　　しかしながら、前記（1）イで述べたとおり、固定資産税及び都市計画税は、当該年度の初日の属する年の1月1日を賦課期日（以下「基準日」という。）としており、当該基準日現在、土地又は家屋について、土地登記簿又は建物登記簿等に所有者として登記又は登録されている者に対し課するものとされているところ、前記認定事実1（1）記載のとおり、本件各不動産について、競売により請求人から請求外○○○○にその所有権移転登記がなされたのは平成○○年○○月○○日であり、本件各賦課処分の基準日である平成○○年1月1日（以下「本件基準日」という。）現在、本件各不動産の所有者として登記されていたのは請求人であるから、本件基準日現在、請求人が本件各不動産を所有しているとしてなした、本件各賦課処分に違法又は不当な点はない。
　　したがって、本件各賦課処分を前提としてなされた本件処分にも違法又は不当な点はないから、この点に関する請求人の主張は、理由がない。
3　以上のとおり、本件審査請求は理由がないから、行政不服審査法第45条第2項の規定により、主文のとおり裁決する。

　平成○○年○○月○○日
　　　　審査庁　東京都知事　○　○　○　○

(裁決例3)

総法不審第○○号

裁　　　決

東京都○○区○○三丁目○○番○○号
審査請求人　　　　株式会社○○○
上記代表者代表取締役　○　○　○　○
東京都○○区○○三丁目○○番○○号
上記代理人　　　　　○　○　○　○

処　分　庁　　　○　○　○　○　所長

　審査請求人が、平成○○年○○月○○日に提起した○○不支給決定通知に係る審査請求について、次のとおり裁決する。

主　　文

　処分庁が、平成○○年○○月○○日付けで審査請求人に対してした○○不支給決定通知を取り消す。

理　　由

第1　審査請求の趣旨及び理由
　1　審査請求の趣旨
　2　審査請求の理由
　(1)
　(2)
　(3)
　(4)
　(5)

第2 当庁の認定事実及び判断
 1 認定事実
 (1)
 (2)
 (3)
 (4)
 (5)
 2 判断
 (1)
 (2)
 (3) そして、支給要領○○○の規定については、上記のとおり解するのが相当であり、かつ、前記認定事実1(4)記載のとおり、請求人が、支給要領○○○以外については、支給対象事業主の要件を充足していると認められるから、その余の点について判断するまでもなく、本件処分は、支給要領の解釈及び適用を誤った違法があるものとして、取消しを免れない。
 3 以上のとおり、本件審査請求は理由があるから、行政不服審査法第46条第1項の規定により、主文のとおり裁決する。

    平成○○年○○月○○日

            審査庁　東京都知事　○　○　○　○

(裁決例4)

○○第○○号

裁　　決

○○市○○町三丁目○番地の○
審査請求人　○　○　○　○
処　分　庁　○○児童相談所長

　審査請求人が平成○○年○○月○○日に提起した一時保護通知に係る審査請求について、次のとおり裁決する。

主　文

本件審査請求を却下する。

理　由

1　本件審査請求の趣旨は、処分庁が平成○○年○○月○○日付けで審査請求人○○○○に対してした請求外○○○○（以下「請求外○○」という。）を一時保護する旨の通知（以下「本件処分」という。）について、その取消しを求めるというものである。
2　ところで、当庁の調査によれば、処分庁は、平成○○年○○月○○日付け○○家庭裁判所の審判（平成○○年（家）第○○○号）による承認を得て、平成○○年○○月○○日付けで、請求外○○の児童福祉施設への入所措置を採り、本件処分の効力は消失していることが認められる。
　そうすると、本件審査請求は、審査請求の対象となる処分を欠くことになるので、もはやこれを維持する法律上の利益はなく、不適法なものであり、却下を免れない。
3　よって、本件審査請求は不適法であるから、行政不服審査法第45条第1項の規定により、主文のとおり裁決する。

平成○○年○○月○○日

審査庁　○○県知事　○　○　○　○

(決定例)

○○第○○号

決　　定

　　　　　　　　　　　　　○○市○○町○○番地
　　　　　　　　　　　　　申立人　　○　　○　　○
　　　　　　　　　　　　　処分庁　○○県税務事務所長

　申立人が平成○○年○○月○○日に提起した不動産取得税賦課処分に係る執行停止の申立てについて、次のとおり決定する。

主　　文

本件執行停止の申立てを却下する。

理　　由

1　本件執行停止の申立て（以下「本件申立て」という。）の趣旨は、処分庁が平成○○年○○月○○日付けで申立人に対してした不動産取得税賦課処分（以下「本件処分」という。）について、その執行の停止を求めるというものである。
2　ところで、行政不服審査法第25条に定める執行停止の制度は、審査請求が処分の効力、処分の執行又は手続の続行を妨げない（同条1項）とする一方で、国民の権利救済の実効性を保つため、本案たる審査請求について裁決がなされるまでの措置であるから、その申立ては、適法な審査請求が提起され継続していることが前提となる。
　　これを本件についてみると、本件処分は、平成○○年○○月○○日付けで取消されたことにより、その効力は、遡及的に消失したというべきであるから、本件処分の執行の停止を求める本件申立ては、もはやこれを維持する法律上の利益はなく、不適法なものであり、却下を免れない。
3　以上のとおり、本件申立ては不適法であるから、行政不服審査法第25条第7項の規定により、主文のとおり決定する。

　平成○○年○○月○○日

　　　　　　　　審査庁　○○県知事　○　　○　　○

関係法令

行政不服審査法
(平成26年6月13日法律第68号)

目次〔略〕

第1章　総則

(目的等)
第1条　この法律は、行政庁の違法又は不当な処分その他公権力の行使に当たる行為に関し、国民が簡易迅速かつ公正な手続の下で広く行政庁に対する不服申立てをすることができるための制度を定めることにより、国民の権利利益の救済を図るとともに、行政の適正な運営を確保することを目的とする。

2　行政庁の処分その他公権力の行使に当たる行為(以下単に「処分」という。)に関する不服申立てについては、他の法律に特別の定めがある場合を除くほか、この法律の定めるところによる。

(処分についての審査請求)
第2条　行政庁の処分に不服がある者は、第4条及び第5条第2項の定めるところにより、審査請求をすることができる。

(不作為についての審査請求)
第3条　法令に基づき行政庁に対して処分についての申請をした者は、当該申請から相当の期間が経過したにもかかわらず、行政庁の不作為(法令に基づく申請に対して何らの処分をもしないことをいう。以下同じ。)がある場合には、次条の定めるところにより、当該不作為についての審査請求をすることができる。

(審査請求をすべき行政庁)
第4条　審査請求は、法律(条例に基づく処分については、条例)に特別の定めがある場合を除くほか、次の各号に掲げる場合の区分に応じ、当該各号に定める行政庁に対してするものとする。

一　処分庁等(処分をした行政庁(以下「処分庁」という。)又は不作為に係る行政庁(以下「不作為庁」という。)をいう。以下同じ。)に上級行政庁がない場合又は処分庁等が主任の大臣若しくは宮内庁長官若しくは内閣府設置法(平成11年法律第89号)第49条第1項若しくは第2項若しくは国家行政組織法(昭和23年法律第120号)第3条第2項に規定する庁の長である場合　当該処分庁等

二　宮内庁長官又は内閣府設置法第49条第1項若しくは第2項若しくは国家行政組織法第3条第2項に規定する庁の長が処分庁等の上級行政庁である場合　宮内庁長官又は当該庁の長

三　主任の大臣が処分庁等の上級行政庁である場合(前2号に掲げる場合を除く。)　当該主任の大臣

四　前3号に掲げる場合以外の場合　当該処分庁等の最上級行政庁

(再調査の請求)
第5条　行政庁の処分につき処分庁以外の行政庁に対して審査請求をすることができる場合において、法律に再調査の請求をすることができる旨の定めがあるときは、当該処分に不服がある者は、処分庁に対して再調査の請求をすることができる。ただし、当該処分について第2条の規定により審査請求をしたときは、この限りでない。

2　前項本文の規定により再調査の請求をしたときは、当該再調査の請求についての決定を経た後でなければ、審査請求をすることができない。ただし、次の各号のいずれかに該当する場合は、この限りでない。

一　当該処分につき再調査の請求をした日(第61条において読み替えて準用する第23条の規定により不備を補正すべきことを命じられた場合にあっては、当該不備を補正した日)の翌日から起算して3月を経過しても、処分庁が当該再調査の請求につき決定をしない場合

二　その他再調査の請求についての決定を経ないことにつき正当な理由がある場合

(再審査請求)
第6条　行政庁の処分につき法律に再審査請求をすることができる旨の定めがある場合には、当該処分についての審査請求の裁決に不服がある者は、再審査請求をすることができる。

2　再審査請求は、原裁決(再審査請求をすることができる処分についての審査請求の裁決をいう。以下同じ。)又は当該処分(以下「原裁決等」という。)を対象として、前項の法律に定める行政庁に対してするものとする。

(適用除外)
第7条　次に掲げる処分及びその不作為について

は、第2条及び第3条の規定は、適用しない。
一　国会の両院若しくは一院又は議会の議決によってされる処分
二　裁判所若しくは裁判官の裁判により、又は裁判の執行としてされる処分
三　国会の両院若しくは一院若しくは議会の議決を経て、又はこれらの同意若しくは承認を得た上でされるべきものとされている処分
四　検査官会議で決すべきものとされている処分
五　当事者間の法律関係を確認し、又は形成する処分で、法令の規定により当該処分に関する訴えにおいてその法律関係の当事者の一方を被告とすべきものと定められているもの
六　刑事事件に関する法令に基づいて検察官、検察事務官又は司法警察職員がする処分
七　国税又は地方税の犯則事件に関する法令（他の法令において準用する場合を含む。）に基づいて国税庁長官、国税局長、税務署長、収税官吏、税関長、税関職員又は徴税吏員（他の法令の規定に基づいてこれらの職員の職務を行う者を含む。）がする処分及び金融商品取引の犯則事件に関する法令（他の法令において準用する場合を含む。）に基づいて証券取引等監視委員会、その職員（当該法令においてその職員とみなされる者を含む。）、財務局長又は財務支局長がする処分
八　学校、講習所、訓練所又は研修所において、教育、講習、訓練又は研修の目的を達成するために、学生、生徒、児童若しくは幼児若しくはこれらの保護者、講習生、訓練生又は研修生に対してされる処分
九　刑務所、少年刑務所、拘置所、留置施設、海上保安留置施設、少年院、少年鑑別所又は婦人補導院において、収容の目的を達成するためにされる処分
十　外国人の出入国又は帰化に関する処分
十一　専ら人の学識技能に関する試験又は検定の結果についての処分
十二　この法律に基づく処分（第5章第1節第1款の規定に基づく処分を除く。）
2　国の機関又は地方公共団体その他の公共団体若しくはその機関に対する処分で、これらの機関又は団体がその固有の資格において当該処分の相手方となるもの及びその不作為については、この法律の規定は、適用しない。

（特別の不服申立ての制度）
第8条　前条の規定は、同条の規定により審査請求をすることができない処分又は不作為につき、別に法令で当該処分又は不作為の性質に応じた不服申立ての制度を設けることを妨げない。

第2章　審査請求
第1節　審査庁及び審理関係人
（審理員）
第9条　第4条又は他の法律若しくは条例の規定により審査請求がされた行政庁（第14条の規定により引継ぎを受けた行政庁を含む。以下「審査庁」という。）は、審査庁に所属する職員（第17条に規定する名簿を作成した場合にあっては、当該名簿に記載されている者）のうちから第3節に規定する審理手続（この節に規定する手続を含む。）を行う者を指名するとともに、その旨を審査請求人及び処分庁等（審査庁以外の処分庁等に限る。）に通知しなければならない。ただし、次の各号のいずれかに掲げる機関が審査庁である場合若しくは条例に基づく処分について条例に特別の定めがある場合又は第24条の規定により当該審査請求を却下する場合は、この限りでない。
一　内閣府設置法第49条第1項若しくは第2項又は国家行政組織法第3条第2項に規定する委員会
二　内閣府設置法第37条若しくは第54条又は国家行政組織法第8条に規定する機関
三　地方自治法（昭和22年法律第67号）第138条の4第1項に規定する委員会若しくは委員又は同条第3項に規定する機関
2　審査庁が前項の規定により指名する者は、次に掲げる者以外の者でなければならない。
一　審査請求に係る処分若しくは当該処分に係る再調査の請求についての決定に関与した者又は審査請求に係る不作為に係る処分に関与し、若しくは関与することとなる者
二　審査請求人
三　審査請求人の配偶者、四親等内の親族又は同居の親族
四　審査請求人の代理人
五　前2号に掲げる者であった者
六　審査請求人の後見人、後見監督人、保佐人、保佐監督人、補助人又は補助監督人
七　第13条第1項に規定する利害関係人

3　審査庁が第1項各号に掲げる機関である場合又は同項ただし書の特別の定めがある場合においては、別表第1の上欄に掲げる規定の適用については、これらの規定中同表の中欄に掲げる字句は、それぞれ同表の下欄に掲げる字句に読み替えるものとし、第17条、第40条、第42条及び第50条第2項の規定は、適用しない。

4　前項に規定する場合において、審査庁は、必要があると認めるときは、その職員（第2項各号（第1項各号に掲げる機関の構成員にあっては、第1号を除く。）に掲げる者以外の者に限る。）に、前項において読み替えて適用する第31条第1項の規定による審査請求人若しくは第13条第4項に規定する参加人の意見の陳述を聴かせ、前項において読み替えて適用する第34条の規定による参考人の陳述を聴かせ、同項において読み替えて適用する第35条第1項の規定による検証をさせ、前項において読み替えて適用する第36条の規定による第28条に規定する審理関係人に対する質問をさせ、又は同項において読み替えて適用する第37条第1項若しくは第2項の規定による意見の聴取を行わせることができる。

（法人でない社団又は財団の審査請求）

第10条　法人でない社団又は財団で代表者又は管理人の定めがあるものは、その名で審査請求をすることができる。

（総代）

第11条　多数人が共同して審査請求をしようとするときは、3人を超えない総代を互選することができる。

2　共同審査請求人が総代を互選しない場合において、必要があると認めるときは、第9条第1項の規定により指名された者（以下「審理員」という。）は、総代の互選を命ずることができる。

3　総代は、各自、他の共同審査請求人のために、審査請求の取下げを除き、当該審査請求に関する一切の行為をすることができる。

4　総代が選任されたときは、共同審査請求人は、総代を通じてのみ、前項の行為をすることができる。

5　共同審査請求人に対する行政庁の通知その他の行為は、2人以上の総代が選任されている場合においても、1人の総代に対してすれば足りる。

6　共同審査請求人は、必要があると認める場合には、総代を解任することができる。

（代理人による審査請求）

第12条　審査請求は、代理人によってすることができる。

2　前項の代理人は、各自、審査請求人のために、当該審査請求に関する一切の行為をすることができる。ただし、審査請求の取下げは、特別の委任を受けた場合に限り、することができる。

（参加人）

第13条　利害関係人（審査請求人以外の者であって審査請求に係る処分又は不作為に係る処分の根拠となる法令に照らし当該処分につき利害関係を有するものと認められる者をいう。以下同じ。）は、審理員の許可を得て、当該審査請求に参加することができる。

2　審理員は、必要があると認める場合には、利害関係人に対し、当該審査請求に参加することを求めることができる。

3　審査請求への参加は、代理人によってすることができる。

4　前項の代理人は、各自、第1項又は第2項の規定により当該審査請求に参加する者（以下「参加人」という。）のために、当該審査請求への参加に関する一切の行為をすることができる。ただし、審査請求への参加の取下げは、特別の委任を受けた場合に限り、することができる。

（行政庁が裁決をする権限を有しなくなった場合の措置）

第14条　行政庁が審査請求がされた後法令の改廃により当該審査請求につき裁決をする権限を有しなくなったときは、当該行政庁は、第19条に規定する審査請求書又は第21条第2項に規定する審査請求録取書及び関係書類その他の物件を新たに当該審査請求につき裁決をする権限を有することとなった行政庁に引き継がなければならない。この場合において、その引継ぎを受けた行政庁は、速やかに、その旨を審査請求人及び参加人に通知しなければならない。

（審理手続の承継）

第15条　審査請求人が死亡したときは、相続人その他法令により審査請求の目的である処分に係る権利を承継した者は、審査請求人の地位を承継する。

2　審査請求人について合併又は分割（審査請求の目的である処分に係る権利を承継させるものに限る。）があったときは、合併後存続する法人

その他の社団若しくは財団若しくは合併により設立された法人その他の社団若しくは財団又は分割により当該権利を承継した法人は、審査請求人の地位を承継する。
3　前2項の場合には、審査請求人の地位を承継した相続人その他の者又は法人その他の社団若しくは財団は、書面でその旨を審査庁に届け出なければならない。この場合には、届出書には、死亡若しくは分割による権利の承継又は合併の事実を証する書面を添付しなければならない。
4　第1項又は第2項の場合において、前項の規定による届出がされるまでの間において、死亡者又は合併前の法人その他の社団若しくは財団若しくは分割をした法人に宛ててされた通知が審査請求人の地位を承継した相続人その他の者又は合併後の法人その他の社団若しくは財団若しくは分割により審査請求人の地位を承継した法人に到達したときは、当該通知は、これらの者に対する通知としての効力を有する。
5　第1項の場合において、審査請求人の地位を承継した相続人その他の者が2人以上あるときは、その1人に対する通知その他の行為は、全員に対してされたものとみなす。
6　審査請求の目的である処分に係る権利を譲り受けた者は、審査庁の許可を得て、審査請求人の地位を承継することができる。
　（標準審理期間）
第16条　第4条又は他の法律若しくは条例の規定により審査庁となるべき行政庁（以下「審査庁となるべき行政庁」という。）は、審査請求がその事務所に到達してから当該審査請求に対する裁決をするまでに通常要すべき標準的な期間を定めるよう努めるとともに、これを定めたときは、当該審査庁となるべき行政庁及び関係処分庁（当該審査請求の対象となるべき処分の権限を有する行政庁であって当該審査庁となるべき行政庁以外のものをいう。次条において同じ。）の事務所における備付けその他の適当な方法により公にしておかなければならない。
　（審理員となるべき者の名簿）
第17条　審査庁となるべき行政庁は、審理員となるべき者の名簿を作成するよう努めるとともに、これを作成したときは、当該審査庁となるべき行政庁及び関係処分庁の事務所における備付けその他の適当な方法により公にしておかなけれ

ばならない。
　　　　第2節　審査請求の手続
　（審査請求期間）
第18条　処分についての審査請求は、処分があったことを知った日の翌日から起算して3月（当該処分について再調査の請求をしたときは、当該再調査の請求についての決定があったことを知った日の翌日から起算して1月）を経過したときは、することができない。ただし、正当な理由があるときは、この限りでない。
2　処分についての審査請求は、処分（当該処分について再調査の請求をしたときは、当該再調査の請求についての決定）があった日の翌日から起算して1年を経過したときは、することができない。ただし、正当な理由があるときは、この限りでない。
3　次条に規定する審査請求書を郵便又は民間事業者による信書の送達に関する法律（平成14年法律第99号）第2条第6項に規定する一般信書便事業者若しくは同条第9項に規定する特定信書便事業者による同条第2項に規定する信書便で提出した場合における前2項に規定する期間（以下「審査請求期間」という。）の計算については、送付に要した日数は、算入しない。
　（審査請求書の提出）
第19条　審査請求は、他の法律（条例に基づく処分については、条例）に口頭ですることができる旨の定めがある場合を除き、政令で定めるところにより、審査請求書を提出してしなければならない。
2　処分についての審査請求書には、次に掲げる事項を記載しなければならない。
　一　審査請求人の氏名又は名称及び住所又は居所
　二　審査請求に係る処分の内容
　三　審査請求に係る処分（当該処分について再調査の請求についての決定を経たときは、当該決定）があったことを知った年月日
　四　審査請求の趣旨及び理由
　五　処分庁の教示の有無及びその内容
　六　審査請求の年月日
3　不作為についての審査請求書には、次に掲げる事項を記載しなければならない。
　一　審査請求人の氏名又は名称及び住所又は居所
　二　当該不作為に係る処分についての申請の内容及び年月日

三　審査請求の年月日
4　審査請求人が、法人その他の社団若しくは財団である場合、総代を互選した場合又は代理人によって審査請求をする場合には、審査請求書には、第2項各号又は前項各号に掲げる事項のほか、その代表者若しくは管理人、総代又は代理人の氏名及び住所又は居所を記載しなければならない。
5　処分についての審査請求書には、第2項及び前項に規定する事項のほか、次の各号に掲げる場合においては、当該各号に定める事項を記載しなければならない。
　一　第5条第2項第1号の規定により再調査の請求についての決定を経ないで審査請求をする場合　再調査の請求をした年月日
　二　第5条第2項第2号の規定により再調査の請求についての決定を経ないで審査請求をする場合　その決定を経ないことについての正当な理由
　三　審査請求期間の経過後において審査請求をする場合　前条第1項ただし書又は第2項ただし書に規定する正当な理由
（口頭による審査請求）
第20条　口頭で審査請求をする場合には、前条第2項から第5項までに規定する事項を陳述しなければならない。この場合において、陳述を受けた行政庁は、その陳述の内容を録取し、これを陳述人に読み聞かせて誤りのないことを確認し、陳述人に押印させなければならない。
（処分庁等を経由する審査請求）
第21条　審査請求をすべき行政庁が処分庁等と異なる場合における審査請求は、処分庁等を経由してすることができる。この場合において、審査請求人は、処分庁等に審査請求書を提出し、又は処分庁等に対し第19条第2項から第5項までに規定する事項を陳述するものとする。
2　前項の場合には、処分庁等は、直ちに、審査請求書又は審査請求録取書（前条後段の規定により陳述の内容を録取した書面をいう。第29条第1項及び第55条において同じ。）を審査庁となるべき行政庁に送付しなければならない。
3　第1項の場合における審査請求期間の計算については、処分庁に審査請求書を提出し、又は処分庁に対し当該事項を陳述した時に、処分についての審査請求があったものとみなす。

（誤った教示をした場合の救済）
第22条　審査請求をすることができる処分につき、処分庁が誤って審査請求をすべき行政庁でない行政庁を審査請求をすべき行政庁として教示した場合において、その教示された行政庁に書面で審査請求がされたときは、当該行政庁は、速やかに、審査請求書を処分庁又は審査庁となるべき行政庁に送付し、かつ、その旨を審査請求人に通知しなければならない。
2　前項の規定により処分庁に審査請求書が送付されたときは、処分庁は、速やかに、これを審査庁となるべき行政庁に送付し、かつ、その旨を審査請求人に通知しなければならない。
3　第1項の処分のうち、再調査の請求をすることができない処分につき、処分庁が誤って再調査の請求をすることができる旨を教示した場合において、当該処分庁に再調査の請求がされたときは、処分庁は、速やかに、再調査の請求書（第61条において読み替えて準用する第19条に規定する再調査の請求書をいう。以下この条において同じ。）又は再調査の請求録取書（第61条において準用する第20条後段の規定により陳述の内容を録取した書面をいう。以下この条において同じ。）を審査庁となるべき行政庁に送付し、かつ、その旨を再調査の請求人に通知しなければならない。
4　再調査の請求をすることができる処分につき、処分庁が誤って審査請求をすることができる旨を教示しなかった場合において、当該処分庁に再調査の請求がされた場合であって、再調査の請求人から申立てがあったときは、処分庁は、速やかに、再調査の請求書又は再調査の請求録取書及び関係書類その他の物件を審査庁となるべき行政庁に送付しなければならない。この場合において、その送付を受けた行政庁は、速やかに、その旨を再調査の請求人及び第61条において読み替えて準用する第13条第1項又は第2項の規定により当該再調査の請求に参加する者に通知しなければならない。
5　前各項の規定により審査請求書又は再調査の請求書若しくは再調査の請求録取書が審査庁となるべき行政庁に送付されたときは、初めから審査庁となるべき行政庁に審査請求がされたものとみなす。
（審査請求書の補正）

第23条　審査請求書が第19条の規定に違反する場合には、審査庁は、相当の期間を定め、その期間内に不備を補正すべきことを命じなければならない。

（審理手続を経ないでする却下裁決）

第24条　前条の場合において、審査請求人が同条の期間内に不備を補正しないときは、審査庁は、次節に規定する審理手続を経ないで、第45条第1項又は第49条第1項の規定に基づき、裁決で、当該審査請求を却下することができる。

2　審査請求が不適法であって補正することができないことが明らかなときも、前項と同様とする。

（執行停止）

第25条　審査請求は、処分の効力、処分の執行又は手続の続行を妨げない。

2　処分庁の上級行政庁又は処分庁である審査庁は、必要があると認める場合には、審査請求人の申立てにより又は職権で、処分の効力、処分の執行又は手続の続行の全部又は一部の停止その他の措置（以下「執行停止」という。）をとることができる。

3　処分庁の上級行政庁又は処分庁のいずれでもない審査庁は、必要があると認める場合には、審査請求人の申立てにより、処分庁の意見を聴取した上、執行停止をすることができる。ただし、処分の効力、処分の執行又は手続の続行の全部又は一部の停止以外の措置をとることはできない。

4　前2項の規定による審査請求人の申立てがあった場合において、処分、処分の執行又は手続の続行により生ずる重大な損害を避けるために緊急の必要があると認めるときは、審査庁は、執行停止をしなければならない。ただし、公共の福祉に重大な影響を及ぼすおそれがあるとき、又は本案について理由がないとみえるときは、この限りでない。

5　審査庁は、前項に規定する重大な損害を生ずるか否かを判断するに当たっては、損害の回復の困難の程度を考慮するものとし、損害の性質及び程度並びに処分の内容及び性質をも勘案するものとする。

6　第2項から第4項までの場合において、処分の効力の停止は、処分の効力の停止以外の措置によって目的を達することができるときは、することができない。

7　執行停止の申立てがあったとき、又は審理員から第40条に規定する執行停止をすべき旨の意見書が提出されたときは、審査庁は、速やかに、執行停止をするかどうかを決定しなければならない。

（執行停止の取消し）

第26条　執行停止をした後において、執行停止が公共の福祉に重大な影響を及ぼすことが明らかとなったとき、その他事情が変更したときは、審査庁は、その執行停止を取り消すことができる。

（審査請求の取下げ）

第27条　審査請求人は、裁決があるまでは、いつでも審査請求を取り下げることができる。

2　審査請求の取下げは、書面でしなければならない。

第3節　審理手続

（審理手続の計画的進行）

第28条　審査請求人、参加人及び処分庁等（以下「審理関係人」という。）並びに審理員は、簡易迅速かつ公正な審理の実現のため、審理において、相互に協力するとともに、審理手続の計画的な進行を図らなければならない。

（弁明書の提出）

第29条　審理員は、審査庁から指名されたときは、直ちに、審査請求書又は審査請求録取書の写しを処分庁等に送付しなければならない。ただし、処分庁等が審査庁である場合には、この限りでない。

2　審理員は、相当の期間を定めて、処分庁等に対し、弁明書の提出を求めるものとする。

3　処分庁等は、前項の弁明書に、次の各号の区分に応じ、当該各号に定める事項を記載しなければならない。

一　処分についての審査請求に対する弁明書
　　処分の内容及び理由

二　不作為についての審査請求に対する弁明書
　　処分をしていない理由並びに予定される処分の時期、内容及び理由

4　処分庁が次に掲げる書面を保有する場合には、前項第1号に掲げる弁明書にこれを添付するものとする。

一　行政手続法（平成5年法律第88号）第24条第1項の調書及び同条第3項の報告書

二　行政手続法第29条第1項に規定する弁明書
5　審理員は、処分庁等から弁明書の提出があったときは、これを審査請求人及び参加人に送付しなければならない。
（反論書等の提出）
第30条　審査請求人は、前条第5項の規定により送付された弁明書に記載された事項に対する反論を記載した書面（以下「反論書」という。）を提出することができる。この場合において、審理員が、反論書を提出すべき相当の期間を定めたときは、その期間内にこれを提出しなければならない。
2　参加人は、審査請求に係る事件に関する意見を記載した書面（第40条及び第42条第1項を除き、以下「意見書」という。）を提出することができる。この場合において、審理員が、意見書を提出すべき相当の期間を定めたときは、その期間内にこれを提出しなければならない。
3　審理員は、審査請求人から反論書の提出があったときはこれを参加人及び処分庁等に、参加人から意見書の提出があったときはこれを審査請求人及び処分庁等に、それぞれ送付しなければならない。
（口頭意見陳述）
第31条　審査請求人又は参加人の申立てがあった場合には、審理員は、当該申立てをした者（以下この条及び第41条第2項第2号において「申立人」という。）に口頭で審査請求に係る事件に関する意見を述べる機会を与えなければならない。ただし、当該申立人の所在その他の事情により当該意見を述べる機会を与えることが困難であると認められる場合には、この限りでない。
2　前項本文の規定による意見の陳述（以下「口頭意見陳述」という。）は、審理員が期日及び場所を指定し、全ての審理関係人を招集してさせるものとする。
3　口頭意見陳述において、申立人は、審理員の許可を得て、補佐人とともに出頭することができる。
4　口頭意見陳述において、審理員は、申立人のする陳述が事件に関係のない事項にわたる場合その他相当でない場合には、これを制限することができる。
5　口頭意見陳述に際し、申立人は、審理員の許可を得て、審査請求に係る事件に関し、処分庁等に対して、質問を発することができる。
（証拠書類等の提出）
第32条　審査請求人又は参加人は、証拠書類又は証拠物を提出することができる。
2　処分庁等は、当該処分の理由となる事実を証する書類その他の物件を提出することができる。
3　前2項の場合において、審理員が、証拠書類若しくは証拠物又は書類その他の物件を提出すべき相当の期間を定めたときは、その期間内にこれを提出しなければならない。
（物件の提出要求）
第33条　審理員は、審査請求人若しくは参加人の申立てにより又は職権で、書類その他の物件の所持人に対し、相当の期間を定めて、その物件の提出を求めることができる。この場合において、審理員は、その提出された物件を留め置くことができる。
（参考人の陳述及び鑑定の要求）
第34条　審理員は、審査請求人若しくは参加人の申立てにより又は職権で、適当と認める者に、参考人としてその知っている事実の陳述を求め、又は鑑定を求めることができる。
（検証）
第35条　審理員は、審査請求人若しくは参加人の申立てにより又は職権で、必要な場所につき、検証をすることができる。
2　審理員は、審査請求人又は参加人の申立てにより前項の検証をしようとするときは、あらかじめ、その日時及び場所を当該申立てをした者に通知し、これに立ち会う機会を与えなければならない。
（審理関係人への質問）
第36条　審理員は、審査請求人若しくは参加人の申立てにより又は職権で、審査請求に係る事件に関し、審理関係人に質問することができる。
（審理手続の計画的遂行）
第37条　審理員は、審査請求に係る事件について、審理すべき事項が多数であり又は錯綜しているなど事件が複雑であることその他の事情により、迅速かつ公正な審理を行うため、第31条から前条までに定める審理手続を計画的に遂行する必要があると認める場合には、期日及び場所を指定して、審理関係人を招集し、あらかじめ、これらの審理手続の申立てに関する意見の聴取を行うことができる。

2　審理員は、審理関係人が遠隔の地に居住している場合その他相当と認める場合には、政令で定めるところにより、審理員及び審理関係人が音声の送受信により通話をすることができる方法によって、前項に規定する意見の聴取を行うことができる。

3　審理員は、前2項の規定による意見の聴取を行ったときは、遅滞なく、第31条から前条までに定める審理手続の期日及び場所並びに第41条第1項の規定による審理手続の終結の予定時期を決定し、これらを審理関係人に通知するものとする。当該予定時期を変更したときも、同様とする。

（審査請求人等による提出書類等の閲覧等）

第38条　審査請求人又は参加人は、第41条第1項又は第2項の規定により審理手続が終結するまでの間、審理員に対し、提出書類等（第29条第4項各号に掲げる書面又は第32条第1項若しくは第2項若しくは第33条の規定により提出された書類その他の物件をいう。次項において同じ。）の閲覧（電磁的記録（電子的方式、磁気的方式その他人の知覚によっては認識することができない方式で作られる記録であって、電子計算機による情報処理の用に供されるものをいう。以下同じ。）にあっては、記録された事項を審査庁が定める方法により表示したものの閲覧）又は当該書面若しくは当該書類の写し若しくは当該電磁的記録に記録された事項を記載した書面の交付を求めることができる。この場合において、審理員は、第三者の利益を害するおそれがあると認めるとき、その他正当な理由があるときでなければ、その閲覧又は交付を拒むことができない。

2　審理員は、前項の規定による閲覧をさせ、又は同項の規定による交付をしようとするときは、当該閲覧又は交付に係る提出書類等の提出人の意見を聴かなければならない。ただし、審理員が、その必要がないと認めるときは、この限りでない。

3　審理員は、第1項の規定による閲覧について、日時及び場所を指定することができる。

4　第1項の規定による交付を受ける審査請求人又は参加人は、政令で定めるところにより、実費の範囲内において政令で定める額の手数料を納めなければならない。

5　審理員は、経済的困難その他特別の理由があると認めるときは、政令で定めるところにより、前項の手数料を減額し、又は免除することができる。

6　地方公共団体（都道府県、市町村及び特別区並びに地方公共団体の組合に限る。以下同じ。）に所属する行政庁が審査庁である場合における前2項の規定の適用については、これらの規定中「政令」とあるのは、「条例」とし、国又は地方公共団体に所属しない行政庁が審査庁である場合におけるこれらの規定の適用については、これらの規定中「政令で」とあるのは、「審査庁が」とする。

（審理手続の併合又は分離）

第39条　審理員は、必要があると認める場合には、数個の審査請求に係る審理手続を併合し、又は併合された数個の審査請求に係る審理手続を分離することができる。

（審理員による執行停止の意見書の提出）

第40条　審理員は、必要があると認める場合には、審査庁に対し、執行停止をすべき旨の意見書を提出することができる。

（審理手続の終結）

第41条　審理員は、必要な審理を終えたと認めるときは、審理手続を終結するものとする。

2　前項に定めるもののほか、審理員は、次の各号のいずれかに該当するときは、審理手続を終結することができる。

一　次のイからホまでに掲げる規定の相当の期間内に、当該イからホまでに定める物件が提出されない場合において、更に一定の期間を示して、当該物件の提出を求めたにもかかわらず、当該提出期間内に当該物件が提出されなかったとき。
　　イ　第29条第2項　弁明書
　　ロ　第30条第1項後段　反論書
　　ハ　第30条第2項後段　意見書
　　ニ　第32条第3項　証拠書類若しくは証拠物又は書類その他の物件
　　ホ　第33条前段　書類その他の物件

二　申立人が、正当な理由なく、口頭意見陳述に出頭しないとき。

3　審理員が前2項の規定により審理手続を終結したときは、速やかに、審理関係人に対し、審理手続を終結した旨並びに次条第1項に規定す

る審理員意見書及び事件記録（審査請求書、弁明書その他審査請求に係る事件に関する書類その他の物件のうち政令で定めるものをいう。同条第2項及び第43条第2項において同じ。）を審査庁に提出する予定時期を通知するものとする。当該予定時期を変更したときも、同様とする。
（審理員意見書）
第42条 審理員は、審理手続を終結したときは、遅滞なく、審査庁がすべき裁決に関する意見書（以下「審理員意見書」という。）を作成しなければならない。
2 審理員は、審理員意見書を作成したときは、速やかに、これを事件記録とともに、審査庁に提出しなければならない。

第4節 行政不服審査会等への諮問

第43条 審査庁は、審理員意見書の提出を受けたときは、次の各号のいずれかに該当する場合を除き、審査庁が主任の大臣又は宮内庁長官若しくは内閣府設置法第49条第1項若しくは第2項若しくは国家行政組織法第3条第2項に規定する庁の長である場合にあっては行政不服審査会に、審査庁が地方公共団体の長（地方公共団体の組合にあっては、長、管理者又は理事会）である場合にあっては第81条第1項又は第2項の機関に、それぞれ諮問しなければならない。
一 審査請求に係る処分をしようとするときに他の法律又は政令（条例に基づく処分については、条例）に第9条第1項各号に掲げる機関若しくは地方公共団体の議会又はこれらの機関に類するものとして政令で定めるもの（以下「審議会等」という。）の議を経るべき旨又は経ることができる旨の定めがあり、かつ、当該議を経て当該処分がされた場合
二 裁決をしようとするときに他の法律又は政令（条例に基づく処分については、条例）に第9条第1項各号に掲げる機関若しくは地方公共団体の議会又はこれらの機関に類するものとして政令で定めるものの議を経るべき旨又は経ることができる旨の定めがあり、かつ、当該議を経て裁決をしようとする場合
三 第46条第3項又は第49条第4項の規定により審議会等の議を経て裁決をしようとする場合
四 審査請求人から、行政不服審査会又は第81条第1項若しくは第2項の機関（以下「行政不服審査会等」という。）への諮問を希望しない旨の申出がされている場合（参加人から、行政不服審査会等に諮問しないことについて反対する旨の申出がされている場合を除く。）
五 審査請求が、行政不服審査会等によって、国民の権利利益及び行政の運営に対する影響の程度その他当該事件の性質を勘案して、諮問を要しないものと認められたものである場合
六 審査請求が不適法であり、却下する場合
七 第46条第1項の規定により審査請求に係る処分（法令に基づく申請を却下し、又は棄却する処分及び事実上の行為を除く。）の全部を取り消し、又は第47条第1号若しくは第2号の規定により審査請求に係る事実上の行為の全部を撤廃すべき旨を命じ、若しくは撤廃することとする場合（当該処分の全部を取り消すこと又は当該事実上の行為の全部を撤廃すべき旨を命じ、若しくは撤廃することについて反対する旨の意見書が提出されている場合及び口頭意見陳述においてその旨の意見が述べられている場合を除く。）
八 第46条第2項各号又は第49条第3項各号に定める措置（法令に基づく申請の全部を認容すべき旨を命じ、又は認容するものに限る。）をとることとする場合（当該申請の全部を認容することについて反対する旨の意見書が提出されている場合及び口頭意見陳述においてその旨の意見が述べられている場合を除く。）
2 前項の規定による諮問は、審理員意見書及び事件記録の写しを添えてしなければならない。
3 第1項の規定により諮問をした審査庁は、審理関係人（処分庁等が審査庁である場合にあっては、審査請求人及び参加人）に対し、当該諮問をした旨を通知するとともに、審理員意見書の写しを送付しなければならない。

第5節 裁決

（裁決の時期）
第44条 審査庁は、行政不服審査会等から諮問に対する答申を受けたとき（前条第1項の規定による諮問を要しない場合（同項第2号又は第3号に該当する場合を除く。）にあっては審理員意見書が提出されたとき、同項第2号又は第3号に該当する場合にあっては同項第2号又は第3号に規定する議を経たとき）は、遅滞なく、裁決をし

なければならない。
　（処分についての審査請求の却下又は棄却）
第45条　処分についての審査請求が法定の期間経過後にされたものである場合その他不適法である場合には、審査庁は、裁決で、当該審査請求を却下する。
2　処分についての審査請求が理由がない場合には、審査庁は、裁決で、当該審査請求を棄却する。
3　審査請求に係る処分が違法又は不当ではあるが、これを取り消し、又は撤廃することにより公の利益に著しい障害を生ずる場合において、審査請求人の受ける損害の程度、その損害の賠償又は防止の程度及び方法その他一切の事情を考慮した上、処分を取り消し、又は撤廃することが公共の福祉に適合しないと認めるときは、審査庁は、裁決で、当該審査請求を棄却することができる。この場合には、審査庁は、裁決の主文で、当該処分が違法又は不当であることを宣言しなければならない。
　（処分についての審査請求の認容）
第46条　処分（事実上の行為を除く。以下この条及び第48条において同じ。）についての審査請求が理由がある場合（前条第3項の規定の適用がある場合を除く。）には、審査庁は、裁決で、当該処分の全部若しくは一部を取り消し、又はこれを変更する。ただし、審査庁が処分庁の上級行政庁又は処分庁のいずれでもない場合には、当該処分を変更することはできない。
2　前項の規定により法令に基づく申請を却下し、又は棄却する処分の全部又は一部を取り消す場合において、次の各号に掲げる審査庁は、当該申請に対して一定の処分をすべきものと認めるときは、当該各号に定める措置をとる。
　一　処分庁の上級行政庁である審査庁　当該処分庁に対し、当該処分をすべき旨を命ずること。
　二　処分庁である審査庁　当該処分をすること。
3　前項に規定する一定の処分に関し、第43条第1項第1号に規定する議を経るべき旨の定めがある場合において、審査庁が前項各号に定める措置をとるために必要があると認めるときは、審査庁は、当該定めに係る審議会等の議を経ることができる。
4　前項に規定する定めがある場合のほか、第2項に規定する一定の処分に関し、他の法令に関係行政機関との協議の実施その他の手続をとるべき旨の定めがある場合において、審査庁が同項各号に定める措置をとるために必要があると認めるときは、審査庁は、当該手続をとることができる。
第47条　事実上の行為についての審査請求が理由がある場合（第45条第3項の規定の適用がある場合を除く。）には、審査庁は、裁決で、当該事実上の行為が違法又は不当である旨を宣言するとともに、次の各号に掲げる審査庁の区分に応じ、当該各号に定める措置をとる。ただし、審査庁が処分庁の上級行政庁以外の審査庁である場合には、当該事実上の行為を変更すべき旨を命ずることはできない。
　一　処分庁以外の審査庁　当該処分庁に対し、当該事実上の行為の全部若しくは一部を撤廃し、又はこれを変更すべき旨を命ずること。
　二　処分庁である審査庁　当該事実上の行為の全部若しくは一部を撤廃し、又はこれを変更すること。
　（不利益変更の禁止）
第48条　第46条第1項本文又は前条の場合において、審査庁は、審査請求人の不利益に当該処分を変更し、又は当該事実上の行為を変更すべき旨を命じ、若しくはこれを変更することはできない。
　（不作為についての審査請求の裁決）
第49条　不作為についての審査請求が当該不作為に係る処分についての申請から相当の期間が経過しないでされたものである場合その他不適法である場合には、審査庁は、裁決で、当該審査請求を却下する。
2　不作為についての審査請求が理由がない場合には、審査庁は、裁決で、当該審査請求を棄却する。
3　不作為についての審査請求が理由がある場合には、審査庁は、裁決で、当該不作為が違法又は不当である旨を宣言する。この場合において、次の各号に掲げる審査庁は、当該申請に対して一定の処分をすべきものと認めるときは、当該各号に定める措置をとる。
　一　不作為庁の上級行政庁である審査庁　当該不作為庁に対し、当該処分をすべき旨を命ずること。
　二　不作為庁である審査庁　当該処分をするこ

と。
4 審査請求に係る不作為に係る処分に関し、第43条第1項第1号に規定する議を経るべき旨の定めがある場合において、審査庁が前項各号に定める措置をとるために必要があると認めるときは、審査庁は、当該定めに係る審議会等の議を経ることができる。
5 前項に規定する定めがある場合のほか、審査請求に係る不作為に係る処分に関し、他の法令に関係行政機関との協議の実施その他の手続をとるべき旨の定めがある場合において、審査庁が第3項各号に定める措置をとるために必要があると認めるときは、審査庁は、当該手続をとることができる。

（裁決の方式）
第50条 裁決は、次に掲げる事項を記載し、審査庁が記名押印した裁決書によりしなければならない。
一　主文
二　事案の概要
三　審理関係人の主張の要旨
四　理由（第1号の主文が審理員意見書又は行政不服審査会等若しくは審議会等の答申書と異なる内容である場合には、異なることとなった理由を含む。）
2 第43条第1項の規定による行政不服審査会等への諮問を要しない場合には、前項の裁決書には、審理員意見書を添付しなければならない。
3 審査庁は、再審査請求をすることができる裁決をする場合には、裁決書に再審査請求をすることができる旨並びに再審査請求をすべき行政庁及び再審査請求期間（第62条に規定する期間をいう。）を記載して、これらを教示しなければならない。

（裁決の効力発生）
第51条 裁決は、審査請求人（当該審査請求が処分の相手方以外の者のしたものである場合における第46条第1項及び第47条の規定による裁決にあっては、審査請求人及び処分の相手方）に送達された時に、その効力を生ずる。
2 裁決の送達は、送達を受けるべき者に裁決書の謄本を送付することによってする。ただし、送達を受けるべき者の所在が知れない場合その他裁決書の謄本を送付することができない場合には、公示の方法によってすることができる。
3 公示の方法による送達は、審査庁が裁決書の謄本を保管し、いつでもその送達を受けるべき者に交付する旨を当該審査庁の掲示場に掲示し、かつ、その旨を官報その他の公報又は新聞紙に少なくとも1回掲載してするものとする。この場合において、その掲示を始めた日の翌日から起算して2週間を経過した時に裁決書の謄本の送付があったものとみなす。
4 審査庁は、裁決書の謄本を参加人及び処分庁等（審査庁以外の処分庁等に限る。）に送付しなければならない。

（裁決の拘束力）
第52条 裁決は、関係行政庁を拘束する。
2 申請に基づいてした処分が手続の違法若しくは不当を理由として裁決で取り消され、又は申請を却下し、若しくは棄却した処分が裁決で取り消された場合には、処分庁は、裁決の趣旨に従い、改めて申請に対する処分をしなければならない。
3 法令の規定により公示された処分が裁決で取り消され、又は変更された場合には、処分庁は、当該処分が取り消され、又は変更された旨を公示しなければならない。
4 法令の規定により処分の相手方以外の利害関係人に通知された処分が裁決で取り消され、又は変更された場合には、処分庁は、その通知を受けた者（審査請求人及び参加人を除く。）に、当該処分が取り消され、又は変更された旨を通知しなければならない。

（証拠書類等の返還）
第53条 審査庁は、裁決をしたときは、速やかに、第32条第1項又は第2項の規定により提出された証拠書類若しくは証拠物又は書類その他の物件及び第33条の規定による提出要求に応じて提出された書類その他の物件をその提出人に返還しなければならない。

第3章　再調査の請求

（再調査の請求期間）
第54条 再調査の請求は、処分があったことを知った日の翌日から起算して3月を経過したときは、することができない。ただし、正当な理由があるときは、この限りでない。
2 再調査の請求は、処分があった日の翌日から起算して1年を経過したときは、することがで

きない。ただし、正当な理由があるときは、この限りでない。
（誤った教示をした場合の救済）
第55条　再調査の請求をすることができる処分につき、処分庁が誤って再調査の請求をすることができる旨を教示しなかった場合において、審査請求がされた場合であって、審査請求人から申立てがあったときは、審査庁は、速やかに、審査請求書又は審査請求録取書を処分庁に送付しなければならない。ただし、審査請求人に対し弁明書が送付された後においては、この限りでない。

2　前項本文の規定により審査請求書又は審査請求録取書の送付を受けた処分庁は、速やかに、その旨を審査請求人及び参加人に通知しなければならない。

3　第1項本文の規定により審査請求書又は審査請求録取書が処分庁に送付されたときは、初めから処分庁に再調査の請求がされたものとみなす。
（再調査の請求についての決定を経ずに審査請求がされた場合）
第56条　第5条第2項ただし書の規定により審査請求がされたときは、同項の再調査の請求は、取り下げられたものとみなす。ただし、処分庁において当該審査請求がされた日以前に再調査の請求に係る処分（事実上の行為を除く。）を取り消す旨の第60条第1項の決定書の謄本を発している場合又は再調査の請求に係る事実上の行為を撤廃している場合は、当該審査請求（処分（事実上の行為を除く。）の一部を取り消す旨の第59条第1項の決定がされている場合又は事実上の行為の一部が撤廃されている場合にあっては、その部分に限る。）が取り下げられたものとみなす。
（3月後の教示）
第57条　処分庁は、再調査の請求がされた日（第61条において読み替えて準用する第23条の規定により不備を補正すべきことを命じた場合にあっては、当該不備が補正された日）の翌日から起算して3月を経過しても当該再調査の請求が係属しているときは、遅滞なく、当該処分について直ちに審査請求をすることができる旨を書面でその再調査の請求人に教示しなければならない。

（再調査の請求の却下又は棄却の決定）
第58条　再調査の請求が法定の期間経過後にされたものである場合その他不適法である場合には、処分庁は、決定で、当該再調査の請求を却下する。

2　再調査の請求が理由がない場合には、処分庁は、決定で、当該再調査の請求を棄却する。
（再調査の請求の認容の決定）
第59条　処分（事実上の行為を除く。）についての再調査の請求が理由がある場合には、処分庁は、決定で、当該処分の全部若しくは一部を取り消し、又はこれを変更する。

2　事実上の行為についての再調査の請求が理由がある場合には、処分庁は、決定で、当該事実上の行為が違法又は不当である旨を宣言するとともに、当該事実上の行為の全部若しくは一部を撤廃し、又はこれを変更する。

3　処分庁は、前2項の場合において、再調査の請求人の不利益に当該処分又は当該事実上の行為を変更することはできない。
（決定の方式）
第60条　前2条の決定は、主文及び理由を記載し、処分庁が記名押印した決定書によりしなければならない。

2　処分庁は、前項の決定書（再調査の請求に係る処分の全部を取り消し、又は撤廃する決定に係るものを除く。）に、再調査の請求に係る処分につき審査請求をすることができる旨（却下の決定である場合にあっては、当該却下の決定が違法な場合に限り審査請求をすることができる旨）並びに審査請求をすべき行政庁及び審査請求期間を記載して、これらを教示しなければならない。
（審査請求に関する規定の準用）
第61条　第9条第4項、第10条から第16条まで、第18条第3項、第19条（第3項並びに第5項第1号及び第2号を除く。）、第20条、第23条、第24条、第25条（第3項を除く。）、第26条、第27条、第31条（第5項を除く。）、第32条（第2項を除く。）、第39条、第51条及び第53条の規定は、再調査の請求について準用する。この場合において、別表第2の上欄に掲げる規定中同表の中欄に掲げる字句は、それぞれ同表の下欄に掲げる字句に読み替えるものとする。

第4章　再審査請求

（再審査請求期間）

第62条 再審査請求は、原裁決があったことを知った日の翌日から起算して1月を経過したときは、することができない。ただし、正当な理由があるときは、この限りでない。

2 再審査請求は、原裁決があった日の翌日から起算して1年を経過したときは、することができない。ただし、正当な理由があるときは、この限りでない。

（裁決書の送付）

第63条 第66条第1項において読み替えて準用する第11条第2項に規定する審理員又は第66条第1項において準用する第9条第1項各号に掲げる機関である再審査庁（他の法律の規定により再審査請求がされた行政庁（第66条第1項において読み替えて準用する第14条の規定により引継ぎを受けた行政庁を含む。）をいう。以下同じ。）は、原裁決をした行政庁に対し、原裁決に係る裁決書の送付を求めるものとする。

（再審査請求の却下又は棄却の裁決）

第64条 再審査請求が法定の期間経過後にされたものである場合その他不適法である場合には、再審査庁は、裁決で、当該再審査請求を却下する。

2 再審査請求が理由がない場合には、再審査庁は、裁決で、当該再審査請求を棄却する。

3 再審査請求に係る原裁決（審査請求を却下し、又は棄却したものに限る。）が違法又は不当である場合において、当該再審査請求に係る処分が違法又は不当のいずれでもないときは、再審査庁は、裁決で、当該再審査請求を棄却する。

4 前項に規定する場合のほか、再審査請求に係る原裁決等が違法又は不当ではあるが、これを取り消し、又は撤廃することにより公の利益に著しい障害を生ずる場合において、再審査請求人の受ける損害の程度、その損害の賠償又は防止の程度及び方法その他一切の事情を考慮した上、原裁決等を取り消し、又は撤廃することが公共の福祉に適合しないと認めるときは、再審査庁は、裁決で、当該再審査請求を棄却することができる。この場合には、再審査庁は、裁決の主文で、当該原裁決等が違法又は不当であることを宣言しなければならない。

（再審査請求の認容の裁決）

第65条 原裁決等（事実上の行為を除く。）についての再審査請求が理由がある場合（前条第3項に規定する場合及び同条第4項の規定の適用がある場合を除く。）には、再審査庁は、裁決で、当該原裁決等の全部又は一部を取り消す。

2 事実上の行為についての再審査請求が理由がある場合（前条第4項の規定の適用がある場合を除く。）には、裁決で、当該事実上の行為が違法又は不当である旨を宣言するとともに、処分庁に対し、当該事実上の行為の全部又は一部を撤廃すべき旨を命ずる。

（審査請求に関する規定の準用）

第66条 第2章（第9条第3項、第18条（第3項を除く。）、第19条第3項並びに第5項第1号及び第2号、第22条、第25条第2項、第29条（第1項を除く。）、第30条第1項、第41条第2項第1号イ及び口、第4節、第45条から第49条まで並びに第50条第3項を除く。）の規定は、再審査請求について準用する。この場合において、別表第3の上欄に掲げる規定中同表の中欄に掲げる字句は、それぞれ同表の下欄に掲げる字句に読み替えるものとする。

2 再審査庁が前項において準用する第9条第1項各号に掲げる機関である場合には、前項において準用する第17条、第40条、第42条及び第50条第2項の規定は、適用しない。

第5章 行政不服審査会等

第1節 行政不服審査会
第1款 設置及び組織

（設置）

第67条 総務省に、行政不服審査会（以下「審査会」という。）を置く。

2 審査会は、この法律の規定によりその権限に属させられた事項を処理する。

（組織）

第68条 審査会は、委員9人をもって組織する。

2 委員は、非常勤とする。ただし、そのうち3人以内は、常勤とすることができる。

（委員）

第69条 委員は、審査会の権限に属する事項に関し公正な判断をすることができ、かつ、法律又は行政に関して優れた識見を有する者のうちから、両議院の同意を得て、総務大臣が任命する。

2 委員の任期が満了し、又は欠員を生じた場合において、国会の閉会又は衆議院の解散のために両議院の同意を得ることができないときは、

総務大臣は、前項の規定にかかわらず、同項に定める資格を有する者のうちから、委員を任命することができる。
3　前項の場合においては、任命後最初の国会で両議院の事後の承認を得なければならない。この場合において、両議院の事後の承認が得られないときは、総務大臣は、直ちにその委員を罷免しなければならない。
4　委員の任期は、3年とする。ただし、補欠の委員の任期は、前任者の残任期間とする。
5　委員は、再任されることができる。
6　委員の任期が満了したときは、当該委員は、後任者が任命されるまで引き続きその職務を行うものとする。
7　総務大臣は、委員が心身の故障のために職務の執行ができないと認める場合又は委員に職務上の義務違反その他委員たるに適しない非行があると認める場合には、両議院の同意を得て、その委員を罷免することができる。
8　委員は、職務上知ることができた秘密を漏らしてはならない。その職を退いた後も同様とする。
9　委員は、在任中、政党その他の政治的団体の役員となり、又は積極的に政治運動をしてはならない。
10　常勤の委員は、在任中、総務大臣の許可がある場合を除き、報酬を得て他の職務に従事し、又は営利事業を営み、その他金銭上の利益を目的とする業務を行ってはならない。
11　委員の給与は、別に法律で定める。
　（会長）
第70条　審査会に、会長を置き、委員の互選により選任する。
2　会長は、会務を総理し、審査会を代表する。
3　会長に事故があるときは、あらかじめその指名する委員が、その職務を代理する。
　（専門委員）
第71条　審査会に、専門の事項を調査させるため、専門委員を置くことができる。
2　専門委員は、学識経験のある者のうちから、総務大臣が任命する。
3　専門委員は、その者の任命に係る当該専門の事項に関する調査が終了したときは、解任されるものとする。
4　専門委員は、非常勤とする。

　（合議体）
第72条　審査会は、委員のうちから、審査会が指名する者3人をもって構成する合議体で、審査請求に係る事件について調査審議する。
2　前項の規定にかかわらず、審査会が定める場合においては、委員の全員をもって構成する合議体で、審査請求に係る事件について調査審議する。
　（事務局）
第73条　審査会の事務を処理させるため、審査会に事務局を置く。
2　事務局に、事務局長のほか、所要の職員を置く。
3　事務局長は、会長の命を受けて、局務を掌理する。
　　　　第2款　審査会の調査審議の手続
　（審査会の調査権限）
第74条　審査会は、必要があると認める場合には、審査請求に係る事件に関し、審査請求人、参加人又は第43条第1項の規定により審査会に諮問をした審査庁（以下この款において「審査関係人」という。）にその主張を記載した書面（以下この款において「主張書面」という。）又は資料の提出を求めること、適当と認める者にその知っている事実の陳述又は鑑定を求めることその他必要な調査をすることができる。
　（意見の陳述）
第75条　審査会は、審査関係人の申立てがあった場合には、当該審査関係人に口頭で意見を述べる機会を与えなければならない。ただし、審査会が、その必要がないと認める場合には、この限りでない。
2　前項本文の場合において、審査請求人又は参加人は、審査会の許可を得て、補佐人とともに出頭することができる。
　（主張書面等の提出）
第76条　審査関係人は、審査会に対し、主張書面又は資料を提出することができる。この場合において、審査会が、主張書面又は資料を提出すべき相当の期間を定めたときは、その期間内にこれを提出しなければならない。
　（委員による調査手続）
第77条　審査会は、必要があると認める場合には、その指名する委員に、第74条の規定による調査をさせ、又は第75条第1項本文の規定による審査関係人の意見の陳述を聴かせることができる。

（提出資料の閲覧等）
第78条 審査関係人は、審査会に対し、審査会に提出された主張書面若しくは資料の閲覧（電磁的記録にあっては、記録された事項を審査会が定める方法により表示したものの閲覧）又は当該主張書面若しくは当該資料の写し若しくは当該電磁的記録に記録された事項を記載した書面の交付を求めることができる。この場合において、審査会は、第三者の利益を害するおそれがあると認めるとき、その他正当な理由があるときでなければ、その閲覧又は交付を拒むことができない。
2 審査会は、前項の規定による閲覧をさせ、又は同項の規定による交付をしようとするときは、当該閲覧又は交付に係る主張書面又は資料の提出人の意見を聴かなければならない。ただし、審査会が、その必要がないと認めるときは、この限りでない。
3 審査会は、第1項の規定による閲覧について、日時及び場所を指定することができる。
4 第1項の規定による交付を受ける審査請求人又は参加人は、政令で定めるところにより、実費の範囲内において政令で定める額の手数料を納めなければならない。
5 審査会は、経済的困難その他特別の理由があると認めるときは、政令で定めるところにより、前項の手数料を減額し、又は免除することができる。

（答申書の送付等）
第79条 審査会は、諮問に対する答申をしたときは、答申書の写しを審査請求人及び参加人に送付するとともに、答申の内容を公表するものとする。

第3款　雑則

（政令への委任）
第80条 この法律に定めるもののほか、審査会に関し必要な事項は、政令で定める。

第2節　地方公共団体に置かれる機関

第81条 地方公共団体に、執行機関の附属機関として、この法律の規定によりその権限に属させられた事項を処理するための機関を置く。
2 前項の規定にかかわらず、地方公共団体は、当該地方公共団体における不服申立ての状況等に鑑み同項の機関を置くことが不適当又は困難であるときは、条例で定めるところにより、事件ごとに、執行機関の附属機関として、この法律の規定によりその権限に属させられた事項を処理するための機関を置くこととすることができる。
3 前節第2款の規定は、前2項の機関について準用する。この場合において、第78条第4項及び第5項中「政令」とあるのは、「条例」と読み替えるものとする。
4 前3項に定めるもののほか、第1項又は第2項の機関の組織及び運営に関し必要な事項は、当該機関を置く地方公共団体の条例（地方自治法第252条の7第1項の規定により共同設置する機関にあっては、同項の規約）で定める。

第6章　補則

（不服申立てをすべき行政庁等の教示）
第82条 行政庁は、審査請求若しくは再調査の請求又は他の法令に基づく不服申立て（以下この条において「不服申立て」と総称する。）をすることができる処分をする場合には、処分の相手方に対し、当該処分につき不服申立てをすることができる旨並びに不服申立てをすべき行政庁及び不服申立てをすることができる期間を書面で教示しなければならない。ただし、当該処分を口頭でする場合は、この限りでない。
2 行政庁は、利害関係人から、当該処分が不服申立てをすることができる処分であるかどうか並びに当該処分が不服申立てをすることができるものである場合における不服申立てをすべき行政庁及び不服申立てをすることができる期間につき教示を求められたときは、当該事項を教示しなければならない。
3 前項の場合において、教示を求めた者が書面による教示を求めたときは、当該教示は、書面でしなければならない。

（教示をしなかった場合の不服申立て）
第83条 行政庁が前条の規定による教示をしなかった場合には、当該処分について不服がある者は、当該処分庁に不服申立書を提出することができる。
2 第19条（第5項第1号及び第2号を除く。）の規定は、前項の不服申立書について準用する。
3 第1項の規定により不服申立書の提出があった場合において、当該処分が処分庁以外の行政庁に対し審査請求をすることができる処分であ

るときは、処分庁は、速やかに、当該不服申立書を当該行政庁に送付しなければならない。当該処分が他の法令に基づき、処分庁以外の行政庁に不服申立てをすることができる処分であるときも、同様とする。

4　前項の規定により不服申立書が送付されたときは、初めから当該行政庁に審査請求又は当該法令に基づく不服申立てがされたものとみなす。

5　第3項の場合を除くほか、第1項の規定により不服申立書が提出されたときは、初めから当該処分庁に審査請求又は当該法令に基づく不服申立てがされたものとみなす。

（情報の提供）

第84条　審査請求、再調査の請求若しくは再審査請求又は他の法令に基づく不服申立て（以下この条及び次条において「不服申立て」と総称する。）につき裁決、決定その他の処分（同条において「裁決等」という。）をする権限を有する行政庁は、不服申立てをしようとする者又は不服申立てをした者の求めに応じ、不服申立書の記載に関する事項その他の不服申立てに必要な情報の提供に努めなければならない。

（公表）

第85条　不服申立てにつき裁決等をする権限を有する行政庁は、当該行政庁がした裁決等の内容その他当該行政庁における不服申立ての処理状況について公表するよう努めなければならない。

（政令への委任）

第86条　この法律に定めるもののほか、この法律の実施のために必要な事項は、政令で定める。

（罰則）

第87条　第69条第8項の規定に違反して秘密を漏らした者は、1年以下の懲役又は50万円以下の罰金に処する。

附　則

（施行期日）

第1条　この法律は、公布の日から起算して2年を超えない範囲内において政令で定める日〔平28.4.1〕から施行する。ただし、次条の規定は、公布の日から施行する。

（準備行為）

第2条　第69条第1項の規定による審査会の委員の任命に関し必要な行為は、この法律の施行の日前においても、同項の規定の例によりすることができる。

（経過措置）

第3条　行政庁の処分又は不作為についての不服申立てであって、この法律の施行前にされた行政庁の処分又はこの法律の施行前にされた申請に係る行政庁の不作為に係るものについては、なお従前の例による。

第4条　この法律の施行後最初に任命される審査会の委員の任期は、第69条第4項本文の規定にかかわらず、9人のうち、3人は2年、6人は3年とする。

2　前項に規定する各委員の任期は、総務大臣が定める。

（その他の経過措置の政令への委任）

第5条　前2条に定めるもののほか、この法律の施行に関し必要な経過措置は、政令で定める。

（検討）

第6条　政府は、この法律の施行後5年を経過した場合において、この法律の施行の状況について検討を加え、必要があると認めるときは、その結果に基づいて所要の措置を講ずるものとする。

別表第1（第9条関係）

第11条第2項	第9条第1項の規定により指名された者（以下「審理員」という。）	審査庁
第13条第1項及び第2項	審理員	審査庁
第25条第7項	執行停止の申立てがあったとき、又は審理員から第40条に規定する執行停止をすべき旨の意見書が提出されたとき	執行停止の申立てがあったとき
第28条	審理員	審査庁
第29条第1項	審理員は、審査庁から指名されたときは、直ちに	審査庁は、審査請求がされたときは、第24条の規定により当該審査請求を却下する場合を除き、速やかに

第29条第2項	審理員は	審査庁は、審査庁が処分庁等以外である場合にあっては	
	提出を求める	提出を求め、審査庁が処分庁等である場合にあっては、相当の期間内に、弁明書を作成する	
第29条第5項	審理員は	審査庁は、第2項の規定により	
	提出があったとき	提出があったとき、又は弁明書を作成したとき	
第30条第1項及び第2項	審理員	審査庁	
第30条第3項	審理員	審査庁	
	参加人及び処分庁等	参加人及び処分庁等（処分庁等が審査庁である場合にあっては、参加人）	
	審査請求人及び処分庁等	審査請求人及び処分庁等（処分庁等が審査庁である場合にあっては、審査請求人）	
第31条第1項	審理員	審査庁	
第31条第2項	審理員	審査庁	
	審理関係人	審理関係人（処分庁等が審査庁である場合にあっては、審査請求人及び参加人。以下この節及び第50条第1項第3号において同じ。）	
第31条第3項から第5項まで、第32条第3項、第33条から第37条まで、第38条第1項から第3項まで及び第5項、第39条並びに第41条第1項及び第2項	審理員	審査庁	
第41条第3項	審理員が	審査庁が	
	終結した旨並びに次条第1項に規定する審理員意見書及び事件記録（審査請求書、弁明書その他審査請求に係る事件に関する書類その他の物件のうち政令で定めるものをいう。同条第2項及び第43条第2項において同じ。）を審査庁に提出する予定時期を通知するものとする。当該予定時期を変更したときも、同様とする	終結した旨を通知するものとする	
第44条	行政不服審査会等から諮問に対する答申を受けたとき（前条第1項の規定による諮問を要しない場合（同項第2号又は第3号に該当する場合を除く。）にあっては審理員意見書が提出されたとき、同項第2号又は第3号に該当する場合にあっては同項第2号又は第3号に規定する議を経たとき）	審理手続を終結したとき	
第50条第1項第4号	理由（第1号の主文が審理員意見書又は行政不服審査会等若しくは審議会等の答申と異なる内容である場合には、異なることとなった理由を含む。）	理由	

別表第2（第61条関係）

第9条第4項	前項に規定する場合において、審査庁	処分庁
	（第2項各号（第1項各号に掲げる機関の構成員にあっては、第1号を除く。）に掲げる者以外の者に限る。）に、前項において読み替えて適用する	に、第61条において読み替えて準用する
	若しくは第13条第4項	又は第61条において準用する第13条第4項
	聴かせ、前項において読み替えて適用する第34条の規定による参考人の陳述を聴かせ、同項において読み替えて適用する第35条第1項の規定による検証をさせ、前項において読み替えて適用する第36条の規定による第28条に規定する審理関係人に対する質問をさせ、又は同項において読み替えて適用する第37条第1項若しくは第2項の規定による意見の聴取を行わせ	聴かせる
第11条第2項	第9条第1項の規定により指名された者（以下「審理員」という。）	処分庁
第13条第1項	処分又は不作為に係る処分	処分
	審理員	処分庁
第13条第2項	審理員	処分庁
第14条	第19条に規定する審査請求書	第61条において読み替えて準用する第19条に規定する再調査の請求書
	第21条第2項に規定する審査請求録取書	第22条第3項に規定する再調査の請求録取書
第16条	第4条又は他の法律若しくは条例の規定により審査庁となるべき行政庁（以下「審査庁となるべき行政庁」という。）	再調査の請求の対象となるべき処分の権限を有する行政庁
	当該審査庁となるべき行政庁及び関係処分庁（当該審査請求の対象となるべき処分の権限を有する行政庁であって当該審査庁となるべき行政庁以外のものをいう。次条において同じ。）	当該行政庁
第18条第3項	次条に規定する審査請求書	第61条において読み替えて準用する次条に規定する再調査の請求書
	前2項に規定する期間（以下「審査請求期間」という。）	第54条に規定する期間
第19条の見出し及び同条第1項	審査請求書	再調査の請求書
第19条第2項	処分についての審査請求書	再調査の請求書
	処分（当該処分について再調査の請求についての決定を経たときは、当該決定）	処分
第19条第4項	審査請求書	再調査の請求書
	第2項各号又は前項各号	第2項各号
第19条第5項	処分についての審査請求書	再調査の請求書
	審査請求期間	第54条に規定する期間
	前条第1項ただし書又は第2項ただし書	同条第1項ただし書又は第2項ただし書

第20条	前条第2項から第5項まで	第61条において読み替えて準用する前条第2項、第4項及び第5項
第23条(見出しを含む。)	審査請求書	再調査の請求書
第24条第1項	次節に規定する審理手続を経ないで、第45条第1項又は第49条第1項	審理手続を経ないで、第58条第1項
第25条第2項	処分庁の上級行政庁又は処分庁である審査庁	処分庁
第25条第4項	前2項	第2項
第25条第6項	第2項から第4項まで	第2項及び第4項
第25条第7項	執行停止の申立てがあったとき、又は審理員から第40条に規定する執行停止をすべき旨の意見書が提出されたとき	執行停止の申立てがあったとき
第31条第1項	審理員	処分庁
	この条及び第41条第2項第2号	この条
第31条第2項	審理員	処分庁
	全ての審理関係人	再調査の請求人及び参加人
第31条第3項及び第4項	審理員	処分庁
第32条第3項	前2項	第1項
	審理員	処分庁
第39条	審理員	処分庁
第51条第1項	第46条第1項及び第47条	第59条第1項及び第2項
第51条第4項	参加人及び処分庁等(審査庁以外の処分庁等に限る。)	参加人
第53条	第32条第1項又は第2項の規定により提出された証拠書類若しくは証拠物又は書類その他の物件及び第33条の規定による提出要求に応じて提出された書類その他の物件	第61条において準用する第32条第1項の規定により提出された証拠書類又は証拠物

別表第3(第66条関係)

第9条第1項	第4条又は他の法律若しくは条例の規定により審査請求がされた行政庁(第14条の規定により引継ぎを受けた行政庁を含む。以下「審査庁」という。)	第63条に規定する再審査庁(以下この章において「再審査庁」という。)
	この節	この節及び第63条
	処分庁等(審査庁以外の処分庁等に限る。)	裁決庁等(原裁決をした行政庁(以下この章において「裁決庁」という。)又は処分庁をいう。以下この章において同じ。)
	若しくは条例に基づく処分について条例に特別の定めがある場合又は第24条	又は第66条第1項において読み替えて準用する第24条
第9条第2項第1号	審査請求に係る処分若しくは	原裁決に係る審査請求に係る処分、
	に関与した者又は審査請求に係る不作為に係る処分に関与し、若しくは関与することとなる者	又は原裁決に関与した者

第9条第4項	前項に規定する場合において、審査庁	第1項各号に掲げる機関である再審査庁（以下「委員会等である再審査庁」という。）
	前項において	第66条第1項において
	適用する	準用する
	第13条第4項	第66条第1項において準用する第13条第4項
	第28条	同項において読み替えて準用する第28条
第11条第2項	第9条第1項の規定により指名された者（以下「審理員」という。）	第66条第1項において読み替えて準用する第9条第1項の規定により指名された者（以下「審理員」という。）又は委員会等である再審査庁
第13条第1項	処分又は不作為に係る処分の根拠となる法令に照らし当該処分	原裁決等の根拠となる法令に照らし当該原裁決等
	審理員	審理員又は委員会等である再審査庁
第13条第2項	審理員	審理員又は委員会等である再審査庁
第14条	第19条に規定する審査請求書	第66条第1項において読み替えて準用する第19条に規定する再審査請求書
	第21条第2項に規定する審査請求録取書	同項において読み替えて準用する第21条第2項に規定する再審査請求録取書
第15条第1項、第2項及び第6項	審査請求の	原裁決に係る審査請求の
第16条	第4条又は他の法律若しくは条例	他の法律
	関係処分庁（当該審査請求の対象となるべき処分の権限を有する行政庁であって当該審査庁となるべき行政庁以外のものをいう。次条において同じ。）	当該再審査請求の対象となるべき裁決又は処分の権限を有する行政庁
第17条	関係処分庁	当該再審査請求の対象となるべき裁決又は処分の権限を有する行政庁
第18条第3項	次条に規定する審査請求書	第66条第1項において読み替えて準用する次条に規定する再審査請求書
	前2項に規定する期間（以下「審査請求期間」という。）	第50条第3項に規定する再審査請求期間（以下この章において「再審査請求期間」という。）
第19条の見出し及び同条第1項	審査請求書	再審査請求書
第19条第2項	処分についての審査請求書	再審査請求書
	処分の内容	原裁決等の内容
	審査請求に係る処分（当該処分について再調査の請求についての決定を経たときは、当該決定）	原裁決
	処分庁	裁決庁
第19条第4項	審査請求書	再審査請求書
	第2項各号又は前項各号	第2項各号

第19条第5項	処分についての審査請求書	再審査請求書
	審査請求期間	再審査請求期間
	前条第1項ただし書又は第2項ただし書	第62条第1項ただし書又は第2項ただし書
第20条	前条第2項から第5項まで	第66条第1項において読み替えて準用する前条第2項、第4項及び第5項
第21条の見出し	処分庁等	処分庁又は裁決庁
第21条第1項	審査請求をすべき行政庁が処分庁等と異なる場合における審査請求は、処分庁等	再審査請求は、処分庁又は裁決庁
	処分庁等に	処分庁若しくは裁決庁に
	審査請求書	再審査請求書
	第19条第2項から第5項まで	第66条第1項において読み替えて準用する第19条第2項、第4項及び第5項
第21条第2項	処分庁等	処分庁又は裁決庁
	審査請求書又は審査請求録取書（前条後段	再審査請求書又は再審査請求録取書（第66条第1項において準用する前条後段
	第29条第1項及び第55条	第66条第1項において読み替えて準用する第29条第1項
第21条第3項	審査請求期間	再審査請求期間
	処分庁に	処分庁若しくは裁決庁に
	審査請求書	再審査請求書
	処分についての審査請求	再審査請求
第23条(見出しを含む。)	審査請求書	再審査請求書
第24条第1項	審理手続を経ないで、第45条第1項又は第49条第1項	審理手続（第63条に規定する手続を含む。）を経ないで、第64条第1項
第25条第1項	処分	原裁決等
第25条第3項	処分庁の上級行政庁又は処分庁のいずれでもない審査庁	再審査庁
	処分庁の意見	裁決庁等の意見
	執行停止をすることができる。ただし、処分の効力、処分の執行又は手続の続行の全部又は1部の停止以外の措置をとることはできない	原裁決等の効力、原裁決等の執行又は手続の続行の全部又は1部の停止（以下「執行停止」という。）をすることができる
第25条第4項	前2項	前項
	処分	原裁決等
第25条第6項	第2項から第4項まで	第3項及び第4項
	処分	原裁決等
第25条第7項	第40条に規定する執行停止をすべき旨の意見書が提出されたとき	第66条第1項において準用する第40条に規定する執行停止をすべき旨の意見書が提出されたとき（再審査庁が委員会等である再審査庁である場合にあっては、執行停止の申立てがあったとき）

第28条	処分庁等	裁決庁等
	審理員	審理員又は委員会等である再審査庁
第29条第1項	審理員は	審理員又は委員会等である再審査庁は、審理員にあっては
	審査請求書又は審査請求録取書の写しを処分庁等に送付しなければならない。ただし、処分庁等が審査庁である場合には、この限りでない	委員会等である再審査庁にあっては、再審査請求がされたときは第66条第1項において読み替えて準用する第24条の規定により当該再審査請求を却下する場合を除き、速やかに、それぞれ、再審査請求書又は再審査請求録取書の写しを裁決庁等に送付しなければならない
第30条の見出し	反論書等	意見書
第30条第2項	審理員	審理員又は委員会等である再審査庁
第30条第3項	審理員は、審査請求人から反論書の提出があったときはこれを参加人及び処分庁等に	審理員又は委員会等である再審査庁は
	これを審査請求人及び処分庁等に、それぞれ	、これを再審査請求人及び裁決庁等に
第31条第1項から第4項まで	審理員	審理員又は委員会等である再審査庁
第31条第5項	審理員	審理員又は委員会等である再審査庁
	処分庁等	裁決庁等
第32条第2項	処分庁等は、当該処分	裁決庁等は、当該原裁決等
第32条第3項及び第33条から第37条まで	審理員	審理員又は委員会等である再審査庁
第38条第1項	審理員	審理員又は委員会等である再審査庁
	第29条第4項各号に掲げる書面又は第32条第1項若しくは第2項若しくは	第66条第1項において準用する第32条第1項若しくは第2項又は
第38条第2項、第3項及び第5項、第39条並びに第41条第1項	審理員	審理員又は委員会等である再審査庁
第41条第2項	審理員	審理員又は委員会等である再審査庁
	イからホまで	ハからホまで
第41条第3項	審理員が	審理員又は委員会等である再審査庁が
	審理手続を終結した旨並びに次条第1項	審理員にあっては審理手続を終結した旨並びに第66条第1項において準用する次条第1項
	審査請求書、弁明書	再審査請求書、原裁決に係る裁決書
	同条第2項及び第43条第2項	第66条第1項において準用する次条第2項
	を通知する	を、委員会等である再審査庁にあっては審理手続を終結した旨を、それぞれ通知する
	当該予定時期	審理員が当該予定時期

第44条	行政不服審査会等から諮問に対する答申を受けたとき（前条第1項の規定による諮問を要しない場合（同項第2号又は第3号に該当する場合を除く。）にあっては審理員意見書が提出されたとき、同項第2号又は第3号に該当する場合にあっては同項第2号又は第3号に規定する議を経たとき）	審理員意見書が提出されたとき（委員会等である再審査庁にあっては、審理手続を終結したとき）
第50条第1項第4号	第1号の主文が審理員意見書又は行政不服審査会等若しくは審議会等の答申書と異なる内容である場合には	再審査庁が委員会等である再審査庁以外の行政庁である場合において、第1号の主文が審理員意見書と異なる内容であるときは
第50条第2項	第43条第1項の規定による行政不服審査会等への諮問を要しない場合	再審査庁が委員会等である再審査庁以外の行政庁である場合
第51条第1項	処分	原裁決等
	第46条第1項及び第47条	第65条
第51条第4項	及び処分庁等（審査庁以外の処分庁等に限る。）	並びに処分庁及び裁決庁（処分庁以外の裁決庁に限る。）
第52条第2項	申請を	申請若しくは審査請求を
	棄却した処分	棄却した原裁決等
	処分庁	裁決庁等
	申請に対する処分	申請に対する処分又は審査請求に対する裁決
第52条第3項	処分が	原裁決等が
	処分庁	裁決庁等
第52条第4項	処分の	原裁決等の
	処分が	原裁決等が
	処分庁	裁決庁等

行政不服審査法施行令

（平成27年11月26日政令第391号）

目次 〔略〕

第1章 審査請求

（審理員）

第1条 審査庁は、行政不服審査法（以下「法」という。）第9条第1項の規定により2人以上の審理員を指名する場合には、そのうち1人を、当該2人以上の審理員が行う事務を総括する者として指定するものとする。

2 審査庁は、審理員が法第9条第2項各号に掲げる者のいずれかに該当することとなったときは、当該審理員に係る同条第1項の規定による指名を取り消さなければならない。

（法第9条第3項に規定する場合の読替え等）

第2条 法第9条第3項に規定する場合においては、別表第1の上欄に掲げる規定の適用については、これらの規定中同表の中欄に掲げる字句は、それぞれ同表の下欄に掲げる字句とし、前条、第15条及び第16条の規定は、適用しない。

（代表者等の資格の証明等）

第3条 審査請求人の代表者若しくは管理人、総代又は代理人の資格は、次条第3項の規定の適用がある場合のほか、書面で証明しなければならない。法第12条第2項ただし書に規定する特別の委任についても、同様とする。

2 審査請求人は、代表者若しくは管理人、総代又は代理人がその資格を失ったときは、書面で

その旨を審査庁（審理員が指名されている場合において、審理手続が終結するまでの間は、審理員）に届け出なければならない。
3　前2項の規定は、参加人の代表者若しくは管理人又は代理人の資格について準用する。この場合において、第1項中「次条第3項の規定の適用がある場合のほか、書面」とあるのは「書面」と、「第12条第2項ただし書」とあるのは「第13条第4項ただし書」と、前項中「審査請求人」とあるのは「参加人」と、「、総代又は」とあるのは「又は」と読み替えるものとする。
　（審査請求書の提出）
第4条　審査請求書は、審査請求をすべき行政庁が処分庁等でない場合には、正副2通を提出しなければならない。
2　審査請求書には、審査請求人（審査請求人が法人その他の社団又は財団である場合にあっては代表者又は管理人、審査請求人が総代を互選した場合にあっては総代、審査請求人が代理人によって審査請求をする場合にあっては代理人）が押印しなければならない。
3　審査請求書の正本には、審査請求人が法人その他の社団又は財団である場合にあっては代表者又は管理人の資格を証する書面を、審査請求人が総代を互選した場合にあっては総代の資格を証する書面を、審査請求人が代理人によって審査請求をする場合にあっては代理人の資格を証する書面を、それぞれ添付しなければならない。
4　第1項の規定にかかわらず、行政手続等における情報通信の技術の利用に関する法律（平成14年法律第151号。以下「情報通信技術利用法」という。）第3条第1項の規定により同項に規定する電子情報処理組織を使用して審査請求がされた場合（審査請求をすべき行政庁が処分庁等でない場合に限る。）には、第1項の規定に従って審査請求書が提出されたものとみなす。
　（審査請求書の送付）
第5条　法第29条第1項本文の規定による審査請求書の送付は、審査請求書の副本（法第22条第3項若しくは第4項又は第83条第3項の規定の適用がある場合にあっては、審査請求書の写し。次項において同じ。）によってする。
2　前条第4項に規定する場合において、当該審査請求に係る電磁的記録については、審査請求書の副本とみなして、前項の規定を適用する。

　（弁明書の提出）
第6条　弁明書は、正本並びに当該弁明書を送付すべき審査請求人及び参加人の数に相当する通数の副本を提出しなければならない。
2　前項の規定にかかわらず、情報通信技術利用法第3条第1項の規定により同項に規定する電子情報処理組織を使用して弁明がされた場合には、前項の規定に従って弁明書が提出されたものとみなす。
3　法第29条第5項の規定による弁明書の送付は、弁明書の副本によってする。
4　第2項に規定する場合において、当該弁明に係る電磁的記録については、弁明書の副本とみなして、前項の規定を適用する。
　（反論書等の提出）
第7条　反論書は、正本並びに当該反論書を送付すべき参加人及び処分庁等の数に相当する通数の副本を、法第30条第2項に規定する意見書（以下この条及び第15条において「意見書」という。）は、正本並びに当該意見書を送付すべき審査請求人及び処分庁等の数に相当する通数の副本を、それぞれ提出しなければならない。
2　前項の規定にかかわらず、情報通信技術利用法第3条第1項の規定により同項に規定する電子情報処理組織を使用して反論がされ、又は意見が述べられた場合には、前項の規定に従って反論書又は意見書が提出されたものとみなす。
3　法第30条第3項の規定による反論書又は意見書の送付は、反論書又は意見書の副本によってする。
4　第2項に規定する場合において、当該反論又は当該意見に係る電磁的記録については、反論書又は意見書の副本とみなして、前項の規定を適用する。
　（映像等の送受信による通話の方法による口頭意見陳述等）
第8条　審理員は、口頭意見陳述の期日における審理を行う場合において、遠隔の地に居住する審理関係人があるとき、その他相当と認めるときは、総務省令で定めるところにより、審理員及び審理関係人が映像と音声の送受信により相手の状態を相互に認識しながら通話をすることができる方法によって、審理を行うことができる。
　（通話者等の確認）
第9条　審理員は、法第37条第2項の規定による

意見の聴取を行う場合には、通話者及び通話先の場所の確認をしなければならない。
（交付の求め）
第10条 法第38条第1項の規定による交付の求めは、次に掲げる事項を記載した書面を提出してしなければならない。
一　交付に係る法第38条第1項に規定する書面若しくは書類（以下「対象書面等」という。）又は交付に係る同項に規定する電磁的記録（以下「対象電磁的記録」という。）を特定するに足りる事項
二　対象書面等又は対象電磁的記録について求める交付の方法（次条各号に掲げる交付の方法をいう。）
三　対象書面等又は対象電磁的記録について第14条に規定する送付による交付を求める場合にあっては、その旨
（交付の方法）
第11条 法第38条第1項の規定による交付は、次の各号のいずれかの方法によってする。
一　対象書面等の写しの交付にあっては、当該対象書面等を複写機により用紙の片面又は両面に白黒又はカラーで複写したものの交付
二　対象電磁的記録に記録された事項を記載した書面の交付にあっては、当該事項を用紙の片面又は両面に白黒又はカラーで出力したものの交付
三　情報通信技術利用法第4条第1項の規定により同項に規定する電子情報処理組織を使用して行う方法
（手数料の額等）
第12条 法第38条第4項（同条第6項の規定により読み替えて適用する場合を除く。）の規定により納付しなければならない手数料（以下この条及び次条において「手数料」という。）の額は、次の各号に掲げる交付の方法の区分に応じ、当該各号に定める額とする。
一　前条第1号又は第2号に掲げる交付の方法　用紙1枚につき10円（カラーで複写され、又は出力された用紙にあっては、20円）。この場合において、両面に複写され、又は出力された用紙については、片面を1枚として手数料の額を算定する。
二　前条第3号に掲げる交付の方法　同条第1号又は第2号に掲げる交付の方法（用紙の片面に複写し、又は出力する方法に限る。）によってするとしたならば、複写され、又は出力される用紙1枚につき10円
2　手数料は、審査庁が定める書面に収入印紙を貼って納付しなければならない。ただし、次に掲げる場合は、この限りでない。
一　手数料の納付について収入印紙によることが適当でない審査請求として審査庁がその範囲及び手数料の納付の方法を官報により公示した場合において、公示された方法により手数料を納付する場合（第3号に掲げる場合を除く。）
二　審査庁の事務所において手数料の納付を現金ですることが可能である旨及び当該事務所の所在地を当該審査庁が官報により公示した場合において、手数料を当該事務所において現金で納付する場合（次号に掲げる場合を除く。）
三　情報通信技術利用法第3条第1項の規定により同項に規定する電子情報処理組織を使用して法第38条第1項の規定による交付を求める場合において、総務省令で定める方法により手数料を納付する場合
（手数料の減免）
第13条 審理員は、法第38条第1項の規定による交付を受ける審査請求人又は参加人（以下この条及び次条において「審査請求人等」という。）が経済的困難により手数料を納付する資力がないと認めるときは、同項の規定による交付の求め1件につき2,000円を限度として、手数料を減額し、又は免除することができる。
2　手数料の減額又は免除を受けようとする審査請求人等は、法第38条第1項の規定による交付を求める際に、併せて当該減額又は免除を求める旨及びその理由を記載した書面を審理員に提出しなければならない。
3　前項の書面には、審査請求人等が生活保護法（昭和25年法律第144号）第11条第1項各号に掲げる扶助を受けていることを理由とする場合にあっては当該扶助を受けていることを証明する書面を、その他の事実を理由とする場合にあっては当該事実を証明する書面を、それぞれ添付しなければならない。
（送付による交付）
第14条 法第38条第1項の規定による交付を受け

る審査請求人等は、同条第4項の規定により納付しなければならない手数料のほか送付に要する費用を納付して、対象書面等の写し又は対象電磁的記録に記録された事項を記載した書面の送付を求めることができる。この場合において、当該送付に要する費用は、総務省令で定める方法により納付しなければならない。
2　国に所属しない行政庁が審査庁である場合における前項の規定の適用については、同項中「総務省令で」とあるのは、「審査庁が」とする。
　　（事件記録）
第15条　法第41条第3項の政令で定めるものは、次に掲げるものとする。
　一　審査請求録取書
　二　法第29条第4項各号に掲げる書面
　三　反論書
　四　意見書
　五　口頭意見陳述若しくは特定意見聴取、法第34条の陳述若しくは鑑定、法第35条第1項の検証、法第36条の規定による質問又は法第37条第1項若しくは第2項の規定による意見の聴取の記録
　六　法第32条第1項又は第2項の規定により提出された証拠書類若しくは証拠物又は書類その他の物件
　七　法第33条の規定による提出要求に応じて提出された書類その他の物件
2　前項第5号の「特定意見聴取」とは、審理手続において審理員が次に掲げる規定による意見の聴取を行った場合における当該意見の聴取をいう。
　一　外国為替及び外国貿易法（昭和24年法律第228号）第56条第1項
　二　肥料取締法（昭和25年法律第127号）第34条第2項（同法第33条の5第4項において準用する場合を含む。）
　三　火薬類取締法（昭和25年法律第149号）第55条第1項
　四　漁業法（昭和25年法律第178号）第48条第1項
　五　文化財保護法（昭和25年法律第214号）第156条第1項
　六　鉱業法（昭和25年法律第289号）第126条（採石法（昭和25年法律第291号）第38条、砂利採取法（昭和43年法律第74号）第30条第3項及び金属鉱業等鉱害対策特別措置法（昭和48年法律第26号）第35条において準用する場合を含む。）
　七　採石法第34条の5第1項
　八　高圧ガス保安法（昭和26年法律第204号）第78条第1項
　九　税理士法（昭和26年法律第237号）第35条第3項
　十　航空機製造事業法（昭和27年法律第237号）第20条第1項
　十一　輸出入取引法（昭和27年法律第299号）第39条の2第1項
　十二　飼料の安全性の確保及び品質の改善に関する法律（昭和28年法律第35号）第63条第1項
　十三　有線電気通信法（昭和28年法律第96号）第10条第1項（同法第11条において読み替えて準用する場合を含む。）
　十四　商工会議所法（昭和28年法律第143号）第83条第1項
　十五　武器等製造法（昭和28年法律第145号）第30条第1項
　十六　臨時船舶建造調整法（昭和28年法律第149号）第6条第1項
　十七　農業機械化促進法（昭和28年法律第252号）第13条第2項
　十八　ガス事業法（昭和29年法律第51号）第50条第1項
　十九　家畜取引法（昭和31年法律第123号）第31条第1項
　二十　工業用水法（昭和31年法律第146号）第27条第1項
　二十一　工業用水道事業法（昭和33年法律第84号）第26条第1項
　二十二　小売商業調整特別措置法（昭和34年法律第155号）第20条第1項
　二十三　商工会法（昭和35年法律第89号）第59条第1項
　二十四　割賦販売法（昭和36年法律第159号）第44条第1項
　二十五　電気用品安全法（昭和36年法律第234号）第51条第1項
　二十六　電気事業法（昭和39年法律第170号）第110条第1項
　二十七　液化石油ガスの保安の確保及び取引の

適正化に関する法律（昭和42年法律第149号）第92条第1項

二十八　砂利採取法第39条第1項

二十九　電気工事業の業務の適正化に関する法律（昭和45年法律第96号）第31条第1項

三十　熱供給事業法（昭和47年法律第88号）第30条第1項

三十一　石油パイプライン事業法（昭和47年法律第105号）第38条第1項

三十二　消費生活用製品安全法（昭和48年法律第31号）第50条第1項

三十三　化学物質の審査及び製造等の規制に関する法律（昭和48年法律第117号）第51条第1項

三十四　揮発油等の品質の確保等に関する法律（昭和51年法律第88号）第22条第1項

三十五　日本国と大韓民国との間の両国に隣接する大陸棚の南部の共同開発に関する協定の実施に伴う石油及び可燃性天然ガス資源の開発に関する特別措置法（昭和53年法律第81号）第46条第1項

三十六　深海底鉱業暫定措置法（昭和57年法律第64号）第38条第1項

三十七　電気通信事業法（昭和59年法律第86号）第171条第1項

三十八　特定物質の規制等によるオゾン層の保護に関する法律（昭和63年法律第53号）第28条第1項

三十九　資源の有効な利用の促進に関する法律（平成3年法律第48号）第38条第1項

四十　計量法（平成4年法律第51号）第164条第1項

四十一　特定有害廃棄物等の輸出入等の規制に関する法律（平成4年法律第108号）第18条第1項

四十二　民間事業者による信書の送達に関する法律（平成14年法律第99号）第40条第1項

3　法第42条第2項の規定による事件記録（審査請求書、弁明書、反論書及び意見書に限る。）の提出は、審査請求書、弁明書、反論書又は意見書の正本によってする。

4　第4条第4項、第6条第2項又は第7条第2項に規定する場合において、当該審査請求、当該弁明、当該反論又は当該意見に係る電磁的記録については、それぞれ審査請求書、弁明書、反論書又は意見書の正本とみなして、前項の規定を適用する。

（審理員意見書の提出）

第16条　審理員は、法第42条第2項の規定により審理員意見書を提出するときは、事件記録のほか、法第13条第1項の許可に関する書類その他の総務省令で定める書類を審査庁に提出しなければならない。

（審議会等）

第17条　法第43条第1項第1号の政令で定めるものは、次のとおりとする。

一　公認会計士法（昭和23年法律第103号）第46条の11に規定する資格審査会

二　地方社会保険医療協議会

三　司法書士法（昭和25年法律第197号）第67条に規定する登録審査会

四　港湾法（昭和25年法律第218号）第24条の2に規定する地方港湾審議会

五　土地家屋調査士法（昭和25年法律第228号）第62条に規定する登録審査会

六　行政書士法（昭和26年法律第4号）第18条の4に規定する資格審査会

七　税理士法第49条の16に規定する資格審査会

八　土地区画整理法（昭和29年法律第119号）第71条の4に規定する土地区画整理審議会

九　社会保険労務士法（昭和43年法律第89号）第25条の37に規定する資格審査会

十　都市再開発法（昭和44年法律第38号）第7条の19、第43条及び第50条の14に規定する審査委員並びに同法第59条に規定する市街地再開発審査会

十一　大都市地域における住宅及び住宅地の供給の促進に関する特別措置法（昭和50年法律第67号）第60条に規定する住宅街区整備審議会

十二　密集市街地における防災街区の整備の促進に関する法律（平成9年法律第49号）第131条、第161条及び第177条に規定する審査委員並びに同法第190条に規定する防災街区整備審査会

十三　弁理士法（平成12年法律第49号）第70条に規定する登録審査会

十四　マンションの建替え等の円滑化に関する法律（平成14年法律第78号）第37条、第53条及び第136条に規定する審査委員

十五　裁判外紛争解決手続の利用の促進に関する法律（平成16年法律第151号）第10条に規定する認証審査参与員

十六　郵政民営化委員会

十七　地方年金記録訂正審議会

2　法第43条第1項第2号の政令で定めるものは、裁判外紛争解決手続の利用の促進に関する法律第10条に規定する認証審査参与員とする。

第2章　再調査の請求

第18条　第3条、第4条第2項及び第3項並びに第8条の規定は、再調査の請求について準用する。この場合において、別表第2の上欄に掲げる規定中同表の中欄に掲げる字句は、それぞれ同表の下欄に掲げる字句に読み替えるものとする。

第3章　再審査請求

第19条　第1章（第2条、第6条、第15条第1項第2号及び第3号並びに第2項並びに第17条を除く。）の規定は、再審査請求について準用する。この場合において、別表第3の上欄に掲げる規定中同表の中欄に掲げる字句は、それぞれ同表の下欄に掲げる字句に読み替えるものとする。

2　再審査庁が法第66条第1項において準用する法第9条第1項各号に掲げる機関である場合には、前項において読み替えて準用する第1条、第15条（第1項第2号及び第3号並びに第2項を除く。）及び第16条の規定は、適用しない。

第4章　行政不服審査会

（議事）

第20条　法第72条第1項の合議体は、これを構成する全ての委員の、同条第2項の合議体は、過半数の委員の出席がなければ、会議を開き、議決することができない。

2　法第72条第1項の合議体の議事は、その合議体を構成する委員の過半数をもって決する。

3　法第72条第2項の合議体の議事は、出席した委員の過半数をもって決し、可否同数のときは、会長の決するところによる。

4　委員又は専門委員は、自己の利害に関係する議事に参与することができない。

（調査審議の手続の併合又は分離）

第21条　行政不服審査会（以下「審査会」という。）は、必要があると認める場合には、数個の事件に係る調査審議の手続を併合し、又は併合された数個の事件に係る調査審議の手続を分離することができる。

2　審査会は、前項の規定により、事件に係る調査審議の手続を併合し、又は分離したときは、審査関係人にその旨を通知しなければならない。

（映像等の送受信による通話の方法による意見の陳述等）

第22条　第8条の規定は、法第75条第1項の規定による意見の陳述について準用する。この場合において、第8条中「審理員は」とあるのは「審査会は」と、「審理を」とあるのは「調査審議を」と、「審理関係人」とあるのは「審査関係人」と、「、審理員」とあるのは「、委員」と読み替えるものとする。

（提出資料の交付）

第23条　第10条から第14条まで（第12条第2項第1号及び第14条第2項を除く。）の規定は、法第78条第1項の規定による交付について準用する。この場合において、第10条第1号中「第38条第1項」とあるのは「第78条第1項」と、「書面若しくは書類」とあるのは「主張書面若しくは資料」と、「対象書面等」とあるのは「対象主張書面等」と、同条第2号及び第3号並びに第11条第1号中「対象書面等」とあるのは「対象主張書面等」と、第12条第1項中「第38条第4項（同条第6項の規定により読み替えて適用する場合を除く。）」とあるのは「第78条第4項」と、「以下この条及び次条において」とあるのは「以下」と、同条第2項中「審査庁」とあり、並びに第13条第1項及び第2項中「審理員」とあるのは「審査会」と、第14条第1項中「同条第4項の規定により納付しなければならない手数料」とあるのは「手数料」と、「対象書面等」とあるのは「対象主張書面等」と読み替えるものとする。

（審査会の事務局長等）

第24条　審査会の事務局長は、関係のある他の職を占める者をもって充てられるものとする。

2　審査会の事務局に、課を置く。

3　前項に定めるもののほか、審査会の事務局の内部組織の細目は、総務省令で定める。

（審査会の調査審議の手続）

第25条　この政令に定めるもののほか、審査会の調査審議の手続に関し必要な事項は、会長が審査会に諮って定める。

第5章 補則

(不服申立書)

第26条 法第83条第2項において法第19条(第5項第1号及び第2号を除く。)の規定を準用する場合には、同条第1項中「審査請求は、他の法律(条例に基づく処分については、条例)に口頭ですることができる旨の定めがある場合を除き」とあるのは「不服申立て(第82条第1項に規定する不服申立てをいう。以下同じ。)は」と、同条第2項第1号中「審査請求人」とあるのは「不服申立人」と、同項第2号中「審査請求」とあるのは「不服申立て」と、同項第3号中「審査請求に係る処分(当該処分について再調査の請求についての決定を経たときは、当該決定)」とあるのは「不服申立てに係る処分」と、同項第4号及び第6号中「審査請求」とあるのは「不服申立て」と、同条第4項中「審査請求人」とあるのは「不服申立人」と、「審査請求を」とあるのは「不服申立てを」と、「第2項各号又は前項各号」とあるのは「第2項各号」と、同条第5項第3号中「審査請求期間」とあるのは「不服申立てをすることができる期間」と、「審査請求を」とあるのは「不服申立てを」と、「前条第1項ただし書又は第2項ただし書に規定する」とあるのは「当該期間内に不服申立てをしなかったことについての」と読み替えるものとする。

2 第4条第2項及び第3項の規定は、法第83条第1項の不服申立書について準用する。この場合において、これらの規定中「審査請求人」とあるのは「不服申立人」と、「審査請求を」とあるのは「不服申立てを」と読み替えるものとする。

(総務省令への委任)

第27条 この政令に定めるもののほか、法及びこの政令の実施のために必要な手続その他の事項は、総務省令で定める。

附　則

この政令は、法の施行の日(平成28年4月1日)から施行する。

別表第1 (第2条関係)

第3条第2項	審査庁(審理員が指名されている場合において、審理手続が終結するまでの間は、審理員)	審査庁
第6条第1項	提出しなければ	提出し、又は作成しなければ
第6条第2項	弁明がされた	弁明がされ、又は情報通信技術利用法第6条第1項の規定により弁明に係る電磁的記録が作成された
	提出された	提出され、又は作成された
第7条第1項	参加人及び処分庁等	参加人及び処分庁等(処分庁等が審査庁である場合にあっては、参加人)
	審査請求人及び処分庁等	審査請求人及び処分庁等(処分庁等が審査庁である場合にあっては、審査請求人)
第8条	審理員	審査庁
	審理関係人がある	審理関係人(処分庁等が審査庁である場合にあっては、審査請求人及び参加人。以下この条において同じ。)がある
第9条並びに第13条第1項及び第2項	審理員	審査庁

別表第2 (第18条関係)

第3条第1項	法	法第61条において準用する法
第3条第2項	審査庁(審理員が指名されている場合において、審理手続が終結するまでの間は、審理員)	処分庁

第4条第2項	審査請求書	再調査の請求書
第4条第3項	審査請求書の正本	再調査の請求書
第8条	審理員は	処分庁は
	審理関係人がある	再調査の請求人又は参加人がある
	審理員及び審理関係人	処分庁並びに再調査の請求人及び参加人

別表第3（第19条関係）

第1条第1項	第9条第1項	第66条第1項において読み替えて準用する法第9条第1項
第1条第2項	法	法第66条第1項において読み替えて準用する法
第3条第1項	法	法第66条第1項において準用する法
第4条の見出し	審査請求書	再審査請求書
第4条第1項	審査請求書は、審査請求をすべき行政庁が処分庁等でない場合には	再審査請求書は
第4条第2項及び第3項	審査請求書	再審査請求書
第4条第4項	場合（審査請求をすべき行政庁が処分庁等でない場合に限る。）	場合
	審査請求書	再審査請求書
第5条の見出し	審査請求書	再審査請求書
第5条第1項	第29条第1項本文	第66条第1項において読み替えて準用する法第29条第1項本文
	審査請求書の送付	再審査請求書の送付
	審査請求書の副本（法第22条第3項若しくは第4項又は第83条第3項の規定の適用がある場合にあっては、審査請求書の写し。次項において同じ。）	再審査請求書の副本
第5条第2項	審査請求書	再審査請求書
第7条の見出し	反論書等	意見書
第7条第1項	反論書は、正本並びに当該反論書を送付すべき参加人及び処分庁等の数に相当する通数の副本を、	法第66条第1項において読み替えて準用する
	処分庁等の数に相当する通数の副本を、それぞれ	裁決庁等の数に相当する通数の副本を
第7条第2項	反論がされ、又は意見が	意見が
	反論書又は意見書	意見書
第7条第3項	法	法第66条第1項において読み替えて準用する法
	反論書又は意見書	意見書
第7条第4項	当該反論又は当該意見	当該意見
	反論書又は意見書	意見書
第8条	審理員は	審理員（再審査庁が法第66条第1項において準用する法第9条第1項各号に掲げる機関である場合にあっては、再審査庁。以下同じ。）は

第9条	法	法第66条第1項において読み替えて準用する法
第10条及び第11条	第38条第1項	第66条第1項において読み替えて準用する法第38条第1項
第12条第1項	第38条第4項（同条第6項	第66条第1項において準用する法第38条第4項（法第66条第1項において準用する法第38条第6項
第12条第2項第3号	第38条第1項	第66条第1項において読み替えて準用する法第38条第1項
第13条第1項及び第2項	法	法第66条第1項において読み替えて準用する法
	審査請求人等	再審査請求人等
第13条第3項	審査請求人等	再審査請求人等
第14条第1項	第38条第1項	第66条第1項において読み替えて準用する法第38条第1項
	審査請求人等	再審査請求人等
	同条第4項	法第66条第1項において準用する法第38条第4項
第15条第1項	第41条第3項	第66条第1項において読み替えて準用する法第41条第3項
	審査請求録取書	再審査請求録取書
	若しくは特定意見聴取、	、法第66条第1項において読み替えて準用する
	法第35条第1項	同項において読み替えて準用する法第35条第1項
	第36条	第66条第1項において読み替えて準用する法第36条
	法第37条第1項	同項において読み替えて準用する法第37条第1項
	第32条第1項	第66条第1項において準用する法第32条第1項
	第33条	第66条第1項において読み替えて準用する法第33条
第15条第3項	法	法第66条第1項において準用する法
	審査請求書、弁明書、反論書	再審査請求書
第15条第4項	、第6条第2項又は	又は
	当該審査請求、当該弁明、当該反論	当該再審査請求
	審査請求書、弁明書、反論書	再審査請求書
第16条	第42条第2項	第66条第1項において準用する法第42条第2項
	第13条第1項	第66条第1項において読み替えて準用する法第13条第1項

行政手続法
（平成5年11月12日法律第88号）
最終改正：平成26年6月13日法律第70号

第1章　総則

（目的等）

第1条　この法律は、処分、行政指導及び届出に関する手続並びに命令等を定める手続に関し、共通する事項を定めることによって、行政運営における公正の確保と透明性（行政上の意思決定について、その内容及び過程が国民にとって明らかであることをいう。第46条において同じ。）の向上を図り、もって国民の権利利益の保護に資することを目的とする。

2　処分、行政指導及び届出に関する手続並びに命令等を定める手続に関しこの法律に規定する事項について、他の法律に特別の定めがある場合は、その定めるところによる。

（定義）

第2条　この法律において、次の各号に掲げる用語の意義は、当該各号に定めるところによる。

一　法令　法律、法律に基づく命令（告示を含む。）、条例及び地方公共団体の執行機関の規則（規程を含む。以下「規則」という。）をいう。

二　処分　行政庁の処分その他公権力の行使に当たる行為をいう。

三　申請　法令に基づき、行政庁の許可、認可、免許その他の自己に対し何らかの利益を付与する処分（以下「許認可等」という。）を求める行為であって、当該行為に対して行政庁が諾否の応答をすべきこととされているものをいう。

四　不利益処分　行政庁が、法令に基づき、特定の者を名あて人として、直接に、これに義務を課し、又はその権利を制限する処分をいう。ただし、次のいずれかに該当するものを除く。

　イ　事実上の行為及び事実上の行為をするに当たりその範囲、時期等を明らかにするために法令上必要とされている手続としての処分

　ロ　申請により求められた許認可等を拒否する処分その他申請に基づき当該申請をした者を名あて人としてされる処分

　ハ　名あて人となるべき者の同意の下にすることとされている処分

　ニ　許認可等の効力を失わせる処分であって、当該許認可等の基礎となった事実が消滅した旨の届出があったことを理由としてされるもの

五　行政機関　次に掲げる機関をいう。

　イ　法律の規定に基づき内閣に置かれる機関若しくは内閣の所轄の下に置かれる機関、宮内庁、内閣府設置法（平成11年法律第89号）第49条第1項若しくは第2項に規定する機関、国家行政組織法（昭和23年法律第120号）第3条第2項に規定する機関、会計検査院若しくはこれらに置かれる機関又はこれらの機関の職員であって法律上独立に権限を行使することを認められた職員

　ロ　地方公共団体の機関（議会を除く。）

六　行政指導　行政機関がその任務又は所掌事務の範囲内において一定の行政目的を実現するため特定の者に一定の作為又は不作為を求める指導、勧告、助言その他の行為であって処分に該当しないものをいう。

七　届出　行政庁に対し一定の事項の通知をする行為（申請に該当するものを除く。）であって、法令により直接に当該通知が義務付けられているもの（自己の期待する一定の法律上の効果を発生させるためには当該通知をすべきこととされているものを含む。）をいう。

八　命令等　内閣又は行政機関が定める次に掲げるものをいう。

　イ　法律に基づく命令（処分の要件を定める告示を含む。次条第2項において単に「命令」という。）又は規則

　ロ　審査基準（申請により求められた許認可等をするかどうかをその法令の定めに従って判断するために必要とされる基準をいう。以下同じ。）

　ハ　処分基準（不利益処分をするかどうか又はどのような不利益処分をするかについてその法令の定めに従って判断するために必要とされる基準をいう。以下同じ。）

　ニ　行政指導指針（同一の行政目的を実現するため一定の条件に該当する複数の者に対し行政指導をしようとするときにこれらの行政指導に共通してその内容となるべき事

項をいう。以下同じ。）
（適用除外）
第3条 次に掲げる処分及び行政指導については、次章から第4章の2までの規定は、適用しない。
一 国会の両院若しくは一院又は議会の議決によってされる処分
二 裁判所若しくは裁判官の裁判により、又は裁判の執行としてされる処分
三 国会の両院若しくは一院若しくは議会の議決を経て、又はこれらの同意若しくは承認を得た上でされるべきものとされている処分
四 検査官会議で決すべきものとされている処分及び会計検査の際にされる行政指導
五 刑事事件に関する法令に基づいて検察官、検察事務官又は司法警察職員がする処分及び行政指導
六 国税又は地方税の犯則事件に関する法令（他の法令において準用する場合を含む。）に基づいて国税庁長官、国税局長、税務署長、収税官吏、税関長、税関職員又は徴税吏員（他の法令の規定に基づいてこれらの職員の職務を行う者を含む。）がする処分及び行政指導並びに金融商品取引の犯則事件に関する法令（他の法令において準用する場合を含む。）に基づいて証券取引等監視委員会、その職員（当該法令においてその職員とみなされる者を含む。）、財務局長又は財務支局長がする処分及び行政指導
七 学校、講習所、訓練所又は研修所において、教育、講習、訓練又は研修の目的を達成するために、学生、生徒、児童若しくは幼児若しくはこれらの保護者、講習生、訓練生又は研修生に対してされる処分及び行政指導
八 刑務所、少年刑務所、拘置所、留置施設、海上保安留置施設、少年院、少年鑑別所又は婦人補導院において、収容の目的を達成するためにされる処分及び行政指導
九 公務員（国家公務員法（昭和22年法律第120号）第2条第1項に規定する国家公務員及び地方公務員法（昭和25年法律第261号）第3条第1項に規定する地方公務員をいう。以下同じ。）又は公務員であった者に対してその職務又は身分に関してされる処分及び行政指導
十 外国人の出入国、難民の認定又は帰化に関する処分及び行政指導
十一 専ら人の学識技能に関する試験又は検定の結果についての処分
十二 相反する利害を有する者の間の利害の調整を目的として法令の規定に基づいてされる裁定その他の処分（その双方を名宛人とするものに限る。）及び行政指導
十三 公衆衛生、環境保全、防疫、保安その他の公益に関わる事象が発生し又は発生する可能性のある現場において警察官若しくは海上保安官又はこれらの公益を確保するために行使すべき権限を法律上直接に与えられたその他の職員によってされる処分及び行政指導
十四 報告又は物件の提出を命ずる処分その他その職務の遂行上必要な情報の収集を直接の目的としてされる処分及び行政指導
十五 審査請求、再調査の請求その他の不服申立てに対する行政庁の裁決、決定その他の処分
十六 前号に規定する処分の手続又は第3章に規定する聴聞若しくは弁明の機会の付与の手続その他の意見陳述のための手続において法令に基づいてされる処分及び行政指導
2 次に掲げる命令等を定める行為については、第6章の規定は、適用しない。
一 法律の施行期日について定める政令
二 恩赦に関する命令
三 命令又は規則を定める行為が処分に該当する場合における当該命令又は規則
四 法律の規定に基づき施設、区間、地域その他これらに類するものを指定する命令又は規則
五 公務員の給与、勤務時間その他の勤務条件について定める命令等
六 審査基準、処分基準又は行政指導指針であって、法令の規定により若しくは慣行として、又は命令等を定める機関の判断により公にされるもの以外のもの
3 第1項各号及び前項各号に掲げるもののほか、地方公共団体の機関がする処分（その根拠となる規定が条例又は規則に置かれているものに限る。）及び行政指導、地方公共団体の機関に対する届出（前条第7号の通知の根拠となる規定が条例又は規則に置かれているものに限る。）並びに地方公共団体の機関が命令等を定める行為については、次章から第6章までの規定は、適用

しない。
　（国の機関等に対する処分等の適用除外）
第4条　国の機関又は地方公共団体若しくはその機関に対する処分（これらの機関又は団体がその固有の資格において当該処分の名あて人となるものに限る。）及び行政指導並びにこれらの機関又は団体がする届出（これらの機関又は団体がその固有の資格においてすべきこととされているものに限る。）については、この法律の規定は、適用しない。
2　次の各号のいずれかに該当する法人に対する処分であって、当該法人の監督に関する法律の特別の規定に基づいてされるもの（当該法人の解散を命じ、若しくは設立に関する認可を取り消す処分又は当該法人の役員若しくは当該法人の業務に従事する者の解任を命ずる処分を除く。）については、次章及び第3章の規定は、適用しない。
　一　法律により直接に設立された法人又は特別の法律により特別の設立行為をもって設立された法人
　二　特別の法律により設立され、かつ、その設立に関し行政庁の認可を要する法人のうち、その行う業務が国又は地方公共団体の行政運営と密接な関連を有するものとして政令で定める法人
3　行政庁が法律の規定に基づく試験、検査、検定、登録その他の行政上の事務について当該法律に基づきその全部又は一部を行わせる者を指定した場合において、その指定を受けた者（その者が法人である場合にあっては、その役員）又は職員その他の者が当該事務に従事することに関し公務に従事する職員とみなされるときは、その指定を受けた者に対し当該法律に基づいて当該事務に関し監督上される処分（当該指定を取り消す処分、その指定を受けた者が法人である場合におけるその役員の解任を命ずる処分又はその指定を受けた者の当該事務に従事する者の解任を命ずる処分を除く。）については、次章及び第3章の規定は、適用しない。
4　次に掲げる命令等を定める行為については、第6章の規定は、適用しない。
　一　国又は地方公共団体の機関の設置、所掌事務の範囲その他の組織について定める命令等
　二　皇室典範（昭和22年法律第3号）第26条の皇統譜について定める命令等
　三　公務員の礼式、服制、研修、教育訓練、表彰及び報償並びに公務員の間における競争試験について定める命令等
　四　国又は地方公共団体の予算、決算及び会計について定める命令等（入札の参加者の資格、入札保証金その他の国又は地方公共団体の契約の相手方又は相手方になろうとする者に係る事項を定める命令等を除く。）並びに国又は地方公共団体の財産及び物品の管理について定める命令等（国又は地方公共団体が財産及び物品を貸し付け、交換し、売り払い、譲与し、信託し、若しくは出資の目的とし、又はこれらに私権を設定することについて定める命令等であって、これらの行為の相手方又は相手方になろうとする者に係る事項を定めるものを除く。）
　五　会計検査について定める命令等
　六　国の機関相互間の関係について定める命令等並びに地方自治法（昭和22年法律第67号）第2編第11章に規定する国と普通地方公共団体との関係及び普通地方公共団体相互間の関係その他の国と地方公共団体との関係及び地方公共団体相互間の関係について定める命令等（第1項の規定によりこの法律の規定を適用しないこととされる処分に係る命令等を含む。）
　七　第2項各号に規定する法人の役員及び職員、業務の範囲、財務及び会計その他の組織、運営及び管理について定める命令等（これらの法人に対する処分であって、これらの法人の解散を命じ、若しくは設立に関する認可を取り消す処分又はこれらの法人の役員若しくはこれらの法人の業務に従事する者の解任を命ずる処分に係る命令等を除く。）

第2章　申請に対する処分

（審査基準）
第5条　行政庁は、審査基準を定めるものとする。
2　行政庁は、審査基準を定めるに当たっては、許認可等の性質に照らしてできる限り具体的なものとしなければならない。
3　行政庁は、行政上特別の支障があるときを除き、法令により申請の提出先とされている機関の事務所における備付けその他の適当な方法に

より審査基準を公にしておかなければならない。
（標準処理期間）
第6条　行政庁は、申請がその事務所に到達してから当該申請に対する処分をするまでに通常要すべき標準的な期間（法令により当該行政庁と異なる機関が当該申請の提出先とされている場合は、併せて、当該申請が当該提出先とされている機関の事務所に到達してから当該行政庁の事務所に到達するまでに通常要すべき標準的な期間）を定めるよう努めるとともに、これを定めたときは、これらの当該申請の提出先とされている機関の事務所における備付けその他の適当な方法により公にしておかなければならない。
（申請に対する審査、応答）
第7条　行政庁は、申請がその事務所に到達したときは遅滞なく当該申請の審査を開始しなければならず、かつ、申請書の記載事項に不備がないこと、申請書に必要な書類が添付されていること、申請をすることができる期間内にされたものであることその他の法令に定められた申請の形式上の要件に適合しない申請については、速やかに、申請をした者（以下「申請者」という。）に対し相当の期間を定めて当該申請の補正を求め、又は当該申請により求められた許認可等を拒否しなければならない。
（理由の提示）
第8条　行政庁は、申請により求められた許認可等を拒否する処分をする場合は、申請者に対し、同時に、当該処分の理由を示さなければならない。ただし、法令に定められた許認可等の要件又は公にされた審査基準が数量的指標その他の客観的指標により明確に定められている場合であって、当該申請がこれらに適合しないことが申請書の記載又は添付書類その他の申請の内容から明らかであるときは、申請者の求めがあったときにこれを示せば足りる。
2　前項本文に規定する処分を書面でするときは、同項の理由は、書面により示さなければならない。
（情報の提供）
第9条　行政庁は、申請者の求めに応じ、当該申請に係る審査の進行状況及び当該申請に対する処分の時期の見通しを示すよう努めなければならない。
2　行政庁は、申請をしようとする者又は申請者の求めに応じ、申請書の記載及び添付書類に関する事項その他の申請に必要な情報の提供に努めなければならない。
（公聴会の開催等）
第10条　行政庁は、申請に対する処分であって、申請者以外の者の利害を考慮すべきことが当該法令において許認可等の要件とされているものを行う場合には、必要に応じ、公聴会の開催その他の適当な方法により当該申請者以外の者の意見を聴く機会を設けるよう努めなければならない。
（複数の行政庁が関与する処分）
第11条　行政庁は、申請の処理をするに当たり、他の行政庁において同一の申請者からされた関連する申請が審査中であることをもって自らすべき許認可等をするかどうかについての審査又は判断を殊更に遅延させるようなことをしてはならない。
2　一の申請又は同一の申請者からされた相互に関連する複数の申請に対する処分について複数の行政庁が関与する場合においては、当該複数の行政庁は、必要に応じ、相互に連絡をとり、当該申請者からの説明の聴取を共同して行う等により審査の促進に努めるものとする。

第3章　不利益処分

第1節　通則

（処分の基準）
第12条　行政庁は、処分基準を定め、かつ、これを公にしておくよう努めなければならない。
2　行政庁は、処分基準を定めるに当たっては、不利益処分の性質に照らしてできる限り具体的なものとしなければならない。
（不利益処分をしようとする場合の手続）
第13条　行政庁は、不利益処分をしようとする場合には、次の各号の区分に従い、この章の定めるところにより、当該不利益処分の名あて人となるべき者について、当該各号に定める意見陳述のための手続を執らなければならない。
一　次のいずれかに該当するとき　聴聞
　イ　許認可等を取り消す不利益処分をしようとするとき。
　ロ　イに規定するもののほか、名あて人の資格又は地位を直接にはく奪する不利益処分をしようとするとき。

ハ　名あて人が法人である場合におけるその役員の解任を命ずる不利益処分、名あて人の業務に従事する者の解任を命ずる不利益処分又は名あて人の会員である者の除名を命ずる不利益処分をしようとするとき。
　　ニ　イからハまでに掲げる場合以外の場合であって行政庁が相当と認めるとき。
　二　前号イからニまでのいずれにも該当しないとき　弁明の機会の付与
２　次の各号のいずれかに該当するときは、前項の規定は、適用しない。
　一　公益上、緊急に不利益処分をする必要があるため、前項に規定する意見陳述のための手続を執ることができないとき。
　二　法令上必要とされる資格がなかったこと又は失われるに至ったことが判明した場合に必ずすることとされている不利益処分であって、その資格の不存在又は喪失の事実が裁判所の判決書又は決定書、一定の職に就いたことを証する当該任命権者の書類その他の客観的な資料により直接証明されたものをしようとするとき。
　三　施設若しくは設備の設置、維持若しくは管理又は物の製造、販売その他の取扱いについて遵守すべき事項が法令において技術的な基準をもって明確にされている場合において、専ら当該基準が充足されていないことを理由として当該基準に従うべきことを命ずる不利益処分であってその不充足の事実が計測、実験その他客観的な認定方法によって確認されたものをしようとするとき。
　四　納付すべき金銭の額を確定し、一定の額の金銭の納付を命じ、又は金銭の給付決定の取消その他の金銭の給付を制限する不利益処分をしようとするとき。
　五　当該不利益処分の性質上、それによって課される義務の内容が著しく軽微なものであるため名あて人となるべき者の意見をあらかじめ聴くことを要しないものとして政令で定める処分をしようとするとき。
　　（不利益処分の理由の提示）
第14条　行政庁は、不利益処分をする場合には、その名あて人に対し、同時に、当該不利益処分の理由を示さなければならない。ただし、当該理由を示さないで処分をすべき差し迫った必要がある場合は、この限りでない。
２　行政庁は、前項ただし書の場合においては、当該名あて人の所在が判明しなくなったときその他処分後において理由を示すことが困難な事情があるときを除き、処分後相当の期間内に、同項の理由を示さなければならない。
３　不利益処分を書面でするときは、前２項の理由は、書面により示さなければならない。

　　　　第２節　聴聞
　　（聴聞の通知の方式）
第15条　行政庁は、聴聞を行うに当たっては、聴聞を行うべき期日までに相当な期間をおいて、不利益処分の名あて人となるべき者に対し、次に掲げる事項を書面により通知しなければならない。
　一　予定される不利益処分の内容及び根拠となる法令の条項
　二　不利益処分の原因となる事実
　三　聴聞の期日及び場所
　四　聴聞に関する事務を所掌する組織の名称及び所在地
２　前項の書面においては、次に掲げる事項を教示しなければならない。
　一　聴聞の期日に出頭して意見を述べ、及び証拠書類又は証拠物（以下「証拠書類等」という。）を提出し、又は聴聞の期日への出頭に代えて陳述書及び証拠書類等を提出することができること。
　二　聴聞が終結する時までの間、当該不利益処分の原因となる事実を証する資料の閲覧を求めることができること。
３　行政庁は、不利益処分の名あて人となるべき者の所在が判明しない場合においては、第１項の規定による通知を、その者の氏名、同項第３号及び第４号に掲げる事項並びに当該行政庁が同項各号に掲げる事項を記載した書面をいつでもその者に交付する旨を当該行政庁の事務所の掲示場に掲示することによって行うことができる。この場合においては、掲示を始めた日から２週間を経過したときに、当該通知がその者に到達したものとみなす。
　　（代理人）
第16条　前条第１項の通知を受けた者（同条第３項後段の規定により当該通知が到達したものとみなされる者を含む。以下「当事者」という。）は、

代理人を選任することができる。
2 代理人は、各自、当事者のために、聴聞に関する一切の行為をすることができる。
3 代理人の資格は、書面で証明しなければならない。
4 代理人がその資格を失ったときは、当該代理人を選任した当事者は、書面でその旨を行政庁に届け出なければならない。
（参加人）
第17条 第19条の規定により聴聞を主宰する者（以下「主宰者」という。）は、必要があると認めるときは、当事者以外の者であって当該不利益処分の根拠となる法令に照らし当該不利益処分につき利害関係を有するものと認められる者（同条第2項第6号において「関係人」という。）に対し、当該聴聞に関する手続に参加することを求め、又は当該聴聞に関する手続に参加することを許可することができる。
2 前項の規定により当該聴聞に関する手続に参加する者（以下「参加人」という。）は、代理人を選任することができる。
3 前条第2項から第4項までの規定は、前項の代理人について準用する。この場合において、同条第2項及び第4項中「当事者」とあるのは、「参加人」と読み替えるものとする。
（文書等の閲覧）
第18条 当事者及び当該不利益処分がされた場合に自己の利益を害されることとなる参加人（以下この条及び第24条第3項において「当事者等」という。）は、聴聞の通知があった時から聴聞が終結する時までの間、行政庁に対し、当該事案についてした調査の結果に係る調書その他の当該不利益処分の原因となる事実を証する資料の閲覧を求めることができる。この場合において、行政庁は、第三者の利益を害するおそれがあるときその他正当な理由があるときでなければ、その閲覧を拒むことができない。
2 前項の規定は、当事者等が聴聞の期日における審理の進行に応じて必要となった資料の閲覧を更に求めることを妨げない。
3 行政庁は、前2項の閲覧について日時及び場所を指定することができる。
（聴聞の主宰）
第19条 聴聞は、行政庁が指名する職員その他政令で定める者が主宰する。

2 次の各号のいずれかに該当する者は、聴聞を主宰することができない。
一 当該聴聞の当事者又は参加人
二 前号に規定する者の配偶者、4親等内の親族又は同居の親族
三 第1号に規定する者の代理人又は次条第3項に規定する補佐人
四 前3号に規定する者であった者
五 第1号に規定する者の後見人、後見監督人、保佐人、保佐監督人、補助人又は補助監督人
六 参加人以外の関係人
（聴聞の期日における審理の方式）
第20条 主宰者は、最初の聴聞の期日の冒頭において、行政庁の職員に、予定される不利益処分の内容及び根拠となる法令の条項並びにその原因となる事実を聴聞の期日に出頭した者に対し説明させなければならない。
2 当事者又は参加人は、聴聞の期日に出頭して、意見を述べ、及び証拠書類等を提出し、並びに主宰者の許可を得て行政庁の職員に対し質問を発することができる。
3 前項の場合において、当事者又は参加人は、主宰者の許可を得て、補佐人とともに出頭することができる。
4 主宰者は、聴聞の期日において必要があると認めるときは、当事者若しくは参加人に対し質問を発し、意見の陳述若しくは証拠書類等の提出を促し、又は行政庁の職員に対し説明を求めることができる。
5 主宰者は、当事者又は参加人の一部が出頭しないときであっても、聴聞の期日における審理を行うことができる。
6 聴聞の期日における審理は、行政庁が公開することを相当と認めるときを除き、公開しない。
（陳述書等の提出）
第21条 当事者又は参加人は、聴聞の期日への出頭に代えて、主宰者に対し、聴聞の期日までに陳述書及び証拠書類等を提出することができる。
2 主宰者は、聴聞の期日に出頭した者に対し、その求めに応じて、前項の陳述書及び証拠書類等を示すことができる。
（続行期日の指定）
第22条 主宰者は、聴聞の期日における審理の結果、なお聴聞を続行する必要があると認めるときは、さらに新たな期日を定めることができる。

2　前項の場合においては、当事者及び参加人に対し、あらかじめ、次回の聴聞の期日及び場所を書面により通知しなければならない。ただし、聴聞の期日に出頭した当事者及び参加人に対しては、当該聴聞の期日においてこれを告知すれば足りる。

3　第15条第3項の規定は、前項本文の場合において、当事者又は参加人の所在が判明しないときにおける通知の方法について準用する。この場合において、同条第3項中「不利益処分の名あて人となるべき者」とあるのは「当事者又は参加人」と、「掲示を始めた日から2週間を経過したとき」とあるのは「掲示を始めた日から2週間を経過したとき（同一の当事者又は参加人に対する2回目以降の通知にあっては、掲示を始めた日の翌日）」と読み替えるものとする。

（当事者の不出頭等の場合における聴聞の終結）

第23条　主宰者は、当事者の全部若しくは一部が正当な理由なく聴聞の期日に出頭せず、かつ、第21条第1項に規定する陳述書若しくは証拠書類等を提出しない場合、又は参加人の全部若しくは一部が聴聞の期日に出頭しない場合には、これらの者に対し改めて意見を述べ、及び証拠書類等を提出する機会を与えることなく、聴聞を終結することができる。

2　主宰者は、前項に規定する場合のほか、当事者の全部又は一部が聴聞の期日に出頭せず、かつ、第21条第1項に規定する陳述書又は証拠書類等を提出しない場合において、これらの者の聴聞の期日への出頭が相当期間引き続き見込めないときは、これらの者に対し、期限を定めて陳述書及び証拠書類等の提出を求め、当該期限が到来したときに聴聞を終結することとすることができる。

（聴聞調書及び報告書）

第24条　主宰者は、聴聞の審理の経過を記載した調書を作成し、当該調書において、不利益処分の原因となる事実に対する当事者及び参加人の陳述の要旨を明らかにしておかなければならない。

2　前項の調書は、聴聞の期日における審理が行われた場合には各期日ごとに、当該審理が行われなかった場合には聴聞の終結後速やかに作成しなければならない。

3　主宰者は、聴聞の終結後速やかに、不利益処分の原因となる事実に対する当事者等の主張に理由があるかどうかについての意見を記載した報告書を作成し、第1項の調書とともに行政庁に提出しなければならない。

4　当事者又は参加人は、第1項の調書及び前項の報告書の閲覧を求めることができる。

（聴聞の再開）

第25条　行政庁は、聴聞の終結後に生じた事情にかんがみ必要があると認めるときは、主宰者に対し、前条第3項の規定により提出された報告書を返戻して聴聞の再開を命ずることができる。第22条第2項本文及び第3項の規定は、この場合について準用する。

（聴聞を経てされる不利益処分の決定）

第26条　行政庁は、不利益処分の決定をするときは、第24条第1項の調書の内容及び同条第3項の報告書に記載された主宰者の意見を十分に参酌してこれをしなければならない。

（審査請求の制限）

第27条　この節の規定に基づく処分又はその不作為については、審査請求をすることができない。

（役員等の解任等を命ずる不利益処分をしようとする場合の聴聞等の特例）

第28条　第13条第1項第1号ハに該当する不利益処分に係る聴聞において第15条第1項の通知があった場合におけるこの節の規定の適用については、名あて人である法人の役員、名あて人の業務に従事する者又は名あて人の会員である者（当該処分において解任し又は除名すべきこととされている者に限る。）は、同項の通知を受けた者とみなす。

2　前項の不利益処分のうち名あて人である法人の役員又は名あて人の業務に従事する者（以下この項において「役員等」という。）の解任を命ずるものに係る聴聞が行われた場合においては、当該処分にその名あて人が従わないことを理由として法令の規定によりされる当該役員等を解任する不利益処分については、第13条第1項の規定にかかわらず、行政庁は、当該役員等について聴聞を行うことを要しない。

第3節　弁明の機会の付与

（弁明の機会の付与の方式）

第29条　弁明は、行政庁が口頭ですることを認めたときを除き、弁明を記載した書面（以下「弁明書」という。）を提出してするものとする。

2 　弁明をするときは、証拠書類等を提出することができる。
（弁明の機会の付与の通知の方式）
第30条　行政庁は、弁明書の提出期限（口頭による弁明の機会の付与を行う場合には、その日時）までに相当な期間をおいて、不利益処分の名あて人となるべき者に対し、次に掲げる事項を書面により通知しなければならない。
一　予定される不利益処分の内容及び根拠となる法令の条項
二　不利益処分の原因となる事実
三　弁明書の提出先及び提出期限（口頭による弁明の機会の付与を行う場合には、その旨並びに出頭すべき日時及び場所）
（聴聞に関する手続の準用）
第31条　第15条第3項及び第16条の規定は、弁明の機会の付与について準用する。この場合において、第15条第3項中「第1項」とあるのは「第30条」と、「同項第3号及び第4号」とあるのは「同条第3号」と、第16条第1項中「前条第1項」とあるのは「第30条」と、「同項第3項後段」とあるのは「第31条において準用する第15条第3項後段」と読み替えるものとする。

第4章　行政指導

（行政指導の一般原則）
第32条　行政指導にあっては、行政指導に携わる者は、いやしくも当該行政機関の任務又は所掌事務の範囲を逸脱してはならないこと及び行政指導の内容があくまでも相手方の任意の協力によってのみ実現されるものであることに留意しなければならない。
2 　行政指導に携わる者は、その相手方が行政指導に従わなかったことを理由として、不利益な取扱いをしてはならない。
（申請に関連する行政指導）
第33条　申請の取下げ又は内容の変更を求める行政指導にあっては、行政指導に携わる者は、申請者が当該行政指導に従う意思がない旨を表明したにもかかわらず当該行政指導を継続すること等により当該申請者の権利の行使を妨げるようなことをしてはならない。
（許認可等の権限に関連する行政指導）
第34条　許認可等をする権限又は許認可等に基づく処分をする権限を有する行政機関が、当該権限を行使することができない場合又は行使する意思がない場合においてする行政指導にあっては、行政指導に携わる者は、当該権限を行使し得る旨を殊更に示すことにより相手方に当該行政指導に従うことを余儀なくさせるようなことをしてはならない。
（行政指導の方式）
第35条　行政指導に携わる者は、その相手方に対して、当該行政指導の趣旨及び内容並びに責任者を明確に示さなければならない。
2 　行政指導に携わる者は、当該行政指導をする際に、行政機関が許認可等をする権限又は許認可等に基づく処分をする権限を行使し得る旨を示すときは、その相手方に対して、次に掲げる事項を示さなければならない。
一　当該権限を行使し得る根拠となる法令の条項
二　前号の条項に規定する要件
三　当該権限の行使が前号の要件に適合する理由
3 　行政指導が口頭でされた場合において、その相手方から前2項に規定する事項を記載した書面の交付を求められたときは、当該行政指導に携わる者は、行政上特別の支障がない限り、これを交付しなければならない。
4 　前項の規定は、次に掲げる行政指導については、適用しない。
一　相手方に対しその場において完了する行為を求めるもの
二　既に文書（前項の書面を含む。）又は電磁的記録（電子的方式、磁気的方式その他人の知覚によっては認識することができない方式で作られる記録であって、電子計算機による情報処理の用に供されるものをいう。）によりその相手方に通知されている事項と同一の内容を求めるもの
（複数の者を対象とする行政指導）
第36条　同一の行政目的を実現するため一定の条件に該当する複数の者に対し行政指導をしようとするときは、行政機関は、あらかじめ、事案に応じ、行政指導指針を定め、かつ、行政上特別の支障がない限り、これを公表しなければならない。
（行政指導の中止等の求め）
第36条の2　法令に違反する行為の是正を求める

行政指導（その根拠となる規定が法律に置かれているものに限る。）の相手方は、当該行政指導が当該法律に規定する要件に適合しないと思料するときは、当該行政指導をした行政機関に対し、その旨を申し出て、当該行政指導の中止その他必要な措置をとることを求めることができる。ただし、当該行政指導がその相手方について弁明その他意見陳述のための手続を経てされたものであるときは、この限りでない。
2　前項の申出は、次に掲げる事項を記載した申出書を提出してしなければならない。
　一　申出をする者の氏名又は名称及び住所又は居所
　二　当該行政指導の内容
　三　当該行政指導がその根拠とする法律の条項
　四　前号の条項に規定する要件
　五　当該行政指導が前号の要件に適合しないと思料する理由
　六　その他参考となる事項
3　当該行政機関は、第1項の規定による申出があったときは、必要な調査を行い、当該行政指導が当該法律に規定する要件に適合しないと認めるときは、当該行政指導の中止その他必要な措置をとらなければならない。

第4章の2　処分等の求め

第36条の3　何人も、法令に違反する事実がある場合において、その是正のためにされるべき処分又は行政指導（その根拠となる規定が法律に置かれているものに限る。）がされていないと思料するときは、当該処分をする権限を有する行政庁又は当該行政指導をする権限を有する行政機関に対し、その旨を申し出て、当該処分又は行政指導をすることを求めることができる。
2　前項の申出は、次に掲げる事項を記載した申出書を提出してしなければならない。
　一　申出をする者の氏名又は名称及び住所又は居所
　二　法令に違反する事実の内容
　三　当該処分又は行政指導の内容
　四　当該処分又は行政指導の根拠となる法令の条項
　五　当該処分又は行政指導がされるべきであると思料する理由
　六　その他参考となる事項

3　当該行政庁又は行政機関は、第1項の規定による申出があったときは、必要な調査を行い、その結果に基づき必要があると認めるときは、当該処分又は行政指導をしなければならない。

第5章　届出

（届出）
第37条　届出が届出書の記載事項に不備がないこと、届出書に必要な書類が添付されていることその他の法令に定められた届出の形式上の要件に適合している場合は、当該届出が法令により当該届出の提出先とされている機関の事務所に到達したときに、当該届出をすべき手続上の義務が履行されたものとする。

第6章　意見公募手続等

（命令等を定める場合の一般原則）
第38条　命令等を定める機関（閣議の決定により命令等が定められる場合にあっては、当該命令等の立案をする各大臣。以下「命令等制定機関」という。）は、命令等を定めるに当たっては、当該命令等がこれを定める根拠となる法令の趣旨に適合するものとなるようにしなければならない。
2　命令等制定機関は、命令等を定めた後においても、当該命令等の規定の実施状況、社会経済情勢の変化等を勘案し、必要に応じ、当該命令等の内容について検討を加え、その適正を確保するよう努めなければならない。

（意見公募手続）
第39条　命令等制定機関は、命令等を定めようとする場合には、当該命令等の案（命令等で定めようとする内容を示すものをいう。以下同じ。）及びこれに関連する資料をあらかじめ公示し、意見（情報を含む。以下同じ。）の提出先及び意見の提出のための期間（以下「意見提出期間」という。）を定めて広く一般の意見を求めなければならない。
2　前項の規定により公示する命令等の案は、具体的かつ明確な内容のものであって、かつ、当該命令等の題名及び当該命令等を定める根拠となる法令の条項が明示されたものでなければならない。
3　第1項の規定により定める意見提出期間は、同項の公示の日から起算して30日以上でなけれ

ばならない。
4　次の各号のいずれかに該当するときは、第1項の規定は、適用しない。
　一　公益上、緊急に命令等を定める必要があるため、第1項の規定による手続（以下「意見公募手続」という。）を実施することが困難であるとき。
　二　納付すべき金銭について定める法律の制定又は改正により必要となる当該金銭の額の算定の基礎となるべき金額及び率並びに算定方法についての命令等その他当該法律の施行に関し必要な事項を定める命令等を定めようとするとき。
　三　予算の定めるところにより金銭の給付決定を行うために必要となる当該金銭の額の算定の基礎となるべき金額及び率並びに算定方法その他の事項を定める命令等を定めようとするとき。
　四　法律の規定により、内閣府設置法第49条第1項若しくは第2項若しくは国家行政組織法第3条第2項に規定する委員会又は内閣府設置法第37条若しくは第54条若しくは国家行政組織法第8条に規定する機関（以下「委員会等」という。）の議を経て定めることとされている命令等であって、相反する利害を有する者の間の利害の調整を目的として、法律又は政令の規定により、これらの者及び公益をそれぞれ代表する委員をもって組織される委員会等において審議を行うこととされているものとして政令で定める命令等を定めようとするとき。
　五　他の行政機関が意見公募手続を実施して定めた命令等と実質的に同一の命令等を定めようとするとき。
　六　法律の規定に基づき法令の規定の適用又は準用について必要な技術的読替えを定める命令等を定めようとするとき。
　七　命令等を定める根拠となる法令の規定の削除に伴い当然必要とされる当該命令等の廃止をしようとするとき。
　八　他の法令の制定又は改廃に伴い当然必要とされる規定の整理その他の意見公募手続を実施することを要しない軽微な変更として政令で定めるものを内容とする命令等を定めようとするとき。
　（意見公募手続の特例）
第40条　命令等制定機関は、命令等を定めようとする場合において、30日以上の意見提出期間を定めることができないやむを得ない理由があるときは、前条第3項の規定にかかわらず、30日を下回る意見提出期間を定めることができる。この場合においては、当該命令等の案の公示の際その理由を明らかにしなければならない。
2　命令等制定機関は、委員会等の議を経て命令等を定めようとする場合（前条第4項第4号に該当する場合を除く。）において、当該委員会等が意見公募手続に準じた手続を実施したときは、同条第1項の規定にかかわらず、自ら意見公募手続を実施することを要しない。
　（意見公募手続の周知等）
第41条　命令等制定機関は、意見公募手続を実施して命令等を定めるに当たっては、必要に応じ、当該意見公募手続の実施について周知するよう努めるとともに、当該意見公募手続の実施に関連する情報の提供に努めるものとする。
　（提出意見の考慮）
第42条　命令等制定機関は、意見公募手続を実施して命令等を定める場合には、意見提出期間内に当該命令等制定機関に対し提出された当該命令等の案についての意見（以下「提出意見」という。）を十分に考慮しなければならない。
　（結果の公示等）
第43条　命令等制定機関は、意見公募手続を実施して命令等を定めた場合には、当該命令等の公布（公布をしないものにあっては、公にする行為。第5項において同じ。）と同時期に、次に掲げる事項を公示しなければならない。
　一　命令等の題名
　二　命令等の案の公示の日
　三　提出意見（提出意見がなかった場合にあっては、その旨）
　四　提出意見を考慮した結果（意見公募手続を実施した命令等の案と定めた命令等との差異を含む。）及びその理由
2　命令等制定機関は、前項の規定にかかわらず、必要に応じ、同項第3号の提出意見に代えて、当該提出意見を整理又は要約したものを公示することができる。この場合においては、当該公示の後遅滞なく、当該提出意見を当該命令等制定機関の事務所における備付けその他の適当な方法により公にしなければならない。

3　命令等制定機関は、前2項の規定により提出意見を公示し又は公にすることにより第三者の利益を害するおそれがあるとき、その他正当な理由があるときは、当該提出意見の全部又は一部を除くことができる。

4　命令等制定機関は、意見公募手続を実施したにもかかわらず命令等を定めないこととした場合には、その旨（別の命令等の案について改めて意見公募手続を実施しようとする場合にあっては、その旨を含む。）並びに第1項第1号及び第2号に掲げる事項を速やかに公示しなければならない。

5　命令等制定機関は、第39条第4項各号のいずれかに該当することにより意見公募手続を実施しないで命令等を定めた場合には、当該命令等の公布と同時期に、次に掲げる事項を公示しなければならない。ただし、第1号に掲げる事項のうち命令等の趣旨については、同項第1号から第4号までのいずれかに該当することにより意見公募手続を実施しなかった場合において、当該命令等自体から明らかでないときに限る。

一　命令等の題名及び趣旨
二　意見公募手続を実施しなかった旨及びその理由

（準用）

第44条　第42条の規定は第40条第2項に該当することにより命令等制定機関が自ら意見公募手続を実施しないで命令等を定める場合について、前条第1項から第3項までの規定は第40条第2項に該当することにより命令等制定機関が自ら意見公募手続を実施しないで命令等を定めた場合について、前条第4項の規定は第40条第2項に該当することにより命令等制定機関が自ら意見公募手続を実施しないで命令等を定めないこととした場合について準用する。この場合において、第42条中「当該命令等制定機関」とあるのは「委員会等」と、前条第1項第2号中「命令等の案の公示の日」とあるのは「委員会等が命令等の案について公示に準じた手続を実施した日」と、同項第4号中「意見公募手続を実施した」とあるのは「委員会等が意見公募手続に準じた手続を実施した」と読み替えるものとする。

（公示の方法）

第45条　第39条第1項並びに第43条第1項（前条において読み替えて準用する場合を含む。）、第4項（前条において準用する場合を含む。）及び第5項の規定による公示は、電子情報処理組織を使用する方法その他の情報通信の技術を利用する方法により行うものとする。

2　前項の公示に関し必要な事項は、総務大臣が定める。

第7章　補則

（地方公共団体の措置）

第46条　地方公共団体は、第3条第3項において第2章から前章までの規定を適用しないこととされた処分、行政指導及び届出並びに命令等を定める行為に関する手続について、この法律の規定の趣旨にのっとり、行政運営における公正の確保と透明性の向上を図るため必要な措置を講ずるよう努めなければならない。

附　則　〔略〕

地方自治法（抄）

（昭和22年4月17日法律第67号）
最終改正：平成28年3月31日法律第19号

〔報酬及び費用弁償〕

第203条の2　普通地方公共団体は、その委員会の委員、非常勤の監査委員その他の委員、自治紛争処理委員、審査会、審議会及び調査会等の委員その他の構成員、専門委員、投票管理者、開票管理者、選挙長、投票立会人、開票立会人及び選挙立会人その他普通地方公共団体の非常勤の職員（短時間勤務職員を除く。）に対し、報酬を支給しなければならない。

②　前項の職員に対する報酬は、その勤務日数に応じてこれを支給する。ただし、条例で特別の定めをした場合は、この限りでない。

③　第1項の職員は、職務を行うため要する費用の弁償を受けることができる。

④　報酬及び費用弁償の額並びにその支給方法は、条例でこれを定めなければならない。

〔給料、手当及び旅費〕

第204条　普通地方公共団体は、普通地方公団

体の長及びその補助機関たる常勤の職員、委員会の常勤の委員（教育委員会にあつては、教育長）、常勤の監査委員、議会の事務局長又は書記長、書記その他の常勤の職員、委員会の事務局長若しくは書記長、委員の事務局長又は委員会若しくは委員の事務を補助する書記その他の常勤の職員その他普通地方公共団体の常勤の職員並びに短時間勤務職員に対し、給料及び旅費を支給しなければならない。

② 普通地方公共団体は、条例で、前項の職員に対し、扶養手当、地域手当、住居手当、初任給調整手当、通勤手当、単身赴任手当、特殊勤務手当、特地勤務手当（これに準ずる手当を含む。）、へき地手当（これに準ずる手当を含む。）、時間外勤務手当、宿日直手当、管理職員特別勤務手当、夜間勤務手当、休日勤務手当、管理職手当、期末手当、勤勉手当、寒冷地手当、特定任期付職員業績手当、任期付研究員業績手当、義務教育等教員特別手当、定時制通信教育手当、産業教育手当、農林漁業普及指導手当、災害派遣手当（武力攻撃災害等派遣手当及び新型インフルエンザ等緊急事態派遣手当を含む。）又は退職手当を支給することができる。

③ 給料、手当及び旅費の額並びにその支給方法は、条例でこれを定めなければならない。

〔給与等の支給制限〕

第204条の2 普通地方公共団体は、いかなる給与その他の給付も法律又はこれに基づく条例に基づかずには、これをその議会の議員、第203条の2第1項の職員及び前条第1項の職員に支給することができない。

〔退職年金又は退職一時金〕

第205条 第204条第1項の職員は、退職年金又は退職一時金を受けることができる。

〔給与その他の給付に関する処分についての審査請求〕

第206条 普通地方公共団体の長以外の機関がした第203条から第204条まで又は前条の規定による給与その他の給付に関する処分についての審査請求は、法律に特別の定めがある場合を除くほか、普通地方公共団体の長が当該機関の最上級行政庁でない場合においても、当該普通地方公共団体の長に対してするものとする。

② 普通地方公共団体の長は、前項の給与その他の給付に関する処分についての審査請求があつたときは、議会に諮問してこれを決定しなければならない。

③ 議会は、前項の規定による諮問があつた日から20日以内に意見を述べなければならない。

（分担金等の徴収に関する処分についての審査請求）

第229条 普通地方公共団体の長以外の機関がした分担金、使用料、加入金又は手数料の徴収に関する処分についての審査請求は、普通地方公共団体の長が当該機関の最上級行政庁でない場合においても、当該普通地方公共団体の長に対してするものとする。

2 普通地方公共団体の長は、分担金、使用料、加入金又は手数料の徴収に関する処分についての審査請求があつたときは、議会に諮問してこれを決定しなければならない。

3 議会は、前項の規定による諮問があつた日から20日以内に意見を述べなければならない。

4 第2項の審査請求に対する裁決を受けた後でなければ、同項の処分については、裁判所に出訴することができない。

（督促、滞納処分等）

第231条の3 分担金、使用料、加入金、手数料及び過料その他の普通地方公共団体の歳入を納期限までに納付しない者があるときは、普通地方公共団体の長は、期限を指定してこれを督促しなければならない。

2 普通地方公共団体の長は、前項の歳入について同項の規定による督促をした場合においては、条例の定めるところにより、手数料及び延滞金を徴収することができる。

3 普通地方公共団体の長は、分担金、加入金、過料又は法律で定める使用料その他の普通地方公共団体の歳入につき第1項の規定による督促を受けた者が同項の規定により指定された期限までにその納付すべき金額を納付しないときは、当該歳入並びに当該歳入に係る前項の手数料及び延滞金について、地方税の滞納処分の例により処分することができる。この場合におけるこれらの徴収金の先取特権の順位は、国税及び地方税に次ぐものとする。

4 第1項の歳入並びに第2項の手数料及び延滞金の還付並びにこれらの徴収金の徴収又は還付に関する書類の送達及び公示送達については、地方税の例による。

5 　普通地方公共団体の長以外の機関がした前各項の規定による処分についての審査請求は、普通地方公共団体の長が当該機関の最上級行政庁でない場合においても、当該普通地方公共団体の長に対してするものとする。
6 　第3項の規定により普通地方公共団体の長が地方税の滞納処分の例により行う処分についての審査請求については、地方税法（昭和25年法律第226号）第19条の4の規定を準用する。
7 　普通地方公共団体の長は、第1項から第4項までの規定による処分についての審査請求があつたときは、議会に諮問してこれを決定しなければならない。
8 　議会は、前項の規定による諮問があつた日から20日以内に意見を述べなければならない。
9 　第7項の審査請求に対する裁決を受けた後でなければ、第1項から第4項までの規定による処分については、裁判所に出訴することができない。
10 　第3項の規定による処分中差押物件の公売は、その処分が確定するまで執行を停止する。
11 　第3項の規定による処分は、当該普通地方公共団体の区域外においても、また、これをすることができる。

（行政財産の管理及び処分）

第238条の4 　行政財産は、次項から第4項までに定めるものを除くほか、これを貸し付け、交換し、売り払い、譲与し、出資の目的とし、若しくは信託し、又はこれに私権を設定することができない。
2 　行政財産は、次に掲げる場合には、その用途又は目的を妨げない限度において、貸し付け、又は私権を設定することができる。
　一 　当該普通地方公共団体以外の者が行政財産である土地の上に政令で定める堅固な建物その他の土地に定着する工作物であつて当該行政財産である土地の供用の目的を効果的に達成することに資すると認められるものを所有し、又は所有しようとする場合（当該普通地方公共団体と一棟の建物を区分して所有する場合を除く。）において、その者（当該行政財産を管理する普通地方公共団体が当該行政財産の適正な方法による管理を行う上で適当と認める者に限る。）に当該土地を貸し付けるとき。
　二 　普通地方公共団体が国、他の地方公共団体又は政令で定める法人と行政財産である土地の上に一棟の建物を区分して所有するためその者に当該土地を貸し付ける場合
　三 　普通地方公共団体が行政財産である土地及びその隣接地の上に当該普通地方公共団体以外の者と一棟の建物を区分して所有するためその者（当該建物のうち行政財産である部分を管理する普通地方公共団体が当該行政財産の適正な方法による管理を行う上で適当と認める者に限る。）に当該土地を貸し付ける場合
　四 　行政財産のうち庁舎その他の建物及びその附帯施設並びにこれらの敷地（以下この号において「庁舎等」という。）についてその床面積又は敷地に余裕がある場合として政令で定める場合において、当該普通地方公共団体以外の者（当該庁舎等を管理する普通地方公共団体が当該庁舎等の適正な方法による管理を行う上で適当と認める者に限る。）に当該余裕がある部分を貸し付けるとき（前3号に掲げる場合に該当する場合を除く。）。
　五 　行政財産である土地を国、他の地方公共団体又は政令で定める法人の経営する鉄道、道路その他政令で定める施設の用に供する場合において、その者のために当該土地に地上権を設定するとき。
　六 　行政財産である土地を国、他の地方公共団体又は政令で定める法人の使用する電線路その他政令で定める施設の用に供する場合において、その者のために当該土地に地役権を設定するとき。
3 　前項第2号に掲げる場合において、当該行政財産である土地の貸付けを受けた者が当該土地の上に所有する一棟の建物の一部（以下この項及び次項において「特定施設」という。）を当該普通地方公共団体以外の者に譲渡しようとするときは、当該特定施設を譲り受けようとする者（当該行政財産を管理する普通地方公共団体が当該行政財産の適正な方法による管理を行う上で適当と認める者に限る。）に当該土地を貸し付けることができる。
4 　前項の規定は、同項（この項において準用する場合を含む。）の規定により行政財産である土地の貸付けを受けた者が当該特定施設を譲渡しようとする場合について準用する。
5 　前3項の場合においては、次条第4項及び第5

項の規定を準用する。
6　第1項の規定に違反する行為は、これを無効とする。
7　行政財産は、その用途又は目的を妨げない限度においてその使用を許可することができる。
8　前項の規定による許可を受けてする行政財産の使用については、借地借家法（平成3年法律第90号）の規定は、これを適用しない。
9　第7項の規定により行政財産の使用を許可した場合において、公用若しくは公共用に供するため必要を生じたとき、又は許可の条件に違反する行為があると認めるときは、普通地方公共団体の長又は委員会は、その許可を取り消すことができる。
（行政財産を使用する権利に関する処分についての審査請求）
第238条の7　第238条の4の規定により普通地方公共団体の長以外の機関がした行政財産を使用する権利に関する処分についての審査請求は、普通地方公共団体の長が当該機関の最上級行政庁でない場合においても、当該普通地方公共団体の長に対してするものとする。
2　普通地方公共団体の長は、行政財産を使用する権利に関する処分についての審査請求があつたときは、議会に諮問してこれを決定しなければならない。
3　議会は、前項の規定による諮問があつた日から20日以内に意見を述べなければならない。
（公の施設）
第244条　普通地方公共団体は、住民の福祉を増進する目的をもつてその利用に供するための施設（これを公の施設という。）を設けるものとする。

2　普通地方公共団体（次条第3項に規定する指定管理者を含む。次項において同じ。）は、正当な理由がない限り、住民が公の施設を利用することを拒んではならない。
3　普通地方公共団体は、住民が公の施設を利用することについて、不当な差別的取扱いをしてはならない。
（公の施設を利用する権利に関する処分についての審査請求）
第244条の4　普通地方公共団体の長以外の機関（指定管理者を含む。）がした公の施設を利用する権利に関する処分についての審査請求は、普通地方公共団体の長が当該機関の最上級行政庁でない場合においても、当該普通地方公共団体の長に対してするものとする。
2　普通地方公共団体の長は、公の施設を利用する権利に関する処分についての審査請求があつたときは、議会に諮問してこれを決定しなければならない。
3　議会は、前項の規定による諮問があつた日から20日以内に意見を述べなければならない。
〔市町村区域内の町又は字の区域〕
第260条　市町村長は、政令で特別の定めをする場合を除くほか、市町村の区域内の町若しくは字の区域を新たに画し若しくはこれを廃止し、又は町若しくは字の区域若しくはその名称を変更しようとするときは、当該市町村の議会の議決を経て定めなければならない。
②　前項の規定による処分をしたときは、市町村長は、これを告示しなければならない。
③　第1項の規定による処分は、政令で特別の定めをする場合を除くほか、前項の規定による告示によりその効力を生ずる。

地方税法（抄）
（昭和25年7月31日法律第226号）
最終改正：平成27年9月9日法律第65号

（行政不服審査法との関係）
第19条　地方団体の徴収金に関する次の各号に掲げる処分についての審査請求については、この款その他この法律に特別の定めがあるものを除くほか、行政不服審査法（平成26年法律第68号）の定めるところによる。

一　更正若しくは決定（第5号に掲げるものを除く。）又は賦課決定
二　督促又は滞納処分
三　第58条第1項、第2項、第3項若しくは第5項又は第321条の14第1項、第2項、第3項若しくは第5項の規定による分割の基準となる従業者数の修正又は決定
四　第59条第2項又は第321条の15第2項若しくは第7項の規定による分割の基準となる従業者数についての決定又は裁決

五　第72条の48の2第1項の規定による課税標準額の総額の更正若しくは決定又は同条第3項の規定による分割基準の修正若しくは決定
六　第72条の54第1項の規定による課税標準とすべき所得の総額の決定又は同条第3項前段の規定による課税標準とすべき所得の決定
七　第72条の54第5項の規定による課税標準とすべき所得についての決定
八　第389条第1項、第417条第2項又は第743条第1項若しくは第2項の規定による価格等の決定若しくは配分又はこれらの修正
九　前各号に掲げるもののほか、地方団体の徴収金の賦課徴収又は還付に関する処分で総務省令で定めるもの
（審査請求期間の特例）

第19条の4　滞納処分について、次の各号に掲げる処分に関し欠陥があること（第1号に掲げる処分については、これに関する通知が到達しないことを含む。）を理由としてする審査請求は、当該各号に規定する日又は期限後は、することができない。
一　督促　差押えに係る通知を受けた日（その通知がないときは、その差押えがあつたことを知つた日）の翌日から起算して3月を経過した日
二　不動産等（国税徴収法第104条の2第1項に規定する不動産等をいう。次号において同じ。）についての差押え　その公売期日等（国税徴収法第111条に規定する公売期日等をいう。）
三　不動産等についての公告（国税徴収法第171条第1項第3号に掲げる公告をいう。）から売却決定までの処分　換価財産の買受代金の納付の期限
四　換価代金等の配当　換価代金等の交付期日
（審査請求の理由の制限）

第19条の5　第19条第3号から第8号までに掲げる処分に基づいてされた更正、決定又は賦課決定についての審査請求においては、同条第3号から第8号までに掲げる処分についての不服を当該更正、決定又は賦課決定についての不服の理由とすることができない。
（審査請求と地方団体の徴収金の賦課徴収との関係）

第19条の7　審査請求は、その目的となつた処分に係る地方団体の徴収金の賦課又は徴収の続行を妨げない。ただし、その地方団体の徴収金の徴収のために差し押さえた財産の滞納処分（その例による処分を含む。以下この条において同じ。）による換価は、その財産の価額が著しく減少するおそれがあるとき、又は審査請求をした者から別段の申出があるときを除き、その審査請求に対する裁決があるまで、することができない。
2　審査請求の目的となつた処分に係る地方団体の徴収金について徴収の権限を有する地方団体の長は、審査請求をした者が第16条第1項各号に掲げる担保を提供して、その地方団体の徴収金につき、滞納処分による差押えをしないこと又は既にされている滞納処分による差押えを解除することを求めた場合において、相当と認めるときは、その差押えをせず、又はその差押えを解除することができる。
3　第11条、第16条第3項及び第4項並びに第16条の5第1項及び第2項の規定は、前項の規定による担保について準用する。
（差押動産等の搬出の制限）

第19条の8　国税徴収法第58条第2項の規定の例による引渡しの命令を受けた第三者が、その命令に係る財産が滞納者の所有に属していないことを理由として、その命令につき審査請求をしたときは、その審査請求の係属する間は、当該財産の搬出をすることができない。
（審査請求と訴訟との関係）

第19条の12　第19条に規定する処分の取消しの訴えは、当該処分についての審査請求に対する裁決を経た後でなければ、提起することができない。
（滞納処分に関する出訴期間の特例）

第19条の13　第19条の4の規定は、行政事件訴訟法第8条第2項第2号又は第3号の規定による訴えの提起について準用する。
（修正申告等の効力）

第20条の9の2　修正申告は、すでに確定した納付すべき税額に係る部分の地方税についての納付義務に影響を及ぼさない。
2　すでに確定した納付し、又は納入すべき税額を増加させる更正は、すでに確定した納付し、又は納入すべき税額に係る部分の地方税についての納付又は納入の義務に影響を及ぼさない。
3　すでに確定した納付し、又は納入すべき税額

を減少させる更正は、その更正により減少した税額に係る部分以外の部分の地方税についての納付又は納入の義務に影響を及ぼさない。
4　更正又は決定を取り消す処分又は判決は、その処分又は判決により減少した税額に係る部分以外の部分の地方税についての納付又は納入の義務に影響を及ぼさない。
5　前3項の規定は、賦課決定又は加算金の決定について準用する。
　　（固定資産課税台帳に登録された価格に関する審査の申出）
第432条　固定資産税の納税者は、その納付すべき当該年度の固定資産税に係る固定資産について固定資産課税台帳に登録された価格（第389条第1項、第417条第2項又は第743条第1項若しくは第2項の規定によつて道府県知事又は総務大臣が決定し、又は修正し市町村長に通知したものを除く。）について不服がある場合においては、第411条第2項の規定による公示の日から納税通知書の交付を受けた日後3月を経過する日まで若しくは第419条第3項の規定による公示の日から同日後3月を経過する日（第420条の更正に基づく納税通知書の交付を受けた者にあつては、当該納税通知書の交付を受けた日後3月を経過する日）までの間において、又は第417条第1項の通知を受けた日から3月以内に、文書をもつて、固定資産評価審査委員会に審査の申出をすることができる。ただし、当該固定資産のうち第411条第3項の規定によつて土地課税台帳又は家屋課税台帳等に登録されたものとみなされる土地又は家屋の価格については、当該土地又は家屋について第349条第2項第1号に掲げる事情があるため同条同項ただし書、第3項ただし書又は第5項ただし書の規定の適用を受けるべきものであることを申し立てる場合を除いては、審査の申出をすることができない。
2　行政不服審査法第10条から第12条まで、第15条、第18条第1項ただし書及び第3項、第19条第2項（第3号及び第5号を除く。）及び第4項並びに第23条の規定は、前項の審査の申出の手続について準用する。この場合において、同法第11条第2項中「第9条第1項の規定により指名された者（以下「審理員」という。）」とあるのは「地方税法第432条第1項の審査の申出を受けた固定資産評価審査委員会（以下「審査庁」という。）」と、同法第19条第2項中「次に掲げる事項」とあるのは「次に掲げる事項その他条例で定める事項」と読み替えるものとする。
3　固定資産税の賦課についての審査請求においては、第1項の規定により審査を申し出ることができる事項についての不服を当該固定資産税の賦課についての不服の理由とすることができない。

東京都情報公開条例
（平成11年3月19日条例第5号）
最終改正　平成27年12月24日条例第139号

目次　（略）

　　第1章　総則

　　（目的）
第1条　この条例は、日本国憲法の保障する地方自治の本旨に即し、公文書の開示を請求する都民の権利を明らかにするとともに情報公開の総合的な推進に関し必要な事項を定め、もって東京都（以下「都」という。）が都政に関し都民に説明する責務を全うするようにし、都民の理解と批判の下に公正で透明な行政を推進し、都民による都政への参加を進めるのに資することを目的とする。
　　（定義）
第2条　この条例において「実施機関」とは、知事、教育委員会、選挙管理委員会、人事委員会、監査委員、公安委員会、労働委員会、収用委員会、海区漁業調整委員会、内水面漁場管理委員会、固定資産評価審査委員会、公営企業管理者、警視総監及び消防総監並びに都が設立した地方独立行政法人（地方独立行政法人法（平成15年法律第118号）第2条第1項に規定する地方独立行政法人をいう。以下同じ。）をいう。
2　この条例において「公文書」とは、実施機関の職員（都が設立した地方独立行政法人の役員を含む。以下同じ。）が職務上作成し、又は取得した文書、図画、写真、フィルム及び電磁的記録（電子的方式、磁気的方式その他人の知覚によって

は認識することができない方式で作られた記録をいう。以下同じ。）であって、当該実施機関の職員が組織的に用いるものとして、当該実施機関が保有しているものをいう。ただし、次に掲げるものを除く。
一　官報、公報、白書、新聞、雑誌、書籍その他不特定多数の者に販売することを目的として発行されるもの
二　都の公文書館その他東京都規則で定める都の機関等において、歴史的若しくは文化的な資料又は学術研究用の資料として特別の管理がされているもの
（適用除外）
第2条の2　法律の規定により、行政機関の保有する情報の公開に関する法律（平成11年法律第42号）の規定を適用しないこととされている書類等については、この条例の規定は、適用しない。
（この条例の解釈及び運用）
第3条　実施機関は、この条例の解釈及び運用に当たっては、公文書の開示を請求する都民の権利を十分に尊重するものとする。この場合において、実施機関は、個人に関する情報がみだりに公にされることのないよう最大限の配慮をしなければならない。
（適正な請求及び使用）
第4条　この条例の定めるところにより公文書の開示を請求しようとするものは、この条例の目的に即し、適正な請求に努めるとともに、公文書の開示を受けたときは、これによって得た情報を適正に使用しなければならない。

第2章　公文書の開示及び公文書の任意的な開示

第1節　公文書の開示

（公文書の開示を請求できるもの）
第5条　次に掲げるものは、実施機関に対して公文書の開示を請求することができる。
一　都の区域内に住所を有する者
二　都の区域内に事務所又は事業所を有する個人及び法人その他の団体
三　都の区域内に存する事務所又は事業所に勤務する者
四　都の区域内に存する学校に在学する者
五　前各号に掲げるもののほか、実施機関が保有している公文書の開示を必要とする理由を明示して請求する個人及び法人その他の団体
（公文書の開示の請求方法）
第6条　前条の規定による開示の請求（以下「開示請求」という。）は、実施機関に対して、次の事項を明らかにして東京都規則その他の実施機関が定める規則、規程等（以下「都規則等」という。）で定める方法により行わなければならない。
一　氏名又は名称及び住所又は事務所若しくは事業所の所在地並びに法人その他の団体にあってはその代表者の氏名
二　次に掲げるものの区分に応じ、それぞれ次に掲げる事項
　イ　前条第2号に掲げるもの　そのものの有する事務所又は事業所の名称及び所在地
　ロ　前条第3号に掲げる者　その者の勤務する事務所又は事業所の名称及び所在地
　ハ　前条第4号に掲げる者　その者の在学する学校の名称及び所在地
　ニ　前条第5号に掲げるもの　実施機関が保有している公文書の開示を必要とする理由
三　開示請求に係る公文書を特定するために必要な事項
四　前3号に掲げるもののほか、実施機関が定める事項
2　実施機関は、前項の規定により行われた開示請求に形式上の不備があると認めるときは、開示請求をしたもの（以下「開示請求者」という。）に対し、相当の期間を定めて、その補正を求めることができる。この場合において、実施機関は、開示請求者に対し、補正の参考となる情報を提供するよう努めなければならない。
（公文書の開示義務）
第7条　実施機関は、開示請求があったときは、開示請求に係る公文書に次の各号のいずれかに該当する情報（以下「非開示情報」という。）が記録されている場合を除き、開示請求者に対し、当該公文書を開示しなければならない。
一　法令及び条例（以下「法令等」という。）の定めるところ又は実施機関が法律若しくはこれに基づく政令により従う義務を有する国の行政機関（内閣府設置法（平成11年法律第89号）第4条第3項に規定する事務をつかさどる機関である内閣府、宮内庁、同法第49条第1項若しくは第2項に規定する機関、国家行政組織法（昭和23年法律第120号）第3条第2項

に規定する機関、法律の規定に基づき内閣の所轄の下に置かれる機関又はこれらに置かれる機関をいう。)の指示等により、公にすることができないと認められる情報

二　個人に関する情報(第8号及び第9号に関する情報並びに事業を営む個人の当該事業に関する情報を除く。)で特定の個人を識別することができるもの(他の情報と照合することにより、特定の個人を識別することができることとなるものを含む。)又は特定の個人を識別することはできないが、公にすることにより、なお個人の権利利益を害するおそれがあるもの。ただし、次に掲げる情報を除く。

　イ　法令等の規定により又は慣行として公にされ、又は公にすることが予定されている情報

　ロ　人の生命、健康、生活又は財産を保護するため、公にすることが必要であると認められる情報

　ハ　当該個人が公務員等(国家公務員法(昭和22年法律第120号)第2条第1項に規定する国家公務員(独立行政法人通則法(平成11年法律第103号)第2条第4項に規定する行政執行法人の役員及び職員を除く。)、独立行政法人等(独立行政法人等の保有する情報の公開に関する法律(平成13年法律第140号)第2条第1項に規定する独立行政法人等をいう。以下同じ。)の役員及び職員、地方公務員法(昭和25年法律第261号)第2条に規定する地方公務員並びに地方独立行政法人の役員及び職員をいう。)である場合において、当該情報がその職務の遂行に係る情報であるときは、当該情報のうち、当該公務員等の職及び当該職務遂行の内容に係る部分

三　法人(国、独立行政法人等、地方公共団体及び地方独立行政法人を除く。)その他の団体(以下「法人等」という。)に関する情報又は事業を営む個人の当該事業に関する情報であって、公にすることにより、当該法人等又は当該事業を営む個人の競争上又は事業運営上の地位その他社会的な地位が損なわれると認められるもの。ただし、次に掲げる情報を除く。

　イ　事業活動によって生じ、又は生ずるおそれがある危害から人の生命又は健康を保護するために、公にすることが必要であると認められる情報

　ロ　違法若しくは不当な事業活動によって生じ、又は生ずるおそれがある支障から人の生活を保護するために、公にすることが必要であると認められる情報

　ハ　事業活動によって生じ、又は生ずるおそれがある侵害から消費生活その他都民の生活を保護するために、公にすることが必要であると認められる情報

四　公にすることにより、犯罪の予防、鎮圧又は捜査、公訴の維持、刑の執行その他の公共の安全と秩序の維持に支障を及ぼすおそれがあると実施機関が認めることにつき相当の理由がある情報

五　都の機関並びに国、独立行政法人等、他の地方公共団体及び地方独立行政法人の内部又は相互間における審議、検討又は協議に関する情報であって、公にすることにより、率直な意見の交換若しくは意思決定の中立性が不当に損なわれるおそれ、不当に都民の間に混乱を生じさせるおそれ又は特定の者に不当に利益を与え若しくは不利益を及ぼすおそれがあるもの

六　都の機関又は国、独立行政法人等、他の地方公共団体若しくは地方独立行政法人が行う事務又は事業に関する情報であって、公にすることにより、次に掲げるおそれその他当該事務又は事業の性質上、当該事務又は事業の適正な遂行に支障を及ぼすおそれがあるもの

　イ　監査、検査、取締り、試験又は租税の賦課若しくは徴収に係る事務に関し、正確な事実の把握を困難にするおそれ又は違法若しくは不当な行為を容易にし、若しくはその発見を困難にするおそれ

　ロ　契約、交渉又は争訟に係る事務に関し、国、独立行政法人等、地方公共団体又は地方独立行政法人の財産上の利益又は当事者としての地位を不当に害するおそれ

　ハ　調査研究に係る事務に関し、その公正かつ能率的な遂行を不当に阻害するおそれ

　ニ　人事管理に係る事務に関し、公正かつ円滑な人事の確保に支障を及ぼすおそれ

　ホ　独立行政法人等、地方公共団体が経営する企業又は地方独立行政法人に係る事業に

関し、その企業経営上又は事業運営上の正当な利益を害するおそれ
　ヘ　大学の管理又は運営に係る事務に関し、大学の教育又は研究の自由が損なわれるおそれ
七　都、国、独立行政法人等、他の地方公共団体、地方独立行政法人及び開示請求者以外のもの（以下「第三者」という。）が、実施機関の要請を受けて、公にしないとの条件で任意に提供した情報であって、第三者における通例として公にしないこととされているものその他の当該条件を付することが当該情報の性質、当時の状況等に照らして合理的であると認められるものその他当該情報が公にされないことに対する当該第三者の信頼が保護に値するものであり、これを公にすることにより、その信頼を不当に損なうことになると認められるもの。ただし、人の生命、健康、生活又は財産を保護するため、公にすることが必要であると認められるものを除く。
八　東京都特定個人情報の保護に関する条例（平成27年東京都条例第141号。以下「特定個人情報保護条例」という。）第2条第7項に規定する特定個人情報
九　特定個人情報保護条例第2条第4項に規定する個人番号のうち、死亡した者に係るもの
　（公文書の一部開示）
第8条　実施機関は、開示請求に係る公文書の一部に非開示情報が記録されている場合において、非開示情報に係る部分を容易に区分して除くことができ、かつ、区分して除くことにより当該開示請求の趣旨が損なわれることがないと認められるときは、当該非開示情報に係る部分以外の部分を開示しなければならない。
2　開示請求に係る公文書に前条第2号の情報（特定の個人を識別することができるものに限る。）が記録されている場合において、当該情報のうち、特定の個人を識別することができることとなる記述等の部分を除くことにより、公にしても、個人の権利利益が害されるおそれがないと認められるときは、当該部分を除いた部分は、同号の情報に含まれないものとみなして、前項の規定を適用する。
　（公益上の理由による裁量的開示）
第9条　実施機関は、開示請求に係る公文書に非開示情報（第7条第1号、第8号及び第9号に該当する情報を除く。）が記録されている場合であっても、公益上特に必要があると認めるときは、開示請求者に対し、当該公文書を開示することができる。
　（公文書の存否に関する情報）
第10条　開示請求に対し、当該開示請求に係る公文書が存在しているか否かを答えるだけで、非開示情報を開示することとなるときは、実施機関は、当該公文書の存否を明らかにしないで、当該開示請求を拒否することができる。
　（開示請求に対する決定等）
第11条　実施機関は、開示請求に係る公文書の全部又は一部を開示するときは、その旨の決定をし、開示請求者に対し、その旨並びに開示をする日時及び場所を書面により通知しなければならない。
2　実施機関は、開示請求に係る公文書の全部を開示しないとき（前条の規定により開示請求を拒否するとき及び開示請求に係る公文書を保有していないときを含む。以下同じ。）は、開示しない旨の決定をし、開示請求者に対し、その旨を書面により通知しなければならない。
　（開示決定等の期限）
第12条　前条各項の決定（以下「開示決定等」という。）は、開示請求があった日から14日以内にしなければならない。ただし、第6条第2項の規定により補正を求めた場合にあっては、当該補正に要した日数は、当該期間に算入しない。
2　実施機関は、やむを得ない理由により、前項に規定する期間内に開示決定等をすることができないときは、開示請求があった日から60日を限度としてその期間を延長することができる。この場合において、実施機関は、開示請求者に対し、速やかに延長後の期間及び延長の理由を書面により通知しなければならない。
3　開示請求に係る公文書が著しく大量であるため、開示請求があった日から60日以内にそのすべてについて開示決定等をすることにより事務の遂行に著しい支障が生ずるおそれがある場合には、前2項の規定にかかわらず、実施機関は、開示請求に係る公文書のうちの相当の部分につき当該期間内に開示決定等をし、残りの公文書については相当の期間内に開示決定等をすれば足りる。この場合において、実施機関は、第1

項に規定する期間内に、開示請求者に対し、次に掲げる事項を書面により通知しなければならない。
一 本項を適用する旨及びその理由
二 残りの公文書について開示決定等をする期限
（理由付記等）
第13条 実施機関は、第11条各項の規定により開示請求に係る公文書の全部又は一部を開示しないときは、開示請求者に対し、当該各項に規定する書面によりその理由を示さなければならない。この場合において、当該理由の提示は、開示しないこととする根拠規定及び当該規定を適用する根拠が、当該書面の記載自体から理解され得るものでなければならない。
2 実施機関は、前項の場合において、開示請求に係る公文書が、当該公文書の全部又は一部を開示しない旨の決定の日から1年以内にその全部又は一部を開示することができるようになることが明らかであるときは、その旨を開示請求者に通知するものとする。
（事案の移送）
第14条 実施機関は、開示請求に係る公文書が他の実施機関により作成されたものであるときその他他の実施機関において開示決定等をすることにつき正当な理由があるときは、当該他の実施機関と協議の上、当該他の実施機関に対し、事案を移送することができる。この場合において、移送をした実施機関は、開示請求者に対し、事案を移送した旨を書面により通知しなければならない。
2 前項の規定により事案が移送されたときは、移送を受けた実施機関において、当該開示請求についての開示決定等をしなければならない。この場合において、移送をした実施機関が移送前にした行為は、移送を受けた実施機関がしたものとみなす。
3 前項の場合において、移送を受けた実施機関が第11条第1項の決定（以下「開示決定」という。）をしたときは、当該実施機関は、開示をしなければならない。この場合において、移送をした実施機関は、当該開示に必要な協力をしなければならない。
4 第1項の規定は、開示請求に係る公文書が東京都議会議会局の職員により作成されたものであるときその他東京都議会議長において開示の決定等をすることにつき正当な理由があるときについて準用する。この場合において、東京都議会議長に対し事案が移送されたときは、開示請求のあった日に、東京都議会議長に対し、東京都議会情報公開条例（平成11年東京都条例第4号）の規定に基づく公文書の開示の請求があったものとみなす。

（第三者保護に関する手続）
第15条 開示請求に係る公文書に都以外のもの（都が設立した地方独立行政法人を除く。以下同じ。）に関する情報が記録されているときは、実施機関は、開示決定等に先立ち、当該情報に係る都以外のものに対し、開示請求に係る公文書の表示その他実施機関が定める事項を通知して、意見書を提出する機会を与えることができる。
2 実施機関は、次の各号のいずれかに該当するときは、開示決定に先立ち、当該第三者に対し、開示請求に係る公文書の表示その他実施機関が定める事項を書面により通知して、意見書を提出する機会を与えなければならない。ただし、当該第三者の所在が判明しない場合は、この限りでない。
一 第三者に関する情報が記録されている公文書を開示しようとする場合であって、当該情報が第7条第2号ロ又は同条第3号ただし書に規定する情報に該当すると認められるとき。
二 第三者に関する情報が記録されている公文書を第9条の規定により開示しようとするとき。
3 実施機関は、前2項の規定により意見書の提出の機会を与えられた第三者が当該公文書の開示に反対の意思を表示した意見書を提出した場合において、開示決定をするときは、開示決定の日と開示をする日との間に少なくとも2週間を置かなければならない。この場合において、実施機関は、開示決定後直ちに当該意見書（第20条及び第22条において「反対意見書」という。）を提出した第三者に対し、開示決定をした旨及びその理由並びに開示をする日を書面により通知しなければならない。

（公文書の開示の方法）
第16条 公文書の開示は、文書、図画又は写真については閲覧又は写しの交付により、フィルムについては視聴又は写しの交付により、電磁的

記録については視聴、閲覧、写しの交付等でその種別、情報化の進展状況等を勘案して都規則等で定める方法により行う。
2　前項の視聴又は閲覧の方法による公文書の開示にあっては、実施機関は、当該公文書の保存に支障を生ずるおそれがあると認めるときその他合理的な理由があるときは、当該公文書の写しによりこれを行うことができる。
　　（開示手数料）
第17条　実施機関（都が設立した地方独立行政法人を除く。以下この条及び第20条第1項において同じ。）が公文書の開示を行うときは、別表に定めるところにより開示手数料を徴収する。
2　実施機関が公文書の開示をするため、第11条第1項に規定する書面により開示をする日時及び場所を指定したにもかかわらず、開示請求者が当該開示に応じない場合に、実施機関が再度、当初指定した日から14日以上の期間をおいた開示をする日時及び場所を指定し、当該開示に応ずるよう催告をしても、開示請求者が正当な理由なくこれに応じないときは、開示をしたものとみなして別表に定める開示手数料を徴収する。
3　知事及び公営企業管理者は、実施機関が開示決定に係る公文書を不特定多数の者が知り得る方法で実施機関が定めるものにより公にすることを予定し、又は公にするべきであると判断するときは、当該公文書の開示に係る開示手数料を免除する。
4　前項に規定する場合のほか、知事及び公営企業管理者は、特別の理由があると認めるときは、開示手数料を減額し、又は免除することができる。
5　既納の開示手数料は、還付しない。ただし、知事及び公営企業管理者は、特別の理由があると認めるときは、その全部又は一部を還付することができる。
　　（都が設立した地方独立行政法人の開示手数料）
第17条の2　都が設立した地方独立行政法人が公文書の開示を行うときは、当該地方独立行政法人の定めるところにより、開示手数料を徴収する。
2　前項の開示手数料の額は、実費の範囲内において、かつ前条第1項の手数料の額を参酌して、都が設立した地方独立行政法人が定める。
3　都が設立した地方独立行政法人は、特別の理由があると認めるときは、第1項の手数料を減額し、免除し、又はその全部若しくは1部を還付することができる。
4　都が設立した地方独立行政法人は、第1項及び第2項の規定による定めを一般の閲覧に供しなければならない。
　　（他の制度等との調整）
第18条　実施機関は、法令又は他の条例の規定による閲覧若しくは縦覧又は謄本、抄本その他の写しの交付の対象となる公文書（東京都事務手数料条例（昭和24年東京都条例第30号）第2条第11号に規定する謄本若しくは抄本の交付又は同条第12号に規定する閲覧の対象となる公文書を含む。）については、公文書の開示をしないものとする。
2　実施機関は、都の図書館等図書、資料、刊行物等を閲覧に供し、又は貸し出すことを目的とする施設において管理されている公文書であって、一般に閲覧させ、又は貸し出すことができるとされているものについては、公文書の開示をしないものとする。
　　　　第2節　審査請求
　（審理員による審理手続に関する規定の適用除外）
第19条　開示決定等若しくは開示請求がこの条例に規定する要件を満たさない等の理由により開示請求を拒否する決定（第2条第2項各号又は第2条の2に規定する適用除外文書である場合又は前条各項に該当するため公文書の開示をしない場合を含む。以下「開示決定等若しくは開示請求拒否決定」という。）又は開示請求に係る不作為についての審査請求は、行政不服審査法（平成26年法律第68号）第9条第1項本文の規定は、適用しない。
　　（審査会への諮問）
第20条　実施機関がした開示決定等若しくは開示請求拒否決定又は開示請求に係る不作為についての審査請求があった場合は、当該審査請求に係る審査庁は、次に掲げる場合を除き、東京都情報公開審査会に諮問して、当該審査請求についての裁決を行うものとする。
　一　審査請求が不適法であり、却下する場合
　二　開示決定等（開示請求に係る公文書の全部を開示する旨の決定を除く。以下この号及び第23条において同じ。）を取り消し、又は変更し、当該審査請求に係る公文書の全部を開示する場合（当該実施機関がした開示決定等

若しくは開示請求拒否決定又は開示請求に係る不作為について第三者から反対意見書が提出されているときを除く。）
2 前項の審査庁は、東京都情報公開審査会に対し、速やかに諮問をするよう努めなければならない。
3 前2項の規定による諮問は、行政不服審査法第9条第3項において読み替えて適用する同法第29条第2項に規定する弁明書の写しを添えてしなければならない。

（都が設立した地方独立行政法人に対する審査請求）
第21条 都が設立した地方独立行政法人がした開示決定等若しくは開示請求拒否決定又は当該地方独立行政法人に対する開示請求に係る不作為について不服がある者は、当該地方独立行政法人に対し、審査請求をすることができる。この場合においては、前2条の規定を準用する。

（諮問をした旨の通知）
第22条 第20条（前条において準用する場合を含む。）の規定により諮問をした審査庁又は都が設立した地方独立行政法人（以下「諮問庁」という。）は、次に掲げるものに対し、諮問をした旨を通知しなければならない。
一 審査請求人及び参加人（行政不服審査法第13条第4項に規定する参加人をいう。以下この章において同じ。）
二 開示請求者（開示請求者が審査請求人又は参加人である場合を除く。）
三 当該審査請求に係る開示決定等について反対意見書を提出した第三者（当該第三者が審査請求人又は参加人である場合を除く。）

（第三者からの審査請求を棄却する場合等における手続）
第23条 第15条第3項の規定は、次の各号のいずれかに該当する裁決をする場合について準用する。
一 開示決定に対する第三者からの審査請求を却下し、又は棄却する裁決
二 審査請求に係る開示決定等を変更し、当該開示決定等に係る公文書を開示する旨の裁決（第三者である参加人が当該公文書の開示に反対の意思を表示している場合に限る。）

（東京都情報公開審査会）
第24条 第20条（第21条において準用する場合を含む。）に規定する諮問に応じて審議するため、東京都情報公開審査会（以下「審査会」という。）を置く。
2 審査会は、前項に規定する審議を通じて必要があると認めるときは、情報公開に関する事項について、実施機関に意見を述べることができる。
3 審査会は、知事が任命する委員12人以内をもって組織する。
4 委員の任期は2年とし、補欠委員の任期は前任者の残任期間とする。ただし、再任を妨げない。
5 委員は、職務上知り得た秘密を漏らしてはならない。その職を退いた後も、同様とする。
6 委員は、在任中、政党その他の政治的団体の役員となり、又は積極的に政治運動をしてはならない。

（部会）
第25条 審査会は、その指名する委員3人以上をもって構成する部会に、審査請求に係る事件について審議させることができる。

（審査会の調査権限）
第26条 審査会（前条の規定により部会に審議させる場合にあっては部会。以下同じ。）は、必要があると認めるときは、諮問庁に対し、審査請求のあった開示決定等に係る公文書の提示を求めることができる。この場合においては、何人も、審査会に対し、その提示された公文書の開示を求めることができない。
2 諮問庁は、審査会から前項の規定による求めがあったときは、これを拒んではならない。
3 審査会は、必要があると認めるときは、諮問庁に対し、審査請求のあった開示決定等に係る公文書に記録されている情報の内容を審査会の指定する方法により分類し、又は整理した資料を作成し、審査会に提出するよう求めることができる。
4 第1項及び前項に定めるもののほか、審査会は、審査請求に係る事件に関し審査請求人、参加人又は諮問庁（以下「審査請求人等」という。）に意見書又は資料の提出を求めること、適当と認める者にその知っている事実を陳述させることその他必要な調査をすることができる。

（意見の陳述等）
第27条 審査会は、審査請求人等から申出があったときは、当該審査請求人等に、口頭で意見を述べる機会を与えることができる。
2 前項の場合においては、審査請求人又は参加人

は、審査会の許可を得て、補佐人とともに出頭することができる。

3　審査会は、審査請求人等から申出があったときは、当該審査請求人等に、意見書又は資料の提出を認めることができる。この場合において、審査請求人等は、審査会が意見書又は資料を提出すべき相当の期間を定めたときは、その期間内にこれを提出しなければならない。

4　審査会は、審査請求人等から意見書又は資料が提出された場合、審査請求人等（当該意見書又は資料を提出したものを除く。）にその旨を通知するよう努めるものとする。

（提出資料の閲覧等）

第28条　審査請求人等は、審査会に対し、第26条第3項及び第4項並びに前条第3項の規定により審査会に提出された意見書又は資料の閲覧（電磁的記録（電子的方式、磁気的方式その他人の知覚によっては認識することができない方式で作られる記録であって、電子計算機による情報処理の用に供されるものをいう。以下この項において同じ。）にあっては、記録された事項を審査会が定める方法により表示したものの閲覧）又は写し（電磁的記録にあっては、記録された事項を記載した書面）の交付を求めることができる。この場合において、審査会は、第三者の利益を害するおそれがあると認めるときその他正当な理由があるときでなければ、その閲覧又は写しの交付を拒むことができない。

2　審査会は、前項の規定による閲覧をさせ、又は同項の規定による写しの交付をしようとするときは、当該閲覧又は写しの交付に係る意見書又は資料の提出人の意見を聴かなければならない。ただし、審査会が、その必要がないと認めるときは、この限りでない。

3　審査会は、第1項の規定による閲覧又は写しの交付について、その日時及び場所を指定することができる。

（審査請求の制限）

第29条　この条例の規定による審査会又は委員の処分又はその不作為については、審査請求をすることができない。

（答申書の送付）

第30条　審査会は、諮問に対する答申をしたときは、答申書の写しを審査請求人及び参加人に送付するとともに、答申の内容を公表するものとする。

（審議手続の非公開）

第31条　審査会の行う審議の手続は、公開しない。

（規則への委任）

第32条　この条例に定めるもののほか、審査会の組織及び運営に関し必要な事項は、東京都規則で定める。

第3節　公文書の任意的な開示

（公文書の任意的な開示）

第33条　実施機関は、第5条の規定により公文書の開示を請求することができるもの以外のものから公文書（その写しを含む。）の開示の申出があった場合においては、これに応ずるよう努めるものとする。

第3章　情報公開の総合的な推進

（情報公開の総合的な推進に関する都等の責務）

第34条　都は、前章に定める公文書の開示のほか、情報公表施策及び情報提供施策の拡充を図り、都政に関する正確で分かりやすい情報を都民が迅速かつ容易に得られるよう、情報公開の総合的な推進に努めるものとする。

2　都は、情報収集機能及び情報提供機能の強化並びにこれらの機能の有機的連携の確保並びに実施機関相互間における情報の有効活用等を図るため、総合的な情報管理体制の整備に努めるものとする。

3　都は、情報公開の効果的推進を図るため、特別区及び市町村との協力及び連携に努めるものとする。

4　都が設立した地方独立行政法人は、当該地方独立行政法人が行う事業に関する正確で分かりやすい情報を都民が迅速かつ容易に得られるよう、情報公開の推進に努めるものとする。

（情報公表制度）

第35条　実施機関は、次に掲げる事項に関する情報で当該実施機関が保有するものを公表しなければならない。ただし、当該情報の公表について法令等で別段の定めがあるとき、又は当該情報が第7条各号に規定する非開示情報に該当するときはこの限りでない。

一　都の長期計画その他都規則等で定める重要な基本計画

二　前号の計画のうち、実施機関が定めるものに係る中間段階の案

三　地方自治法（昭和22年法律第67号）第138条の4第3項に規定する執行機関の附属機関又はこれに類するもので実施機関が定めるもの（以下「附属機関等」という。）の報告書及び議事録並びに当該附属機関等への提出資料
四　実施機関が定める都の主要事業の進行状況
五　その他実施機関が定める事項
2　実施機関は、同一の公文書につき複数回開示請求を受けてその都度開示をした場合等で、都民の利便及び行政運営の効率化に資すると認められるときは、当該公文書を公表するよう努めるものとする。
3　前2項の公表の方法は、実施機関が定める。
（情報提供施策の拡充）
第36条　実施機関は、報道機関への積極的な情報提供及び自主的広報手段の充実に努めるとともに、その管理する資料室等都政又は事業に関する情報を提供する施設を一層都民の利用しやすいものにする等情報提供施策の拡充に努めるものとする。
2　実施機関は、効果的な情報提供を実施するため、広聴機能等情報収集機能を強化し、都民が必要とする情報を的確に把握するよう努めるものとする。
（出資等法人の情報公開）
第37条　都が出資その他財政支出等を行う法人であって、実施機関が定めるもの（以下「出資等法人」という。）は、この条例の趣旨にのっとり情報公開を行うため必要な措置を講ずるよう努めるものとする。
2　実施機関は、出資等法人に対し、前項に定める必要な措置を講ずるよう指導に努めるものとする。
（公の施設の指定管理者の情報公開）
第38条　都の公の施設を管理する指定管理者（地方自治法第244条の2第3項に規定する指定管理者をいう。以下同じ。）は、この条例の趣旨にのっとり、当該公の施設の管理に関する情報の公開を行うため必要な措置を講ずるよう努めるものとする。
2　実施機関は、都の公の施設の指定管理者に対し、前項に定める必要な措置を講ずるよう指導に努めるものとする。

第4章　東京都情報公開・個人情報保護審議会

（東京都情報公開・個人情報保護審議会）
第39条　情報公開制度その他情報公開に関する重要な事項について、実施機関の諮問を受けて審議し、又は実施機関に意見を述べるため、東京都情報公開・個人情報保護審議会（以下「審議会」という。）を置く。
2　審議会は、前項に規定する事項のほか、東京都個人情報の保護に関する条例（平成2年東京都条例第113号）第26条に規定する事項について、実施機関の諮問を受けて審議し、又は実施機関に意見を述べることができる。
3　審議会は、前2項に規定する事項のほか、住民基本台帳法（昭和42年法律第81号）第30条の40第2項に規定する事項について、調査審議し、及び知事に建議することができる。
4　審議会は、前3項に規定する事項のほか、特定個人情報保護評価に関する規則（平成26年特定個人情報保護委員会規則第1号）第7条第4項に規定する事項について、実施機関の諮問を受けて審議することができる。
5　審議会は、知事が任命する委員7人以内をもって組織する。
6　委員の任期は2年とし、補欠委員の任期は前任者の残任期間とする。ただし、再任を妨げない。
7　第4項に規定する事項について調査審議するため特に必要があるときは、審議会に臨時委員を置くことができる。
8　臨時委員は、知事が任命する。
9　臨時委員の任期は、その者の任命に係る事項の調査審議期間とする。
10　審議会は、第3項に規定する事項にあってはその指名する委員3人以上をもって、第4項に規定する事項にあってはその指名する委員又は臨時委員3人以上をもって構成する部会に審議させることができる。
11　前項の規定により行う部会の審議の手続は、公開しないことができる。
12　委員及び臨時委員は、前項の規定に基づき公開しないとされた部会の審議の手続において職務上知り得た秘密を漏らしてはならない。その職を退いた後も、同様とする。
13　前各項で定めるもののほか、審議会の組織及び運営に関し必要な事項は、東京都規則で定める。

第5章　雑則

（文書管理）
第40条 実施機関は、この条例の適正かつ円滑な運用に資するため、公文書を適正に管理するものとする。
2　実施機関は、都規則等（労働委員会及び収用委員会の規程を除く。）で定めるところにより公文書の管理に関する定めを設けなければならない。
3　前項の都規則等においては、公文書の分類、作成、保存及び廃棄に関する基準その他の公文書の管理に関する必要な事項について定めるものとする。
（文書検索目録等の作成等）
第41条 実施機関は、公文書の検索に必要な文書目録を作成し、一般の利用に供するものとする。
2　実施機関は、一般に周知する目的をもって作成した刊行物等について、その目録を作成し、毎年公表するものとする。
（実施状況の公表）
第42条 知事は、毎年1回各実施機関の公文書の開示等についての実施状況をとりまとめ、公表しなければならない。
（委任）
第43条 この条例の施行に関し必要な事項は、都規則等で定める。
（罰則）
第44条 第24条第5項又は第39条第12項の規定に違反して秘密を漏らした者は、1年以下の懲役又は50万円以下の罰金に処する。

　附　則〔略〕
　附　則（平成27年条例第139号）（抄）
（施行期日）
1　この条例は、行政不服審査法（平成26年法律第68号。以下「改正行政不服審査法」という。）の施行の日〔平28・4・1〕から施行する。ただし、第7条及び第9条の改正規定については、平成28年1月1日から施行する。

別表（第17条関係）

公文書の種類		開示の方法	金額	徴収時期
文書、図画及び写真		閲覧	1枚につき10円（1件名につき100円を限度とする。）	閲覧のとき
		写しの交付（単色刷り）	1枚につき10円（1件名につき100円を限度とする。）に写し1枚につき20円を加えて得た金額	写しの交付のとき。
		写しの交付（多色刷り）	1枚につき10円（1件名につき100円を限度とする。）に写し1枚につき100円を加えて得た金額	写しの交付のとき
フィルム	フィルム（映画フィルム及びスライドを除く。）	視聴	1こま1回につき10円（1件名につき100円を限度とする。）	視聴のとき。
	マイクロフィルム	写しの交付（印刷物として出力したものの交付）	印刷物1枚につき10円（1件名につき100円を限度とする。）に印刷物として出力したもの1枚につき20円を加えて得た金額	写しの交付のとき
	映画フィルム	視聴	1巻1回につき400円	視聴のとき。
	スライド	視聴	1こま1回につき10円（1件名につき300円を限度とする。）	視聴のとき。
電磁的記録	ビデオテープ	視聴	1巻1回につき300円	視聴のとき。
		写しの交付	1件名につき300円にビデオテープ（VHS規格・120分）1巻につき290円を加えて得た金額	写しの交付のとき。
	録音テープ	視聴	1巻1回につき300円	視聴のとき。
		写しの交付	1件名につき300円にカセットテープ（ノーマルタイプ・120分）1巻につき260円を加えて得た金額	写しの交付のとき。

	フロッピーディスク	視聴（ディスプレイに出力したものの視聴）	1件名につき100円（フロッピーディスク1枚につき300円を限度とする。）	視聴のとき。
		閲覧（印刷物として出力したものの閲覧）	印刷物1枚につき10円（1件名につき100円を限度とする。）	閲覧のとき。
		写しの交付（フロッピーディスクに複写したものの交付）	1件名につき100円（フロッピーディスク1枚につき300円を限度とする。）にフロッピーディスク1枚につき100円を加えて得た金額	写しの交付のとき。
		写しの交付（印刷物として出力したものの交付）	印刷物1枚につき10円（1件名につき100円を限度とする。）に印刷物として出力したもの1枚につき20円を加えて得た金額	写しの交付のとき。
	その他の電磁的記録	閲覧（印刷物として出力したものの閲覧）	印刷物1枚につき10円（1件名につき100円を限度とする。）	閲覧のとき。
		写しの交付（印刷物として出力したものの交付）	印刷物1枚につき10円（1件名につき100円を限度とする。）に印刷物として出力したもの1枚につき20円を加えて得た金額	写しの交付のとき。

備考
1 1件名とは、事案決定手続等を一にするものをいう。第8条の規定による公文書の一部開示の場合においても、同様とする。
2 閲覧又は視聴に引き続いて、当該閲覧又は視聴に係る公文書の写し（マイクロフィルム及び電磁的記録にあっては、印刷物として出力したもの又はフロッピーディスクに複写したもの）を交付する場合においては、当該閲覧又は視聴及び写しの交付に係る手数料は、写しの交付の場合の開示手数料によるものとする。ただし、フロッピーディスクに記録された情報のディスプレイによる視聴に引き続き、当該情報を印刷物に出力したものを交付する場合には、1件名100円（フロッピーディスク1枚につき300円を限度とする。）に印刷物1枚につき20円を加えて得た金額を徴収する。また、フロッピーディスクに記録された情報を印刷物として出力したものの閲覧に引き続き、当該情報をフロッピーディスクに複写したものを交付する場合には、印刷物1枚につき10円（1件名につき100円を限度とする。）にフロッピーディスク1枚につき100円を加えて得た金額を徴収する。
3 用紙の両面に印刷された文書、図画等については、片面を1枚として算定する。
4 公文書の写し（マイクロフィルム及び電磁的記録の場合においては、印刷物として出力したもの）を交付する場合は、原則として日本工業規格A列3番までの用紙を用いるものとするが、これを超える規格の用紙を用いたときの写しの枚数は、日本工業規格A列3番による用紙を用いた場合の枚数に換算して算定する。
5 フィルム（マイクロフィルムを除く。）の写しを交付する場合並びに電磁的記録の視聴及び写しの交付においてこの表に掲げる開示の方法及び金額によりがたい場合には、東京都規則で定めるところにより開示手数料を徴収する。

索　引

あ

誤った教示･････････････････ 56
意見陳述･･････････････････ 63
意見陳述権の放棄･･･････････ 63
一部取消し････････････････ 85
一部非開示････････････････ 139
一般概括主義･･････････････ 39.45
一般承継･･････････････････ 53
一般処分･･････････････････ 33
委任状･････････････ 27.29.49.51
委任による代理人･･･････････ 49
違法性の承継･･････････ 122.123
違法性の判断の基準時･･････ 19.79.93
違法不当の宣言･･･････････ 87.93
インカメラ審理････････････ 155
ヴオーン・インデックス････ 155
訴えの利益･･･････････････ 145
営造物責任･･･････････････ 15
閲覧請求････････････････ 59
閲覧制度････････････････ 149
閲覧等の期間･･････････････ 149
閲覧の日時････････････････ 59
公の営造物･･･････････････ 15
公の営造物責任･･･････････ 14
公の施設･････････････････ 115
公の施設を利用する権利･････ 115

か

外形標準説･････････････････ 13
開示・非開示の決定の期間･･･ 143
開示請求･････････････････ 133
開示請求書･･･････････････ 133
開示請求に係る公文書･･･ 139.141.147
開示請求人の意見陳述･･････ 152
回避････････････････････ 47
合併後に存続する法人･･････ 53

換価代金等の配当･･････････ 121
鑑定････････････････････ 71
管理人･･････････････････ 51
議会の意見（答申）･･･････ 109.115
議会への諮問･････････････ 115
期間計算････････････････ 23
期間の延長･･････････････ 143
棄却の裁決･･････････ 79.83.93
起算日（開示請求の）･･･････ 133
義務を課す･････････････ 97
却下裁決の理由記載･･････ 81
却下の裁決･････････････ 79.80
客観的審査請求期間･･････ 33.39
　客観的併合･･････････････ 75
給与その他の給付･････････ 107
教示･･･････････････ 35.54.55
教示文･･････････････････ 54
行政機関････････････････ 103.105
行政救済制度･･････････････ 9
行政財産････････････････ 113
行政財産の使用許可･･･････ 113
行政事件訴訟･･････････････ 9
行政指導････････････ 97.103.105
行政指導（是正処分の求め）･･ 104
行政指導（中止の求め）･･･ 102
行政上の争訟･･････････････ 9
行政庁の裁量権･････････････ 17
行政庁の処分･･････････････ 97
行政庁の不作為････････････ 31
共同審査請求････････････ 63
共同審査請求人･･････････ 47
拒否処分通知書･･････････ 145
グローマー拒否･･････････ 141
訓示規定････････････ 31.55.107
形成力････････････････ 91
原因者負担･･････････････ 11
検証･････････････････ 69.71
検証調書･･････････････ 71

検証の申立て・・・・・・・・・・・・・・・・・・・・ 71
原処分の変更・・・・・・・・・・・・・・・・・・・・ 79
現場検証・・・・・・・・・・・・・・・・・・・・・・・・ 71
憲法判断・・・・・・・・・・・・・・・・・・・・・・ 9.79
権利能力のない社団・・・・・・・・・・・・ 51
権利の譲渡・・・・・・・・・・・・・・・・・・・・ 53
権利の制限・・・・・・・・・・・・・・・・・・・・ 97
公益法人・・・・・・・・・・・・・・・・・・・・・ 137
合議・・・・・・・・・・・・・・・・・・・・・・・・・・ 25
公共事業・・・・・・・・・・・・・・・・・・・・・・ 11
公共用財産・・・・・・・・・・・・・・・・・・・ 113
公権力の行使・・・・・・・・・・・・ 9.13.17.19
後行行為（後行処分）・・・・・・・ 121.123
公示送達・・・・・・・・・・・・・・・・・・・ 89.101
更正処分・・・・・・・・・・・・・・・・・・・・・ 129
拘束力・・・・・・・・・・・・・・・・・・・・・・・・ 91
公定力・・・・・・・・・・・・・・・・・・・・・・・・ 91
口頭意見陳述・・・・・・・・・ 59.63.95.99.153
口頭による処分と教示・・・・・・・・・・ 55
口頭による審査請求・・・・・・・・・・ 23.27
口頭による取下げ・・・・・・・・・・・・・・ 67
公文書・・・・・・・・・・・・・・・・・・・・・・・ 131
公文書の開示を請求できる者・・・・・ 133
公文書の存否応答拒否・・・・・・・・・ 141
公文書の存否に関する情報・・・・・ 140
公文書の存否の応答・・・・・・・・・・ 141
公文書の特定・・・・・・・・・・・・・・・・ 133
公報・・・・・・・・・・・・・・・・・・・・・・・・ 131
公法上の損失補償・・・・・・・・・・・・・・ 11
公有財産・・・・・・・・・・・・・・・・・・・・・ 113
公用財産・・・・・・・・・・・・・・・・・・・・・ 113
公用収用・・・・・・・・・・・・・・・・・・・・・・ 11
公用制限・・・・・・・・・・・・・・・・・・・・・・ 11
個人識別型・・・・・・・・・・・・・・・・ 134.135
個人事業情報・・・・・・・・・・・・・・・・ 137
個人に関する情報・・・・・・・・・・ 134.135
互選・・・・・・・・・・・・・・・・・・・・・・・・・・ 47
互選書・・・・・・・・・・・・・・・・・・・・・ 29.47
国家賠償・・・・・・・・・・・・・・・・・・・ 11.13
国家賠償法・・・・・・・・・・・・・・・・・・・・ 9
国家補償・・・・・・・・・・・・・・・・・・・・・・ 9
個別の委任・・・・・・・・・・・・・・・・・ 47.67

さ

裁決固有の瑕疵・・・・・・・・・・・・・・・・ 59
裁決適状・・・・・・・・・・・・・・・・・・ 75.77.79
裁決の原案・・・・・・・・・・・・・・・・・・・・ 77
裁決の拘束力・・・・・・・・・・・・・・・・・・ 85
裁決の効力・・・・・・・・・・・・・・・・・・・・ 90
裁決の訂正・・・・・・・・・・・・・・・・・・・・ 91
裁決の理由・・・・・・・・・・・・・・・・・・・・ 83
裁決の理由記載・・・・・・・・・・・・・・・・ 83
再審査請求・・・・・・・・・・・・・・・ 21.39.89.91
再調査の請求・・・・・・・・・・・・ 21.35.37.57
再弁明書・・・・・・・・・・・・・・・・・・・・・・ 61
裁量権の逸脱・濫用・・・・・・・・・・ 17.113
参加人・・・・・・・・・・・・・・・・・・・・ 47.63.73
参考人の陳述・・・・・・・・・・・・・・・・・・ 65
資格証明・・・・・・・・・・・・・・・・・・・・ 27.29
事業活動情報・・・・・・・・・・・・・・・・ 137
事業を営む個人・・・・・・・・・・・・ 135.137
事実誤認・・・・・・・・・・・・・・・・・・・・・ 103
事実上の行為・・・・・・・・・・・・・・ 19.37.85
事実上の行為の撤廃・・・・・・・・・・・・ 37
事情裁決・・・・・・・・・・・・・・・・・・・・・・ 87
執行停止・・・・・・・・・・・・・・・・・・・・ 41.59
執行停止決定の取消し・・・・・・・・・・ 41
執行不停止の原則・・・・・・・・・・ 41.125
実施機関・・・・・・・・・・・・・・・・・・ 133.155
質問・・・・・・・・・・・・・・・・・・・・・・・・・・ 73
諮問・・・・・・・・・・・・・ 75.77.107.109.111.113
諮問機関・・・・・・・・・・・・・・・・・・ 77.155
諮問庁・・・・・・・・・・・・・・・・・・・・・・ 155
修正裁決・・・・・・・・・・・・・・・・・・・・・・ 85
重大かつ明白な瑕疵・・・・・・・・・ 33.91
重大な損害・・・・・・・・・・・・・・・・・ 41.43
受益者負担・・・・・・・・・・・・・・・・・・・・ 11
主観的審査請求期間・・・・・・・・・ 33.39
主観的併合・・・・・・・・・・・・・・・・・・・・ 75
主宰・・・・・・・・・・・・・・・・・・・・・・・・・・ 99
主宰者・・・・・・・・・・・・・・・・・・・・ 98.100
承継人・・・・・・・・・・・・・・・・・・・・・・・・ 53
使用権の消滅・・・・・・・・・・・・・・・・・・ 11
証拠書類の写しの交付・・・・・・・・・・ 69

証拠書類の提出と返還	59.68.69
証拠資料の添付	27
情報公開審査会	151
情報公開の対象	131
職務の遂行に関する情報	135
除斥事由	25
職権探知主義	61.65.69.73
初日算入	127
初日不算入	33
処分があったことを知った日	33
処分基準	97.99
処分時主義	19.79
処分庁	21
処分庁経由	23
処分庁の教示の誤り	37
処分取消しの訴え	43
処分に関与した者	25
処分の一部取消し	85
処分の瑕疵	119
処分の効力の停止	41
書面中心主義	27.63.89
書類等の閲覧	69
審査会	95.155
審査会の委員	95.151
審査会の意見（答申）	77.151
審査会への諮問	35.150.151
審査請求	17.21
審査請求ができる旨の教示	35
審査請求ができる者	45
審査請求期間の計算	23
審査請求書	23
審査請求書に記載すべき事項	27.29
審査請求書の添付資料	27
審査請求書の補正	29
審査請求書の要件審査	29
審査請求前置	43.81.127
審査請求前置の例外	127
審査請求適格	45
審査請求人の地位の承継	53
審査請求の一元化	21
審査請求の期間	32
審査請求の対象	19

審査請求の取下げ	49.67
審査請求の取下げの撤回	67
審査請求の方式	22
審査請求の様式	27
審査請求の理由制限	118
信書便	33
信書便事業者	23
申請	97.105
審理員	65.69.73.95
審理員意見書	77
審理員制度	25
審理員の指名	25
審理手続の瑕疵	63
審理手続の分離	75
審理手続の併合	75
速やかに	77
請願	19.31
正当な補償	11
正当な理由	31.33.35.39.43.115
責任の競合	15
是正措置	103.105
是正命令	105
設置管理の瑕疵	15
先行行為（先行処分）	121.123
全部認容	85
増額更正	129
増差税額	129
総代	47.51.67
総代互選命令	47
総代選任書	47.51
送達	89
相当の期間	19.29.31.99.101
組織共用文書	131
損害賠償	9
損失補償	9.11
存否応答拒否	141

た

代位責任	13
代行者	49
第三者に関する情報	147

第三者の意見書	147	非開示情報	135.139
第三者の利益の保護	147	非開示の理由付記	144
滞納処分	109.111.123.125	非権力作用	13
滞納処分による換価	117.125	標準処理期間	97
代表者資格の証明	50.51	標準的な期間	33
代理人	49.51	部会	151
直ちに	77	賦課処分	123
立会権（の放棄）	71	不可争力	91
地位の継承	53	不可変更力	91
遅滞なく	77.79	不作為庁	21.31.93
地方団体の徴収金	117.125.127	不作為についての審査請求	31.93
聴聞手続	97.99	不作為の違法確認	79
聴聞の期日	99	附属機関	77
陳情	19.31	負担金	109
適法性の推定	33.91	普通財産	113
手数料	69	不適法な審査請求	81
手続上の瑕疵	63.153	不服申立ての種類	21
手続の併合と分離	74	部分開示	139
撤廃の宣言	85.87	不法行為	12
答申	107	プライバシー保護型	134.135
督促	111.121	不利益処分	97.99.101.107
特定承継	53	不利益処分の理由	99
特定の個人の識別	139	不利益変更の禁止	37.79.85
特別の委任	49.67	文書管理規程	131
留置期間	89	分担金	109.111
取下げの撤回	67	変更裁決	85
取下書	49.67	変更処分	75
		弁明書	59.61.101

な

任意代理人	49	弁明書の提出期限	61
認容の裁決	79.85.93	弁明の機会の付与	100.101
認容の裁決の理由記載	85.93	法人格のない社団・財団	51
		法人その他の団体	137

は

		法人等の競争上等の地位	137
		法人等の事業活動情報	136
配達証明付郵便	69.89	法人の合併	53
発信主義	23.33	法定記載事項	27
反論書	59	法定代理人	49
反論書の提出期限	61	法定の期間	81
非開示決定	145.151	法的作為義務	13
非開示決定の理由	145	法令に基づく申請	19.31.93.97
		補助金	19
		補正	25.27.28.29.133

補正の期間・・・・・・・・・・・・・・・・・・・・・ 133
補正不能・・・・・・・・・・・・・・・・・・・・・・・・ 63
補正命令・・・・・・・・・・・・・・・・・・・ 25.29.81
保存期間（文書の）・・・・・・・・・・・・・・ 131

ま

無過失責任・・・・・・・・・・・・・・・・・・・・・・ 15
明白かつ重大な瑕疵・・・・・・・・・・・・・ 123
物の留置・・・・・・・・・・・・・・・・・・・・・・・・ 85

や

郵便の留置期間・・・・・・・・・・・・・・・・・・ 89

要件審査・・・・・・・・・・・・・・・・・・・・・・・・ 81
要式行為・・・・・・・・・・・・・・・・・・・・・・・・ 83
予定公物・・・・・・・・・・・・・・・・・・・・・・・ 113
呼出状・・・・・・・・・・・・・・・・・・・・・・・・・・ 73

ら

利害関係人・・・・・・・・・・・・・・・・ 47.55.65
理由の差し替え・・・・・・・・・・・・・・・・・ 145
理由の追加・・・・・・・・・・・・・・・・・・・・・ 145
理由付記・・・・・・・・・・・・・・・・・・・・・ 83.145
理由付記不備の瑕疵・・・・・・・・・・・ 83.145
列記主義・・・・・・・・・・・・・・・・・・・・・・・・ 39

〔著　者〕　金岡　昭（かなおか・あきら）
〔経　歴〕　1941年生まれ
　　　　　　1965年3月　島根大学卒業、同年4月東京都職員となる。
　　　　　　1971年10月　司法試験合格
　　　　　　1974年4月　司法修習終了
　　　　　　1974年4月〜1996年7月　民事訟務課長、審査法務担当部長な
　　　　　　　　　　　　　　　　　どを歴任
　　　　　　1996年8月〜2001年7月　東京都総務局法務部長
　　　　　　2001年7月　東京都退職
　　　　　　2001年8月1日　弁護士登録（東京弁護士会所属）
　　　　　　東京都取用委員会委員、東京簡易裁判所民事調停委員、同司
　　　　　　法委員などを歴任
〔著　書〕　民法の要点（学陽書房　1981年）
　　　　　　図解よくわかる行政不服申立てのしくみ（学陽書房　2001年）
〔連絡先〕　〒102-0094
　　　　　　東京都千代田区紀尾井町3番33号　プリンス通ビル6階
　　　　　　プリンス通り綜合法律事務所
　　　　　　TEL　03-3263-1208　FAX　03-3263-1209

図解 よくわかる自治体の行政不服審査制度のしくみ

初版発行　2016年6月10日
2刷発行　2017年3月30日

著　者─────────────────金岡　昭
発行者─────────────────佐久間重嘉
発行所─────────────────学陽書房

　　　　〒102-0072　東京都千代田区飯田橋1-9-3
　　　　営業●TEL 03-3261-1111　FAX 03-5211-3300
　　　　編集●TEL 03-3261-1112　FAX 03-5211-3302
　　　　振替●00170-4-84240
　　　　http://www.gakuyo.co.jp/

印刷所─────────────────加藤文明社
製本所─────────────────東京美術紙工
　　　　★乱丁・落丁本は、送料小社負担にてお取り替えいたします。
　　　　　　　　　　　©Akira Kanaoka 2016, Printed in Japan
　　　　　　　　　　　ISBN978-4-313-16563-2　C1332